Alto rendimento nos esportes coletivos

EDITORA intersaberes

O selo DIALÓGICA da Editora InterSaberes faz referência às publicações que privilegiam uma linguagem na qual o autor dialoga com o leitor por meio de recursos textuais e visuais, o que torna o conteúdo muito mais dinâmico. São livros que criam um ambiente de interação com o leitor – seu universo cultural, social e de elaboração de conhecimentos –, possibilitando um real processo de interlocução para que a comunicação se efetive.

Alto rendimento nos esportes coletivos

Vinicius Ferreira dos Santos Andrade

EDITORA intersaberes

Rua Clara Vendramin, 58 ▪ Mossunguê ▪ CEP 81200-170 ▪ Curitiba ▪ PR ▪ Brasil
Fone: (41) 2106-4170 ▪ www.intersaberes.com ▪ editora@editoraintersaberes.com.br

Conselho editorial
Dr. Ivo José Both (presidente)
Dr.ª Elena Godoy
Dr. Neri dos Santos
Dr. Ulf Gregor Baranow

Editora-chefe
Lindsay Azambuja

Gerente editorial
Ariadne Nunes Wenger

Preparação de originais
Gilberto Girardello Filho

Edição de texto
Monique Francis Fagundes Gonçalves

Capa
Laís Galvão (design)
Vasyl Shulga/Shutterstock (imagem)

Projeto gráfico
Luana Machado Amaro

Diagramação
Signus Design

Equipe de design
Luana Machado Amaro
Charles L. da Silva

Iconografia
Regina Claudia Cruz Prestes

Dados Internacionais de Catalogação na Publicação (CIP)
(Câmara Brasileira do Livro, SP, Brasil)

Andrade, Vinicius Ferreira dos Santos
  Alto rendimento nos esportes coletivos/Vinicius Ferreira dos Santos Andrade. Curitiba: InterSaberes, 2020. (Série Corpo em Movimento)

  Bibliografia
  ISBN 978-65-5517-032-0

  1. Educação física 2. Esportes – Administração 3. Esportes – Competições 4. Planejamento 5. Psicologia do esporte 6. Rendimento escolar I. Título II. Série.

20-34101   CDD-796.01

Índices para catálogo sistemático:
1. Rendimento esportivo: Psicologia do esporte   796.01
      Maria Alice Ferreira – Bibliotecária – CRB-8/7964

1ª edição, 2020.

Foi feito o depósito legal.

Informamos que é de inteira responsabilidade do autor a emissão de conceitos.

Nenhuma parte desta publicação poderá ser reproduzida por qualquer meio ou forma sem a prévia autorização da Editora InterSaberes.

A violação dos direitos autorais é crime estabelecido na Lei n. 9.610/1998 e punido pelo art. 184 do Código Penal.

Sumário

Apresentação • 13
Como aproveitar ao máximo este livro • 17

Capítulo 1
Aspectos gerais do alto rendimento nos esportes coletivos • 21
1.1 A importância da observação e da análise dos jogos coletivos • 24
1.2 Aspectos comuns aos jogos coletivos • 31
1.3 A tática e as fases de jogo • 37
1.4 Aspectos gerais do treinamento desportivo • 46
1.5 Carga de treinamento: definição, controle e manipulação • 54

Capítulo 2
Esportes de alto rendimento: futebol • 71
2.1 Aspectos gerais do futebol • 74
2.2 Aspectos técnicos do futebol no alto rendimento • 79
2.3 Aspectos táticos do futebol no alto rendimento • 89
2.4 Aspectos físicos do futebol no alto rendimento • 100
2.5 Aspectos relacionados à avaliação física no alto rendimento • 103

Capítulo 3

Esportes de alto rendimento: futsal • 115

3.1 Aspectos gerais e físicos do futsal no alto rendimento • 118
3.2 Desenhos táticos utilizados no futsal • 124
3.3 Aspectos ofensivos do futsal no alto rendimento • 131
3.4 Aspectos defensivos do futsal no alto rendimento • 139
3.5 Aspectos gerais do treinamento no futsal • 145

Capítulo 4

Esportes de alto rendimento: voleibol • 155

4.1 Características do voleibol • 158
4.2 Aspectos técnicos do voleibol no alto rendimento • 162
4.3 Aspectos táticos do voleibol no alto rendimento • 169
4.4 Aspectos físicos do voleibol no alto rendimento • 181
4.5 Aspectos gerais do treinamento do voleibol • 188

Capítulo 5   197

5   Esportes de alto rendimento: basquetebol • 197
5.1 Características do basquetebol • 200
5.2 Aspectos técnicos do basquetebol no alto rendimento • 204
5.3 Aspectos táticos do basquetebol no alto rendimento • 208
5.4 Aspectos físicos do basquetebol no alto rendimento • 215
5.5 Aspectos gerais do treinamento do basquetebol • 220

Capítulo 6

Esportes de alto rendimento: handebol • 229

6.1 Características do handebol • 232
6.2 Aspectos técnicos do handebol no alto rendimento • 234
6.3 Aspectos táticos do handebol no alto rendimento • 238
6.4 Aspectos físicos do handebol no alto rendimento • 249
6.5 Aspectos gerais do treinamento do handebol • 252

Para concluir... • 261
Referências • 263
Bibliografia comentada • 273
Respostas • 275
Sobre o autor • 281

À minha família, que, com gestos de amor incondicional, ensinou-me como chegar até aqui.

Agradeço a Deus, por me conceder a força e a certeza de que nunca estarei sozinho.

A Drieli Vieira Andrade, minha esposa, por seu amor, carinho, companheirismo e compreensão nos vários momentos em que precisei dedicar-me inteiramente à produção desta obra.

A Mario César de Andrade e a Jocimara Ferreira dos Santos Andrade, meus pais, pelo exemplo de amor, honestidade e dedicação e por todo o esforço que fizeram ao longo da vida para meu desenvolvimento pessoal e profissional.

A Rodolfo André Dellagrana, meu amigo, por sua contribuição no desenvolvimento da obra. Você foi fundamental para a concretização desse projeto.

A Gleber Pereira, meu orientador, por contribuir de forma tão significativa para minha formação acadêmica e profissional.

A Julimar Luiz Pereira, por abrir as portas para um novo segmento profissional.

A Marcos Ruiz da Silva, por acreditar
e confiar em meu trabalho.

Aos meus professores e colegas de trabalho,
por todos os ensinamentos
e experiências compartilhadas.

Meus queridos amigos, agradeço a todos que
me motivaram me auxiliaram, compreenderam
e respeitaram os momentos de dedicação,
concentração e inspiração para a composição
desta obra.

Muito obrigado!

Apresentação

Os esportes coletivos constituem um processo organizado de cooperação, desenvolvido por meio de ações coordenadas, em que duas equipes disputam um objetivo comum: sair vitorioso de um duelo. Este é realizado em um cenário complexo, no qual as ações de uma equipe geram reações de seu oponente, conferindo aleatoriedade aos eventos, uma vez que as possibilidades são muitas. O que teria acontecido se, em vez de ter, sem sucesso, tentado realizar um drible que resultou no contra-ataque adversário, a opção fosse por um passe vertical que possivelmente colocaria o companheiro em reais condições de finalizar a gol?

Essa questão é de difícil resposta, pois o contexto esportivo é dinâmico e imprevisível. O passe poderia ter sido interceptado, a finalização poderia ter sido efetuada para fora ou, até mesmo, resultado em gol. Mas, diante de uma ação executada, nunca saberemos o que poderia ter acontecido. No entanto, o principal é que, nos esportes, a tomada de decisão referente à escolha de uma ação seja amparada por um conjunto de normas que orientam soluções para os problemas enfrentados durante um jogo, as quais orientam o comportamento individual e coletivo, possibilitando que, nas mais variadas situações de disputa, os atletas tenham um direcionamento que os permita atuar como equipe.

Isso não significa que a individualidade não deva ser respeitada, ao contrário ela deve, sim, ser reconhecida e estimulada. No entanto, a ação realizada deve ser consequência da melhor opção para o momento.

E como saberemos se determinada opção foi realmente a melhor? Esse é o grande detalhe que diferencia o sucesso no alto rendimento. Dificilmente teremos certezas. Entretanto, não podemos deixar que o acaso seja o responsável por direcionar o comportamento dos atletas e pela criação de situações vantajosas. Assim, partiremos do princípio de que o campo de jogo deve ser ocupado de maneira inteligente, permitindo o equilíbrio para a execução de ações tanto ofensivas quanto defensivas. Tais ações manifestam-se por meio de atitudes que devem corresponder às exigências do momento, utilizando a máxima precisão e o mínimo esforço. Além disso, o atleta deve ser capaz de realizá-las com o máximo de eficiência durante toda a partida.

Nesse sentido, o primeiro passo para uma intervenção bem-sucedida é compreender detalhadamente as características que envolvem a modalidade em questão. Quais são suas exigências? Como o jogo se desenvolve? Quais são as possíveis ações adotadas pelos jogadores? A partir disso, uma série de procedimentos pode ser adotada para a construção de um processo de preparação que terá como objetivo final potencializar o rendimento.

Portanto, o objetivo desta obra é levar até você informações que englobam os mais variados aspectos envolvidos no esporte de alto rendimento. Além disso, apontaremos possíveis estratégias que podem ser utilizadas para a elaboração de exercícios e para a análise do desempenho. Em momento algum forneceremos modelos prontos para ser replicados. Nosso objetivo será auxiliá-lo na construção do conhecimento para que, a partir de uma análise crítica, você possa utilizar os parâmetros apresentados e desenvolver sua própria estratégia de trabalho.

Em virtude do papel de destaque que os esportes apresentam no cenário nacional e da semelhança entre suas características estruturais, discutiremos os aspectos do alto rendimento relacionados às seguintes modalidades: futebol, futsal, voleibol, basquetebol e handebol. Por se tratar de uma obra voltada ao alto rendimento, partimos do pressuposto de que o leitor tem conhecimentos prévios referentes aos esportes abordados. No entanto, diversos conceitos serão apresentados e, sempre que necessário, reforçados.

No Capítulo 1, apresentaremos as características dos esportes coletivos de maneira geral. Discutiremos a importância de promover uma análise detalhada de cada modalidade e apontaremos princípios que podem ser utilizados para embasar a análise, o desenvolvimento, a prescrição e o controle de um programa de treinamentos.

No Capítulo 2, discutiremos sobre o futebol, destacando as variáveis que compõem o esporte mais popular do planeta. Alguns questionamentos nortearão nosso debate: Quais ações interferem no resultado de uma partida? Essa modalidade evoluiu ao longo dos anos? Como as equipes se organizam em campo? Procuraremos responder a essas e a outras questões.

Em razão da semelhança que apresenta com o futebol de campo, o futsal será abordado logo em seguida, no Capítulo 3. Essa modalidade é extremamente dinâmica, e o espaço de jogo exige habilidade e inteligência de seus praticantes. Analisaremos o futsal com um detalhe especial: os princípios táticos e de treinamento apresentados no primeiro capítulo serão aplicados no contexto do futsal, auxiliando e estimulando você, leitor, a fazer o mesmo com as demais modalidades.

Já no Capítulo 4, trataremos das principais características do voleibol relacionadas ao desenvolvimento de um programa de treinamento. Evidenciaremos os aspectos técnicos, táticos e físicos dessa modalidade. Seguindo nessa estrutura, no Capítulo 5, trataremos do jogo de basquetebol. Buscaremos analisar os fundamentos técnicos, os sistemas táticos e as capacidades físicas envolvidas nesse esporte. Similarmente, no Capítulo 6, apresentaremos as questões específicas do handebol.

A ideia é proporcionar uma fundamentação teórica que possibilite a aplicação de soluções para as mais variadas exigências do alto rendimento. Sob essa ótica, esperamos contribuir para sua formação acadêmica e atuação profissional. Lembre-se de que cada realidade apresenta um cenário específico. Assim, conceitos bem definidos auxiliarão na elaboração do treinamento e na escolha do conteúdo a ser aplicado. Além disso, o planejamento e o controle das atividades possibilitarão um acompanhando direto de todo o processo de preparação, permitindo que ajustes pontuais sejam realizados se necessários. Logo, o acaso jamais deverá ser determinante para um bom resultado.

Desejamos a todos uma boa leitura!

Como aproveitar ao máximo este livro

Empregamos nesta obra recursos que visam enriquecer seu aprendizado, facilitar a compreensão dos conteúdos e tornar a leitura mais dinâmica. Conheça a seguir cada uma dessas ferramentas e saiba como estão distribuídas no decorrer deste livro para bem aproveitá-las.

Introdução do capítulo

Logo na abertura do capítulo, informamos os temas de estudo e os objetivos de aprendizagem que serão nele abrangidos, fazendo considerações preliminares sobre as temáticas em foco.

Síntese

Ao final de cada capítulo, relacionamos as principais informações nele abordadas a fim de que você avalie as conclusões a que chegou, confirmando-as ou redefinindo-as.

Atividades de autoavaliação

Apresentamos estas questões objetivas para que você verifique o grau de assimilação dos conceitos examinados, motivando-se a progredir em seus estudos.

Atividades de aprendizagem

Aqui apresentamos questões que aproximam conhecimentos teóricos e práticos a fim de que você analise criticamente determinado assunto.

Bibliografia comentada

Nesta seção, comentamos algumas obras de referência para o estudo dos temas examinados ao longo do livro.

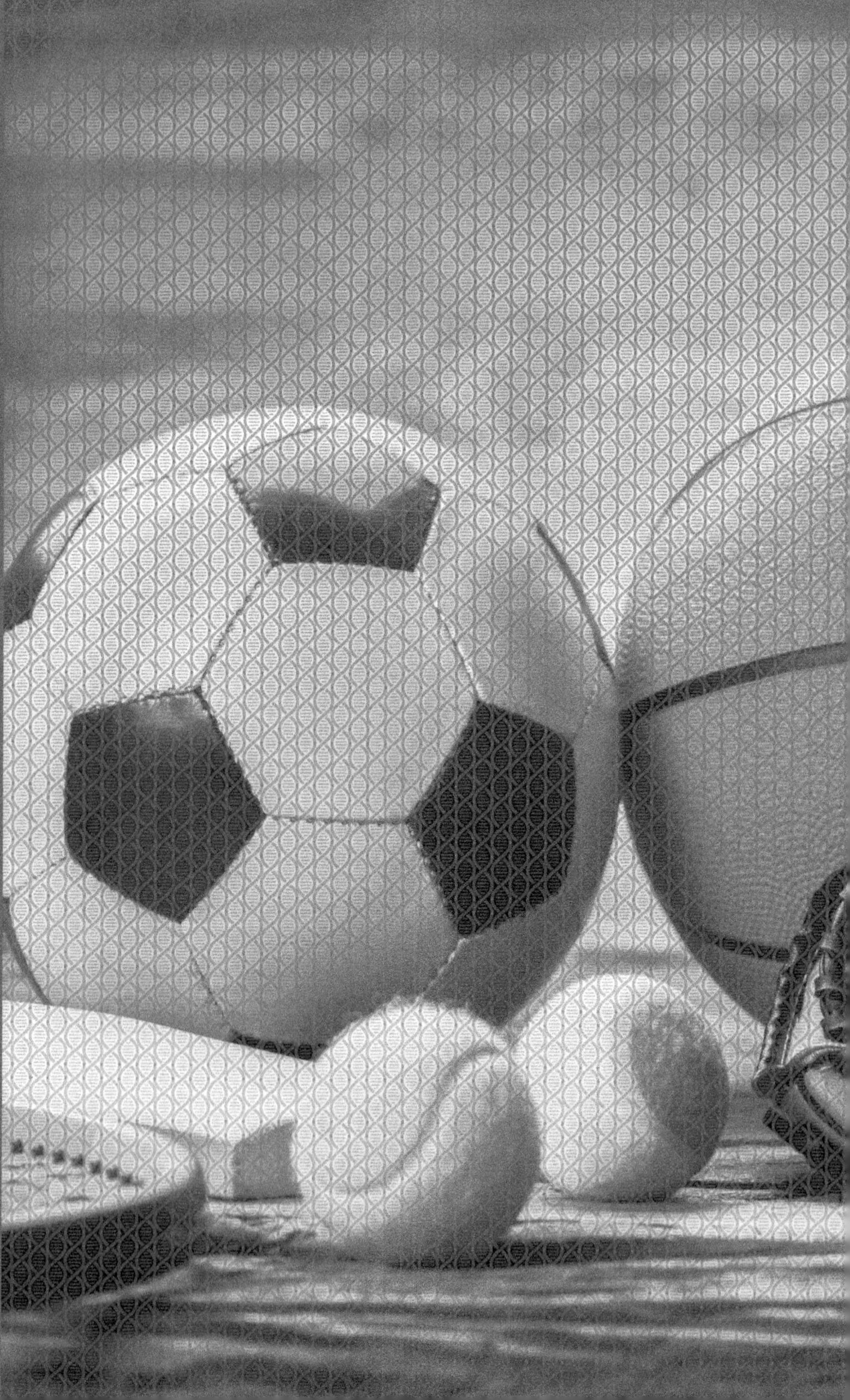

Capítulo 1

Aspectos gerais do alto rendimento nos esportes coletivos

Neste capítulo, abordaremos uma série de características que possibilitam a inclusão das principais modalidades coletivas (futebol, futsal, voleibol, basquetebol e handebol) em apenas uma obra. Queremos chamar sua atenção para o fato de que tais modalidades apresentam um cenário de cooperação/oposição, representado, em sua maioria, pela participação simultânea dos atletas compartilhando um mesmo espaço de jogo. Entretanto, no voleibol, essa configuração é diferente. As equipes participam do jogo de maneira alternada e contam com um espaço de jogo separado. Assim, não se encaixam em algumas generalizações que serão apresentadas a seguir e, consequentemente, suas particularidades serão apontadas no capítulo específico da modalidade. Os demais esportes tratados nesta obra revelam diversos pontos em comum, permitindo assim a aplicação de conceitos gerais e até de exemplos semelhantes após pequenos ajustes. Dessa forma, caso algumas informações não se destinem a determinado esporte, não se preocupe, pois alertaremos quanto a isso, e as particularidades de cada um serão discutidas em capítulos específicos.

Iniciaremos o capítulo demonstrando a importância da realização de uma análise detalhada de todo o contexto que envolve uma disputa esportiva. Ainda, explicaremos que, por mais complexo que seja o cenário do jogo, ele segue determinada lógica, a qual permite a estruturação de uma série de comportamentos que possibilitam uma linguagem motora comum entre os integrantes de uma equipe, conferindo um aspecto de unidade ao todo. Discutiremos, também, algumas questões que norteiam o treinamento desportivo, possibilitando que o programa de preparação seja desenvolvido de acordo com cada realidade.

1.1 A importância da observação e da análise dos jogos coletivos

O processo que leva o atleta ao alto nível competitivo é constituído por uma série de etapas. Entre elas, podemos destacar a iniciação, a formação geral e a especialização. Tais subdivisões auxiliam na distribuição e na aplicação dos estímulos de treinamento mais adequados para cada momento, conferindo uma característica própria para as respectivas etapas. A iniciação, por exemplo, deve ser composta por uma grande variedade de situações gestuais e motoras. Nesse momento, o indivíduo estará adquirindo seu repertório motor e, para que esse processo seja potencializado, os estímulos deverão ser os mais diversos possíveis, de forma planejada e orientada. Já no período de especialização, as atividades devem ser elaboradas e executadas o mais próximo possível da realidade de jogo. Isso inclui situações físicas, técnicas, táticas e psicológicas (Sarmento et al., 2018).

Note que aludimos a aspectos gerais e específicos e mencionamos que a aplicação dessas subdivisões em determinadas fases é parte importante do processo que levará o atleta ao alto rendimento. Agora, fazemos as seguintes perguntas: Aspectos gerais e específicos em relação a quê? Qual é o principal parâmetro a ser considerado na elaboração do treinamento? Que conteúdo deve ser aplicado nas sessões de treinamento para que o atleta possa competir em alto nível?

A resposta para essas questões será o ponto de partida para a construção do conhecimento que objetivamos com a elaboração desta obra. Uma única palavra responde de forma sintetizada a essas três perguntas. Algum palpite? Pois bem, **o ponto central, responsável por direcionar todo o processo de preparação em busca do alto rendimento, é o *jogo*.** Ele direciona a elaboração, a prescrição e o controle de todas as ações que serão realizadas para que o alto rendimento seja atingido.

Nesse momento, queremos convidá-lo às seguintes reflexões: O que vem a ser alto rendimento nos esportes coletivos? Ele pode ser representado por uma equipe que tem os atletas mais bem condicionados fisicamente? A maior presença da posse de bola durante um jogo configura alto rendimento? Uma boa organização tática pode ser sinônimo de alto rendimento? Qual é o significado da vitória para o alto rendimento?

Inúmeras possibilidades devem ter passado pela sua cabeça ao responder a essas questões. Independentemente de como essa análise foi feita, um ponto deve ser consensual: nos esportes coletivos, não podemos determinar o rendimento em aspectos físicos, técnicos, táticos e psicológicos de forma isolada. O alto desempenho só será atingido se forem desenvolvidos níveis ótimos em cada uma dessas áreas e de forma integrada (Pivetti, 2012). De nada adianta uma equipe contar com os atletas mais resistentes, capazes de cobrir os espaços do campo durante uma partida completa, se, no momento em que estiverem com a bola, não tiverem qualidade técnica para jogar. O mesmo serve para uma equipe bem organizada taticamente, com funções bem definidas dentro de quadra, mas que não sabe lidar com a pressão da torcida adversária quando joga fora de casa. Esses são alguns exemplos que demonstram a importância do desenvolvimento integral das capacidades envolvidas no jogo.

E como sabemos quais capacidades devem ser desenvolvidas? Alguma sugestão? **Mais uma vez, a resposta está no *jogo***, mais precisamente por meio de sua análise (Menezes; Reis, 2010). Como citado, o jogo ocupa papel central em todo o processo que visa levar o atleta ao alto rendimento. Esse mesmo raciocínio será utilizado para o desenvolvimento desta obra, de modo que o jogo ocupará papel central e direcionará todas as nossas informações. Afinal, se queremos que uma equipe atinja o alto rendimento no basquetebol, o que devemos fazer? Como trabalhar? Quais aspectos precisam ser treinados? A resposta está presente no jogo. Como é o jogo de basquetebol? Quais fundamentos estão envolvidos? Como uma equipe se defende? A análise do jogo fornecerá a resposta a essas perguntas. Para um treinamento de velocidade, é preciso prescrever ao atleta tiros de 100 metros para 12 segundos? Em algum momento do jogo o atleta vai percorrer 100 metros? A quadra de basquetebol tem 28 metros de comprimento por 15 metros de largura e, a menos que ele vá e volte por, praticamente, duas vezes seguidas, completamente descontextualizado do jogo, isso jamais acontecerá.

Esse é exatamente o raciocínio que queremos demonstrar a você. De que adianta um atleta de basquetebol percorrer 100 metros em 12 segundos – o que equivale a uma velocidade de 30 km/h – se, durante um jogo, a maior distância que ele percorrerá será de, no máximo, 28 metros, com uma velocidade máxima que poderá chegar a 25 km/h, em uma situação de contra-ataque? Estamos dizendo, então, que um atleta de basquetebol não precisa ser rápido? Obviamente, quanto mais rápido ele for, melhor será. No entanto, o atleta precisa desenvolver sua velocidade de acordo com as exigências da modalidade. Sob essa ótica, alguns métodos de treino podem até conter estímulos acima do que ocorre no jogo, mas o conteúdo principal deverá ser contextualizado (Haugen et al., 2014).

Dessa forma, a observação e a análise detalhadas das estruturas que constituem o jogo serão nosso alicerce. Como aspecto geral, temos as estruturas fixas, representadas pelos elementos que compõem as regras do jogo, tais como o tamanho da quadra/do campo, a duração da partida e o número de jogadores. Além delas, existem as estruturas dinâmicas, que ocorrem em virtude das situações da partida, a exemplo dos deslocamentos, dos gestos técnicos e da disposição dos atletas no campo de jogo. Por último, e não menos importante, há as estruturas de contexto nas quais o jogo está inserido. Tais variáveis podem ser representadas pelo calendário esportivo, pelo tempo de preparação até o início da competição, pelo intervalo entre os jogos, pela distância das viagens, pelo número de jogos a que o atleta será submetido durante o ano etc. (Menezes; Reis, 2010).

A análise das **estruturas fixas** da modalidade fornece subsídios a fim de prepararmos os atletas para percorrerem determinado espaço, durante um período específico de tempo, enfrentando um número definido de adversários, tudo isso em busca de um objetivo comum. Tomando como exemplo o futebol, durante dois tempos de 45 minutos, intercalados por 15 minutos de intervalo, 11 jogadores de uma equipe enfrentaram outros 11 jogadores em um campo medindo aproximadamente 100 m de comprimento por 70 m de largura, com o objetivo de fazer o maior número de gols e tomar o menor número de gols possíveis. Essas informações parecem óbvias para quem já teve algum contato com futebol. Entretanto, a forma como a análise desse esporte é feita pode resultar em um grande diferencial para quem pretende trabalhar com o alto rendimento.

Vamos desmembrar essas informações em duas partes. A primeira diz respeito à duração do jogo: dois tempos de 45 minutos, intercalados por 15 minutos de intervalo. Com base nessas informações, podemos projetar que uma equipe necessita tolerar, em alta intensidade, 90 minutos, de modo que, se o adversário se sobressair nesse quesito, poderá atacar com maior volume e se defender com maior facilidade. Outro ponto a ser destacado é que há um período de 1 hora e 30 minutos para atacar e defender. Nesse tempo, será possível optar por iniciar os 15 minutos de jogo pressionando a saída de bola do adversário, buscando posicionar a equipe o mais próximo possível da meta de ataque. Decorridos esses minutos iniciais, podemos ter como estratégia recuar a marcação até a linha de meio campo, na intenção de ampliar o espaço para, ao roubar a bola, sair em velocidade. Tais estratégias são estabelecidas antes dos jogos e podem ser modificadas no decorrer da partida e durante o intervalo.

Outra informação com base na regra é que 22 jogadores se enfrentam em aproximadamente 7.000 m², com o objetivo de fazer gols e não tomar. Deixando os goleiros de fora, em razão das especificidades da posição no que diz respeito ao deslocamento, a responsabilidade de cada jogador é de cobrir, em média, 700 m² da área do campo. Isso corresponde ao espaço de quase uma quadra oficial de futsal (20 m × 40 m = 800 m²) para cada jogador. Tais valores são apenas expressões matemáticas aproximadas que sofrem constante influência de fatores, como a posição do atleta e a característica do adversário enfrentado. No entanto, a mensagem que pretendemos passar é que uma ocupação adequada, equilibrada e racional dessas áreas diminui as possibilidades de o oponente atingir a meta adversária, ao mesmo tempo em que possibilita a chegada ao ataque com maior facilidade.

Aqui cabe uma colocação a respeito da organização de uma equipe durante jogos coletivos: defender de forma compacta e atacar de forma ampla. Nesse sentido, sem a bola, os atletas devem aproximar-se e procurar defender a meta, minimizando as possibilidades de o adversário atingir seu objetivo: o gol/a cesta. Ao contrário, quando estiver com a posse de bola, o campo/a quadra de ataque deve se tornar amplo(a), com possibilidades de acesso pelas extremidades e pelo centro, por meio da ocupação dos espaços de forma inteligente.

Já os aspectos físicos, técnicos e táticos estão inseridos nas **estruturas dinâmicas** do jogo, uma vez que são determinados pelas fases em que o jogo se encontra: ataque, defesa ou transição. Cada uma delas exige um comportamento característico do atleta. Do ponto de vista físico, um ótimo exemplo pode ser obtido por meio da análise do deslocamento de um atacante durante uma sequência de fases. Iniciaremos na fase de ataque, momento em que o atleta deverá deslocar-se em alta velocidade, buscando ocupar o melhor espaço possível para receber a bola e finalizar a gol. Caso não tenha êxito e a bola esteja na posse do adversário, esse atleta deverá recompor a equipe e auxiliar na marcação, a fim de recuperar a posse da bola ou retardar a ação do adversário, facilitando a organização defensiva de sua equipe. Nesse momento, a intensidade do deslocamento não será tão elevada, de modo que o atleta poderá percorrer em trote seu espaço predefinido. A partir do momento em que o atacante não se encontrar próximo da área em que a bola estiver sendo disputada, ele poderá deslocar-se caminhando ou, até mesmo, permanecer parado.

Perceba que todo o comportamento realizado no exemplo ocorreu em virtude da bola e, consequentemente, da fase em que o jogo estava. No entanto, as características de deslocamento de um lateral não são as mesmas das de um atacante. Cada posição apresenta particularidades em seu deslocamento, e isso não está ligado apenas à distância total percorrida. O deslocamento como um todo sofre efeito da posição. Os zagueiros, por exemplo, permanecem a maior parte do jogo caminhando, enquanto os meio-campistas permanecem trotando. Os laterais percorrem distâncias totais semelhantes aos meio-campistas, porém, realizam estímulos com distâncias maiores que os citados na comparação (Bradley et al., 2009). Tais informações são fundamentais para a prescrição e a avaliação do rendimento e só podem ser obtidas por meio de uma análise detalhada.

O mesmo raciocínio deve ser utilizado para a execução dos gestos técnicos e a disposição dos atletas em campo. Você saberia dizer qual é o fundamento que mais ocorre em um jogo de futebol? A resposta correta é o passe. E como ele é executado? Curto, longo, em profundidade, com a parte interna do pé? O passe pode apresentar inúmeras classificações e subdivisões. Independentemente do termo adotado, na grande maioria das vezes, ele será realizado sob pressão ou interferência do adversário. Dessa forma, nos treinamentos, é preciso submeter os atletas a essas exigências. As ações técnicas devem ser realizadas sob pressão, em ocasiões que demandem uma rápida tomada de decisão, muitas vezes em situação de *stress* e de fadiga. Essas são as características encontradas em um jogo, e é dessa forma que devem ser treinadas (Hill-Haas et al., 2011).

Além dos aspectos dinâmicos, determinados pelas situações que ocorrem no jogo, existem as **estruturas de contexto** em que o jogo está inserido. A análise dessas estruturas é essencial para a elaboração do planejamento e a execução dos treinamentos. Quanto tempo de treinamento teremos até o início de uma competição? Em razão desse tempo, qual será a ênfase dos conteúdos aplicados? Quantos jogos amistosos serão realizados? A competição de que a equipe participará apresenta qual formato de disputa? Quantos jogos serão realizados durante uma semana? As viagens serão longas? Quantos jogos os atletas realizarão durante o ano? Essas análises devem estar presentes na estruturação de um planejamento de trabalho em equipes de alto rendimento (Dellal et al., 2013). Quanto maior for a riqueza de informações referentes ao cenário ao qual os atletas serão submetidos, menores serão as chances de cometer erros.

Aqui, queremos despertar seu interesse para a observação dos detalhes envolvidos nos jogos esportivos coletivos, como as regras, o jogo propriamente dito e o contexto que envolve uma partida. Como tarefa de fixação, dedique um período dos estudos para analisar as modalidades coletivas que serão abordadas neste livro: futebol, futsal, voleibol, handebol e basquetebol.

1.2 Aspectos comuns aos jogos coletivos

Iniciaremos esta seção com a seguinte pergunta: O que o futebol, o futsal, o voleibol, o basquetebol e o handebol têm em comum? Se a reflexão que sugerimos no fim da seção anterior, referente à observação e à análise dessas modalidades, foi feita a resposta será ainda mais óbvia. Na realidade, não é *a* resposta, mas, sim, *as* respostas. Tais modalidades apresentam uma série de características que permitem o seu agrupamento em uma única disciplina e em um único livro, embora cada uma tenha suas particularidades.

A primeira e mais básica característica está presente no próprio nome da disciplina: *Esportes Coletivos*. Portanto, essas modalidades não são praticadas individualmente, e esse detalhe faz toda a diferença. O fato de serem esportes coletivos exige a colaboração direta ou indireta de todos os participantes envolvidos. Assim, uma equipe só terá sucesso e atingirá o alto rendimento se for capaz de se comportar como um todo. Nesse sentido, todos os papéis dentro de campo/da quadra devem estar bem definidos. Além de conhecerem bem sua função e de a executarem de maneira eficiente, os atletas deverão conhecer a função de seus companheiros e auxiliá-los nos momentos de necessidade. Esse tipo de comportamento confere o aspecto coletivo e faz com que o todo seja mais forte que a soma das partes, ou seja, potencializa a contribuição individual de cada um (Santana, 2008).

Os momentos de necessidade citados anteriormente surgirão em virtude de mais uma característica comum aos esportes coletivos: a **presença de um adversário**. Essa característica, possivelmente, é a responsável por despertar o interesse tanto dos praticantes quanto dos expectadores, e você sabe por quê? Ora, se há um adversário, existe uma disputa, a qual pode gerar três resultados: vitória, derrota ou empate (este último não se aplica ao voleibol). Diante disso, esta obra trata de alto rendimento. Assim, nosso enfoque não será no papel social do esporte. Nessa direção, qual é o resultado almejado em uma disputa? Esperamos que todos saibam que é a **vitória**, por mais que em determinadas situações o empate seja um bom resultado. Imagine a seguinte situação: estamos perdendo um jogo, na casa do adversário e com um jogador a menos; nesse caso, conquistar um empate não seria ruim; entretanto, o objetivo principal de uma disputa sempre deverá ser a vitória.

A busca pela vitória faz com que as equipes evoluam, procurando sempre o aprimoramento de suas ações. Devemos observar essa busca desde o momento em que uma equipe se apresenta para iniciar a pré-temporada até o momento em que o calendário competitivo se encerra e um novo planejamento é elaborado. Os atletas jamais poderão estar em uma zona de conforto, pois sempre existirão pontos a serem potencializados. Caso um bom nível de condicionamento físico tenha sido atingido, este deverá ser mantido e, de preferência, aprimorado. O mesmo princípio se aplica aos gestos técnicos, uma vez que sempre será possível que os atletas se tornem mais precisos e eficientes. Além disso, a organização tática poderá contar com algum tipo de variação ofensiva, alguma jogada nova que surpreenda o adversário. É essa **busca pela evolução** que confere o alto nível ao esporte (Menezes, 2011).

Sob essa ótica, propomos uma reflexão sobre a seguinte situação: duas equipes de futsal, extremamente preparadas, com aspectos técnicos bem desenvolvidos e uma excelente organização tática, disputam uma partida. Certamente, a busca de ambas pela vitória resultará em um cenário extremamente complexo, repleto de movimentações e trocas de posição. As situações que ocorrerão não serão previsíveis, no entanto, seguirão determinada lógica. Esse ambiente complexo e imprevisível confere mais uma característica comum às modalidades coletivas (Leitão, 2009). Para elucidar essa questão, partiremos novamente do objetivo principal de qualquer disputa: a vitória. Ela só será possível se marcarmos o maior número de gols/pontos que nosso adversário. Nesse sentido, nossas **ações** serão realizadas na tentativa de obter vantagem, quando estivermos atacando, e de neutralizar as ações adversárias, quando estivermos defendendo.

Cada ação é seguida por uma **reação antagônica**, ou seja, o objetivo da equipe com a posse de bola é progredir até a meta adversária. Para isso, é necessário que sejam criados espaços no campo de jogo e que os companheiros estejam em boas condições para receber a bola. Por sua vez, a equipe sem a bola tem por objetivo proteger sua meta, dificultando a progressão adversária, encurtando os espaços e problematizando a criação de qualquer tipo de jogada por meio da intercepção de passes, da forte marcação ou, até mesmo, da indução do adversário ao erro. Uma vez que a meta está protegida, o objetivo passa a ser a recuperação da posse bola. Aqui, temos mais uma característica comum aos esportes coletivos: a **alternância dinâmica da posse de bola**. Essa alternância é a responsável por desenhar o cenário ao qual os atletas estarão submetidos, tanto do ponto de vista físico quanto técnico ou tático (Menezes; Reis, 2010).

Iniciando do ponto de vista **físico**, levantamos a seguinte questão: Quem corre mais? A equipe com a bola ou a equipe sem bola? A resposta a essa pergunta pode ser obtida mediante outro questionamento: Quem tem o domínio do jogo? Se analisarmos essa pergunta, chegaremos à conclusão de que quem dita o rimo do jogo é a equipe que está com a posse de bola. Portanto, ela tem a possibilidade de acelerar as jogadas caso queira chegar rapidamente à meta adversária ou, então, de administrar o tempo buscando o espaço mais vantajoso para atacar. Muitas vezes, isso ocorre através da circulação da bola de um lado para o outro, até que se encontre um espaço favorável no campo adversário (Bradley et al., 2013b). Lembre-se de que este capítulo discute aspectos gerais dos esportes coletivos, de modo que algumas questões, como a que acaba de ser apresentada, não se aplicam a modalidades especificas, como o voleibol. No entanto, daremos a devida atenção às especificidades dessa modalidade no capítulo a ela correspondente.

No que diz respeito aos aspectos **técnicos** e **táticos**, a posse de bola será determinante para a escolha dos fundamentos utilizados e do posicionamento adotado. Nesse momento, surgem mais duas características comuns às modalidades coletivas: a **tomada de decisão** e a **cooperação**. A primeira está presente na leitura e na intepretação do cenário do jogo. A complexidade do ambiente exige uma rápida tomada de decisão, de modo que a tática mais adequada deve ser adotada com a maior precisão possível, para que o *stress* imposto pelo adversário seja superado. Mesmo com a escolha mais adequada, a jogada só terá sucesso se houver cooperação, que se fará presente mediante comportamentos táticos preestabelecidos e improvisações que poderão surgir como resultado da dinâmica do jogo (Santana, 2008).

Para exemplificar, considere a seguinte situação envolvendo um jogo de futebol: uma bola é lançada em diagonal para o lateral que está sob forte marcação. Como o lançamento ocorreu do campo de defesa em direção ao ataque, o lateral teve de, rapidamente, optar por qual gesto técnico utilizaria para dominar a bola ao mesmo tempo em que escolhia a ação realizada para dar sequência ao lance. Entre as opções, passou por sua cabeça dominar a bola com o peito ou com a parte interna do pé, já que teria certo tempo para posicionar o corpo da melhor forma antes de receber a bola. A opção escolhida foi a última, o que acabou favorecendo a sequência da jogada. Ao dominar a bola com o pé, e não com o peito, o atleta ganhou frações de segundo preciosas, que o permitiram realizar rapidamente o drible, uma vez que a bola já estava no chão. Caso a ação escolhida tivesse sido o domínio com o peito, possivelmente o marcador teria um tempo maior para optar por qual gesto utilizaria para conter o ataque, e suas chances de êxito no confronto seriam maiores.

Até esse momento, temos um exemplo claro da tomada de decisão em situações reais vivenciadas nos esportes coletivos. No entanto, para que uma jogada tenha um desfecho de sucesso e as chances de atingir o objetivo sejam potencializadas, a cooperação deve estar presente (Leitão, 2009). Dessa forma, seguindo o raciocínio utilizado no exemplo anterior, durante o lançamento da bola para o lateral, o atacante deverá observar o cenário em que está inserido e analisar as possíveis opções que poderão colocá-lo em situação de vantagem. Assim, a partir do momento em que a bola é dominada e o drible é realizado, o atacante faz uma finta no marcador e corre para a segunda trave, aparecendo livre de marcação para ir ao encontro da bola que poderá ser cruzada pelo lateral após a realização do drible.

Sob essa ótica, a tomada de decisão referente aos gestos técnicos e às movimentações ocorre de forma sincronizada e extremamente rápida. O desfecho do lance será o somatório das decisões escolhidas e da cooperação. Agora, propomos o seguinte questionamento: O exemplo citado pode ocorrer novamente em um mesmo jogo de futebol? O cenário dinâmico de uma disputa coletiva dificilmente permitirá a reprodução exata do mesmo lance; no entanto, os elementos que estiveram presentes possivelmente serão vivenciados diversas vezes em uma única partida (Costa et al., 2009). Portanto, inúmeras bolas serão lançadas em diagonal, os laterais serão obrigados a tomar decisões rápidas e os atacantes terão de se movimentar para receber a bola livre de marcação.

Nesse sentido, podemos observar um **padrão de possibilidades e exigências em uma disputa** envolvendo esportes coletivos. Essa informação é extremamente útil para a elaboração dos treinamentos. Por mais que não seja possível reproduzir exatamente o que vai acontecer no jogo – mesmo porque as situações dificilmente se repetem da mesma forma –, alguns parâmetros serão fornecidos por meio da análise dos jogos, possibilitando uma transferência específica para o treinamento (Menezes; Reis, 2010). Com base nessas evidências, o treinador terá subsídios para recriar situações de jogo e induzir seus atletas a encontrarem soluções para os problemas impostos. A variedade e o grau do desafio imposto serão potencializadores do desenvolvimento da **criatividade** dos atletas (Hill-Haas et al., 2011). Essa é mais uma das características presentes nas modalidades coletivas.

Muitas vezes, a solução para se levar vantagem em um confronto está na imprevisibilidade do gesto, por meio de uma finta, de um drible ou, até mesmo, de uma improvisação. A capacidade de superar obstáculos de forma criativa deve ser estimulada durante os treinamentos. E uma das formas de se trabalhar isso pode ser pela manipulação das regras (Halouani et al., 2014). Tal prática é evidenciada mediante a inserção de pequenos jogos na rotina de treinamentos. Esse método tem estado cada vez mais presente durante a preparação das equipes. No handebol, por exemplo, podemos estimular a criatividade e induzir a tomada de decisão rápida, limitando o espaço do campo de jogo.

Por falar em **regras**, a presença delas é mais uma característica comum às modalidades coletivas, sendo responsáveis por modelar e moderar as relações de colaboração e de oposição que ocorrem em um jogo (Santana, 2008). Um jogador de basquete, por exemplo, não deverá tocar na bola com o pé, caso contrário, estará cometendo uma infração à regra. Por sua vez, no futsal ocorre exatamente o contrário: o jogo é realizado com os pés, e qualquer toque na bola com a mão resultará em uma falta. Observe que, independentemente de suas particularidades, todos os esportes coletivos apresentam uma normativa que os organiza e os orienta. A partir disso, uma série de estratégias podem ser utilizadas. No futsal, por exemplo, a possibilidade de realizar a troca de atletas com o jogo em movimento permite a utilização de um goleiro-linha durante o ataque. Tal atitude confere superioridade numérica à equipe com a posse de bola, uma vez que ela passa a contar com cinco atletas de elevado nível técnico com os pés.

Diante do exposto, fica evidente a complexidade e a aleatoriedade com que as ações ocorrem nos jogos coletivos. Dessa forma, não é possível haver um modelo de preparação ideal capaz de ser reproduzido por diversas equipes. Contudo, certas necessidades e características comuns podem ser exploradas durante um processo de preparação, direcionando o conteúdo do treinamento. Essas características serão abordadas com mais detalhes na próxima seção.

1.3 A tática e as fases de jogo

Durante uma partida, os lances acontecem de forma aleatória, com alternância de ritmos, variações técnicas, dinamismo na organização tática e oscilações nas exigências psicofísicas (Balbino, 2005). Entretanto, por mais imprevisíveis que sejam os fatos, as ações permanecem inseridas em uma lógica que nos permite analisar, orientar e preparar os atletas (Costa et al., 2009). A presença dessa lógica resulta na divisão do jogo em três fases: **ataque**, **transição** e **defesa** (Menezes; Reis, 2010). Tal classificação será extremamente útil para a definição de objetivos, ações e comportamentos, bem como para a elaboração de treinamentos. Por meio dela, teremos subsídios para preparar os atletas a agirem de forma coletiva, conferindo um aspecto de unidade à equipe. Com relação aos treinamentos, o objetivo desta obra não será fornecer atividades prontas para ser replicadas, mas estimulá-lo a raciocinar e a elaborar exercícios com base nas exigências do jogo. Para isso, partiremos das seguintes perguntas: O que fazer? Por que fazer? Como fazer? Quando fazer? No decorrer desta e das próximas seções, tais perguntas ficarão mais fáceis de ser respondidas.

Considerando as fases do jogo propriamente ditas, o marco de modificação de uma para outra é a **posse de bola** (Menezes; Reis, 2010). Pode parecer óbvio, entretanto, tal definição é essencial para as classificações que apresentaremos a seguir. A partir do momento em que uma equipe está com a posse de bola, ela se encontra na fase de ataque, independentemente de ter por objetivo finalizar rapidamente ou controlar o jogo por meio da troca de passes. O adversário, por sua vez, está na fase de defesa. A *transição*, como o próprio nome sugere, refere-se à passagem de uma fase à outra, podendo ser defensiva ou ofensiva. As transições ocorrem de maneira contínua ao longo do jogo, exigindo dos atletas elevada capacidade de adaptação e de resposta às mudanças de fase (Menezes, 2011).

Essa alternância dinâmica confere a necessidade de uma organização espacial dos atletas em campo/quadra, conhecida por *tática* (Santana, 2008). Os movimentos ocorrem em virtude da bola, dos companheiros e dos adversários. Nesse sentido, é necessário que o espaço de jogo seja preenchido de forma racional e de acordo com as ações mais adequadas para o momento. Com base nisso, um conjunto de normas definidas como **princípios táticos** ganha papel de destaque em nossa discussão (Costa et al., 2009). Tais princípios proporcionam aos jogadores soluções táticas para os diversos problemas que serão enfrentados ao longo dos jogos. Como exemplo, durante a fase de ataque, por mais imprevisível que seja a situação, os atletas poderão basear-se em princípios táticos para agir de forma coletiva, como manter a posse de bola, progredir pelo campo de jogo, procurar a criação de situações de vantagem espacial e numérica, até que seja possível finalizar à meta adversária (Santana, 2008).

Os princípios táticos surgem da construção teórica referente à lógica do jogo – mais precisamente, por meio do comportamento dos jogadores. Por apresentarem certo grau de generalização, suas ações podem ser aplicadas em uma variedade de situações, auxiliando na organização da equipe em campo/quadra, na elaboração dos objetivos do treinamento e na análise do comportamento da equipe, tanto no aspecto individual quanto no coletivo. Para uma melhor aplicação, os princípios táticos serão subdivididos em princípios gerais, operacionais e fundamentais (Costa et al., 2009), conforme observamos na Figura 1.1:

Figura 1.1 Princípios táticos

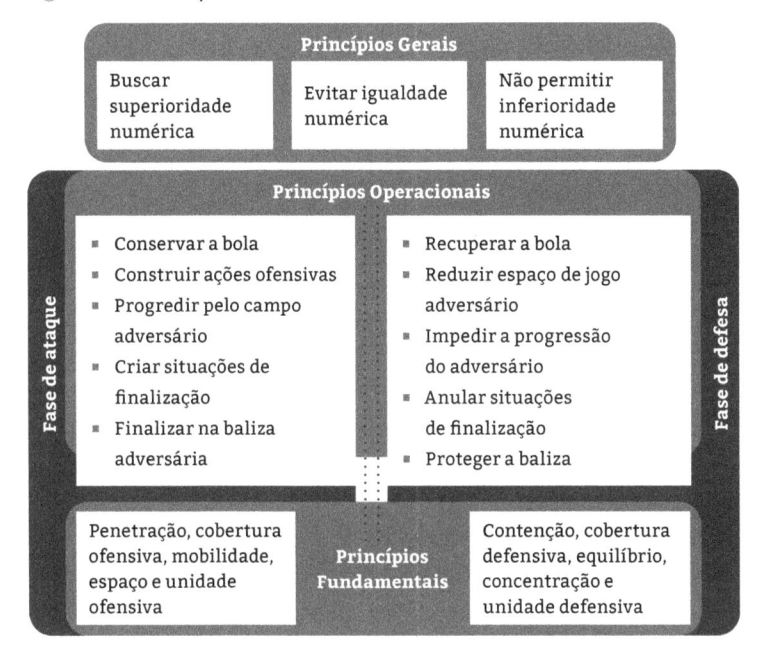

Princípios Gerais
- Buscar superioridade numérica
- Evitar igualdade numérica
- Não permitir inferioridade numérica

Princípios Operacionais

Fase de ataque:
- Conservar a bola
- Construir ações ofensivas
- Progredir pelo campo adversário
- Criar situações de finalização
- Finalizar na baliza adversária

Fase de defesa:
- Recuperar a bola
- Reduzir espaço de jogo adversário
- Impedir a progressão do adversário
- Anular situações de finalização
- Proteger a baliza

Princípios Fundamentais
- Penetração, cobertura ofensiva, mobilidade, espaço e unidade ofensiva
- Contenção, cobertura defensiva, equilíbrio, concentração e unidade defensiva

Fonte: Elaborado com base em Costa et al., 2009. p. 660.

Os **princípios gerais** são assim classificados por englobarem conceitos comuns às diferentes fases do jogo e aos outros princípios (Costa et al., 2009). São baseados nas relações espaciais e numéricas que ocorrem entre os atletas de uma mesma equipe e seus adversários, nas zonas de disputa da bola, conforme consta a seguir:

- não permitir inferioridade numérica;
- evitar a igualdade numérica;
- procurar criar superioridade numérica.

Portanto, independentemente de a equipe estar atacando ou defendendo, o princípio geral orientará a busca por uma vantagem numérica (3 × 2, 4 × 3 etc.). Caso não seja possível, o mínimo esperado será manter-se em igualdade, uma vez que, em situações de inferioridade numérica, as possibilidades de sucesso do adversário aumentam.

Os **princípios operacionais**, por sua vez, estão relacionados aos objetivos que devem ser evidenciados nas diferentes fases do jogo (Costa et al., 2009). Sob essa ótica, o Quadro 1.1, a seguir, condensa as informações específicas a esses princípios.

Quadro 1.1 Princípios operacionais das fases de jogo

Fase de ataque	Fase de defesa
Conservar a bola	Recuperar a bola
Progredir pelo campo de jogo adversário	Impedir a progressão do adversário
Construir ações ofensivas	Reduzir o espaço de jogo adversário
Criar situações de finalização	Anular as situações de finalização
Finalizar à baliza adversária	Proteger a própria baliza

Fonte: Elaborado com base em Costa et al., 2009. p. 660.

Como podemos verificar, os objetivos estão distribuídos de acordo com as fases do jogo: defesa e ataque. Observe, ainda, que cada objetivo tem um correspondente contrário. Dessa forma, se na fase de defesa o objetivo for recuperar a posse de bola, na fase de ataque o objetivo será mantê-la. Além dessa relação de oposição, em cada fase os princípios estão elencados em uma ordem que pode configurar uma sequência lógica para a construção da jogada, do início até o desfecho (Menezes, 2011).

Tomando como exemplo a fase de ataque, os objetivos poderão ser aplicados da seguinte forma: em um primeiro momento, a bola deverá ser conservada, possibilitando uma melhor organização dos atletas em campo/quadra. Em seguida, a equipe deverá progredir para o campo adversário, ocupando de forma distribuída os espaços de jogo. Após a conquista do território, as movimentações deverão ser voltadas para a construção de ações ofensivas. Nesse momento, os deslocamentos deverão ser efetuados de forma variada e imprevisível, buscando envolver o adversário até que sejam criadas situações de finalização. Ao encontrar a condição mais favorável, a equipe deverá realizar o arremate. Tal sequência serve de guia para cadenciar e direcionar as ações coletivas; entretanto, os comportamentos não precisam ser necessariamente realizados nessa ordem, ou seja, não há uma hierarquia a ser seguida (Santana, 2008).

Além dos princípios gerais e operacionais já comentados, existe um conjunto de diretrizes que fundamentam as ações dos jogadores de modo geral. Esses princípios têm por finalidade criar desequilíbrio na estrutura adversária, estabilizar a organização da própria equipe e proporcionar uma intervenção ajustada na zona de disputa de bola (Costa et al., 2009). Em razão de embasarem as ações que deverão ser realizadas nas diferentes fases do jogo, recebem o nome de ***princípios fundamentais*** e estão condensados no Quadro 1.2, a seguir.

Quadro 1.2 Princípios fundamentais das fases de jogo

Princípios no ataque	Princípios na defesa
Penetração	Contenção
Cobertura ofensiva	Cobertura defensiva
Mobilidade	Equilíbrio
Espaço	Concentração
Unidade ofensiva	Unidade defensiva

Fonte: Elaborado com base em Costa et al., 2009. p. 660.

Novamente, os princípios de ataque têm correspondentes opostos na defesa e vice-versa. Em virtude das semelhanças, o conteúdo das classificações pode gerar certa confusão. Dessa forma, é importante esclarecer que os princípios operacionais estão relacionados a objetivos, ao passo que os princípios fundamentais se referem a um conjunto de regras que orientam as ações dos jogadores e da equipe. Nessa lógica, a utilização dos princípios fundamentais auxilia na realização de comportamentos tático-técnicos relacionados aos objetivos da equipe, possibilitando a obtenção de condições favoráveis, tanto espaciais quanto temporais, para a realização da tarefa. Portanto, esses tais princípios direcionam a ação de um maior número de jogadores para atuarem próximos ao centro do jogo (zona de disputa da bola), seja no ataque, seja na defesa (Santana, 2008).

Nesse primeiro momento, discutiremos as ações referentes aos princípios fundamentais da **fase ofensiva**. Iniciaremos abordando o **princípio da penetração**, em que as ações são realizadas com o objetivo de progredir para áreas do campo que gerem maior risco ao adversário – ou seja, próximas da baliza/tabela. Para isso, os atletas deverão utilizar dribles, movimentações e ultrapassagens. Essas ações têm o intuito de desorganizar a defesa adversária, possibilitando o avanço das ações ofensivas em direção à área de arremate.

Por sua vez, o **princípio da cobertura ofensiva** está relacionado à aproximação dos companheiros ao portador da bola, fornecendo, assim, opções ofensivas para a sequência do jogo. Tal atitude visa diminuir a pressão do adversário na zona de disputa da bola, uma vez que a proximidade possibilita a realização de tabelas e triangulações. Por meio desse comportamento, os marcadores são obrigados a dividir sua atenção entre a bola e a movimentação adversária, buscando impedir a criação de linhas de passe ao mesmo tempo em que procuram recuperar a posse de bola.

Por outro lado, a atenção dos jogadores que participam da cobertura ofensiva deve estar voltada para uma série de variáveis que influenciarão sua proximidade em relação ao portador da bola. Essas variáveis estão descritas e exemplificadas no princípio da cobertura ofensiva; entretanto, sua análise deverá ser aplicada em diversas situações ao longo do jogo. Entre elas estão as análises das características dos adversários (físicas, técnicas, táticas e psicológicas), da estratégia adotada por eles durante a marcação (pressão, meio campo, individual, por zona etc.), do local em que a bola se encontra (próximo do campo de defesa, da linha lateral etc.) e das condições de terreno e clima, no caso do futebol (campo irregular, chuva) (Costa et al., 2009).

Observe a quantidade de variáveis que deverão ser analisadas pelos jogadores antes da tomada de uma simples decisão de posicionamento. A esse respeito, imagine a seguinte situação: uma equipe está com a posse de bola e fará a cobertura ofensiva. No momento da aproximação, será preciso proceder-se a uma análise do local em que a bola está sendo disputada (no meio de campo, próximo à linha lateral etc.) e de quais são as características dos adversários envolvidos (marcadores rápidos, por exemplo). Como a equipe já está ciente de que a qualidade do gramado é boa e de que ele não está molhado, a opção escolhida poderá ser aproximar-se para realizar uma tabela, devolvendo a bola ao portador inicial com apenas um toque. Essa escolha deve-se ao contexto do lance, possibilitando a progressão ao ataque por meio de uma ação rápida. Perceba que os atletas serão submetidos a esse tipo de análise, antes de cada lance, ao longo do jogo inteiro. Com base nessas informações, é possível afirmar, mais uma vez, que o ambiente dos jogos coletivos é complexo, certo?

O ambiente não só é complexo, como, também, é imprevisível. Caso a opção do portador da bola fosse o drible, e não o passe, um lance completamente diferente teria acontecido, e os envolvidos deveriam ajustar-se rapidamente para dar continuidade à jogada. Portanto, os princípios fundamentais estão presentes para direcionar as ações coletivas. Nesse contexto, há o **princípio da mobilidade**, que está relacionado às ações feitas sem a posse de bola, em busca de posições ótimas para recebê-la. Os movimentos são realizados com o objetivo de gerar instabilidade na defesa adversária, proporcionando a abertura de espaços para o passe ou para o arremate. Essas movimentações podem, ainda, dificultar a realização da cobertura defensiva, afastando os marcadores. Isso é visível quando um atacante se movimenta e "arrasta" consigo o defensor.

O princípio seguinte apresenta características semelhantes ao anterior; contudo, ao passo que o princípio da mobilidade está relacionado à movimentação efetuada sem a bola com o intuito de recebê-la, o **princípio do espaço** direciona as ações para a ampliação transversal e longitudinal do campo de jogo. Nesse sentido, os jogadores que estão atacando deverão posicionar-se de forma ampla. Esse comportamento visa dificultar a ação dos defensores, uma vez que, ao se aproximarem da zona de disputa da bola, estes poderão deixar corredores livres para ser atacados ou, então, permitir situações de 1 × 1, visto que a distância entre os marcadores não possibilitará a realização da cobertura (Santana, 2008).

Ainda com relação às linhas transversais e longitudinais, temos o **princípio da unidade ofensiva**, que tem por objetivo conferir coesão à equipe, proporcionando efetividade e equilíbrio entre as linhas. Esse comportamento favorece a circulação contínua, fluente e eficaz da bola, pois os atletas deverão ocupar os espaços do campo/da quadra de forma distribuída, auxiliando, assim, na resolução de situações táticas momentâneas do jogo com sentido pleno de equipe (Pivetti, 2012).

Neste momento, partiremos para a discussão referente aos princípios fundamentais da **fase defensiva**, os quais têm como objetivo coordenar as ações coletivas para a defesa da própria baliza/tabela e a recuperação da posse de bola (Costa et al., 2009).

Como citado anteriormente, os princípios fundamentais são divididos em duas fases (ataque e defesa) e apresentam conteúdos opostos. Se antes mencionamos o princípio da penetração (fase ofensiva), agora trataremos do **princípio da contenção**, seu corresponde na fase defensiva. As ações desse princípio se referem, basicamente, à oposição dos jogadores de defesa ao portador da bola. Assim, atitudes deverão ser tomadas para diminuir o espaço da ação ofensiva, restringir as possibilidades de passe, evitar que o drible favoreça a progressão do campo em direção ao gol/à cesta e impedir que a finalização seja feita. Para isso, os defensores deverão adotar uma marcação rigorosa sobre o portador da bola, retardando sua ação ofensiva. Além disso, as linhas de passe e finalização deverão ser restringidas, bem como a progressão longitudinal. Sempre que possível, o jogo deverá ser conduzido para as laterais do campo/da quadra, diminuindo a área de atuação do adversário e viabilizando uma melhor organização defensiva.

Um grande aliado do princípio da contenção é o **princípio da cobertura defensiva**, que direciona ações que reforçam a marcação e dificultam o avanço do portador da bola. De acordo com esse princípio, os atletas que participam da cobertura tornam-se novos obstáculos ao adversário, ao mesmo tempo em que têm a possibilidade de orientar a movimentação de seus companheiros, facilitando, assim, a organização coletiva. Tais atitudes são complementadas pelo **princípio do equilíbrio**, visto que este prega a superioridade numérica ou, no mínimo, a igualdade durante a organização defensiva. Deve, então, ocorrer um reajuste contínuo da disposição dos atletas em resposta à movimentação dos adversários, buscando o posicionamento entre a bola e a própria baliza/tabela sempre que possível.

Por sua vez, o **princípio da concentração** direciona a movimentação dos atletas em direção à zona de campo em que há maior risco. As ações atreladas a esse princípio visam aumentar a proteção defensiva, reduzindo espaços e facilitando a recuperação da bola. Esses comportamentos são evidenciados principalmente pela aproximação dos atletas mais distantes da zona de disputa da bola, diminuindo a área de ação adversária.

No mesmo sentido, há o **princípio da unidade defensiva**, que prega o comportamento defensivo de todos os atletas, independentemente de suas posições. A partir do momento em que a equipe não detém a posse da bola, todos os seus integrantes são responsáveis por auxiliar no processo de retomada. Tal atitude auxilia a equipe a se manter equilibrada mesmo com as variações da configuração do jogo. Esse princípio conta, ainda, com a possibilidade de utilizar a regra do impedimento, no caso do futebol, para reduzir o espaço de jogo adversário e aumentar a pressão ao portador da bola. Dessa forma, os adversários são obrigados a tomar decisões rápidas, aumentando a possibilidade de cometer erros técnicos e táticos.

Finalizamos, assim, a apresentação dos princípios táticos, os quais contribuem para a organização e o desempenho dos jogadores no campo de jogo. Dessa forma, o conhecimento de suas diretrizes, de seus objetivos e de suas especificações constitui uma importante ferramenta de auxílio para treinadores e jogadores. Com base nesses preceitos, é possível analisar as atitudes adotadas pelos atletas durante os jogos e prescrever atividades que estimulem a adoção desses comportamentos durante os treinos. No próximo tópico, abordaremos algumas diretrizes que auxiliarão na construção do processo de preparação.

1.4 Aspectos gerais do treinamento desportivo

A complexidade que envolve os jogos esportivos coletivos confere características específicas que os diferenciam de outras modalidades. No entanto, entre esses esportes, a caracterização dos esforços apresenta certa semelhança. As ações são acíclicas, variando conforme a duração e a intensidade. Desse modo, podemos observar momentos de elevada demanda física, técnica e tática, intercalados com momentos de recuperação passiva. Esse exemplo representa os dois extremos observados durante uma partida. De um lado estão as ações de intensidade máxima e submáxima; de outro, momentos de baixa intensidade que permitem a recuperação quase completa do indivíduo (Leitão, 2009).

Esse comportamento intermitente, em que a duração e a intensidade das ações variam ao longo do tempo, é determinante para o fornecimento energético. Além disso, ele alterna o predomínio da contribuição aeróbia e anaeróbia, uma vez que a parcela de energia fornecida por sistema está diretamente relacionada ao esforço ao qual o atleta está sendo submetido (Bangsbo; Iaia; Krustrup, 2008). Assim, os esforços são compostos, na maioria das vezes, por ações sem bola, com variadas formas de deslocamento, em distâncias curtas, médias e longas, de acordo com um comportamento tático. Tais particularidades exigem uma organização adequada das cargas de treinamento para que as adaptações obtidas por meio dele atendam às exigências específicas de cada modalidade (Issurin, 2010).

Com base nisso, podemos concluir que não existe um modelo ideal de treinamento que se encaixe em todas as modalidades coletivas. Ainda, a quantidade de variáveis envolvidas no processo de preparação impossibilita a criação de um modelo que possa ser replicado em uma mesma modalidade (Bompa, 2013). Para auxiliar no entendimento dessa afirmação, imagine um jogo de handebol e um de futsal. Ambos são esportes coletivos disputados em uma quadra com as mesmas dimensões, e suas regras permitem um número ilimitado de substituições. Além disso, as fases dos dois jogos variam entre defesa, transição e ataque.

Entretanto, a partir do momento em que observamos as especificidades de cada um deles, concluímos que o modelo de treinamento de um esporte não se encaixa no treinamento do outro, e isso não se deve unicamente ao fato de uma modalidade ser disputada com os pés e a outra com as mãos. A característica citada diz respeito apenas aos fundamentos técnicos. No entanto, as regras dos jogos (estruturas fixas) impõem organizações táticas diferentes, já que o número de jogadores em quadra não é igual e que as exigências físicas são distintas, de modo que a duração da partida não é a mesma e que as ações motoras são realizadas de forma diferente.

Até o presente momento, argumentamos sobre o porquê de um modelo de treinamento não se enquadrar em diferentes modalidades, e isso é até meio óbvio, certo? Todavia, em uma mesma modalidade, é possível que um programa de treinamento seja replicado? A resposta até pode ser positiva, mas, no alto rendimento, o que faz a diferença são os detalhes. Para exemplificar, deixaremos o handebol e trataremos apenas do futsal. Considere duas equipes de alto nível: uma disputando uma competição nacional, e a outra, uma competição estadual. Se ambas apresentam alto desempenho, por que não devemos aplicar um mesmo padrão de treinamento às duas? Em vez de fornecer as respostas a esses questionamentos, faremos algumas perguntas: Os jogadores apresentam as mesmas deficiências e necessidades? A estratégia de jogo adotada pelas equipes é a mesma? O tempo de preparação utilizado por elas foi igual? A forma de disputa da competição é a mesma?

Acreditamos que essas questões tenham demonstrado que a reprodução de treinamentos não é a melhor forma de preparar uma equipe. Então, como elaborar um programa que atenda às necessidades individuais e coletivas com especificidade? Uma possível alternativa é desenvolver o planejamento fundamentado em conceitos teóricos – mais precisamente, com base nos princípios do treinamento desportivo (Bompa, 2013). Com a utilização de tais princípios, teremos subsídios para planejar, executar, ajustar e avaliar todo o processo de preparação, uma vez que seus preceitos se enquadram em uma diversidade de situações, norteando todo o raciocínio empregado na construção do desempenho.

Porém, acima de tudo, definiremos o **treinamento desportivo** como um procedimento planejado, organizado, que se repete sistematicamente e que envolve uma variedade de conteúdos que serão aplicados por meio de uma sequência lógica (Issurin, 2010). Com base nessa definição, teceremos algumas considerações: a primeira delas é que o **planejamento** deve ser realizado a longo prazo, permitindo uma visão ampla de todo o processo. Assim, teremos a condição de distribuir os conteúdos de acordo com as necessidades de cada momento e repeti-los sistematicamente, ajustando as cargas de forma progressiva e gradual.

Para isso, utilizamos uma macroestrutura, ou seja, algo amplo, que abrange todo o processo de preparação – a macroestrutura também é conhecida como **macrociclo** (Bompa, 2013), o qual pode ser composto por meses ou anos, pois sua duração é baseada no calendário de competição. No caso da equipe de futsal que participa apenas do campeonato estadual, disputado no primeiro semestre do ano, a duração do macrociclo poderá ser de seis meses. Por sua vez, considerando a equipe que participará da competição nacional, disputada no segundo semestre, e da competição estadual, como o calendário será mais amplo, o macrociclo poderá durar até 12 meses. Observe que o tempo de duração da macroestrutura é variável, permitindo seu enquadramento a qualquer realidade. Além disso, a duração não necessita ser exatamente a mesma dos exemplos: podemos utilizar cinco meses, nove meses etc. Logo, a duração do macrociclo dependerá das datas de início da preparação e de término de uma competição-alvo.

A partir do momento em que temos uma visão ampla do processo, podemos dividi-lo em unidades menores. Esse fracionamento tem por objetivo auxiliar na distribuição de metas periódicas e na organização dos conteúdos, na intenção de que os objetivos traçados para determinado momento sejam alcançados. Tal estrutura recebe o nome de **mesociclo** e, assim como a macroestrutura, varia conforme o calendário competitivo, podendo ser composto por semanas ou meses (Bompa, 2013). Para exemplificar, considere um macrociclo composto por oito meses, dos quais três serão dedicados à preparação, e cinco, à competição (conforme exposto na Figura 1.2). Com base nessas informações, podemos fracionar esse período em unidades ainda menores e manipular os objetivos do treinamento.

Figura 1.2 **Exemplo de estruturação de um macrociclo**

Macrociclo																																
Mesociclo	Preparação													Competição																		
Mês	Janeiro			Fevereiro				Março				Abril				Maio				Junho				Julho				Agosto			
	1			2				3				4				5				6				7				8			
Microciclo																																
Semana	1	2	3	4	5	6	7	8	9	10	11	12	13	14	15	16	17	18	19	20	21	22	23	24	25	26	27	28	29	30	31	32

Como temos três meses de preparação antes do início do período competitivo, cada um dos mesociclos terá um objetivo diferente. O primeiro mesociclo poderá ser utilizado para uma adaptação geral, visando preparar os atletas para suportar cargas mais acentuadas de treino que virão a seguir. Após isso, o segundo mesociclo poderá ser dedicado ao desenvolvimento da força. Assim, para que tal objetivo seja alcançado, o conteúdo do treinamento deverá conter exercícios que estimulem o desenvolvimento dessa capacidade física.

Para isso, divide-se o mesociclo em unidades menores, conhecidas como **microciclos**, que podem ser compostos por dias ou semanas. O mais comum é a utilização de um microciclo com sete dias, coincidindo com a duração da semana; entretanto, em alguns casos, são utilizados dez dias ou mais (Bompa, 2013). Comentamos isso para reforçar o fato de que a organização dos períodos é feita conforme as necessidades individuais de cada equipe, promovendo uma maleabilidade no planejamento de treinos.

Para que o processo de desenvolvimento atlético fique ainda mais completo, de modo que cada microciclo apresente uma carga controlável, as microestruturas são divididas em unidades ainda menores, conhecidas como **sessões de treinamento**. Tais sessões representam as unidades básicas de todo o processo de preparação e podem ser realizadas uma, duas ou, em alguns casos, até três vezes ao dia. Utilizaremos o exemplo do treinamento de força para facilitar o entendimento, porém, o mesmo raciocínio serve para aspectos técnicos e táticos. Dessa forma, como mencionado anteriormente, o objetivo do segundo mesociclo (composto por quatro semanas, de forma que cada semana representa um microciclo) será o desenvolvimento da força. A fim de que essa meta seja alcançada, as sessões de treinamento deverão conter exercícios direcionados para estimular essa capacidade física. Como há quatro semanas para trabalhar, optamos por distribuir as sessões de forma progressiva e gradual, com uma pequena redução na última semana.

Assim, no primeiro microciclo, serão realizadas três sessões de treinamento de força; no segundo microciclo, serão aplicadas quatro sessões; o terceiro microciclo será composto por cinco sessões; e no quarto microciclo, serão aplicadas apenas três sessões de treinamento de força. As demais sessões semanais terão outros objetivos que não serão detalhados aqui, por questões didáticas. Sob essa ótica, por meio da representação gráfica (Figura 1.3), ficam visíveis tanto essa distribuição progressiva quanto a redução final. Observe que, na quarta semana, ao contrário da elevação do número de sessões, foi planejada uma diminuição. Esse procedimento tem por objetivo possibilitar a recuperação quase completa do atleta para que, na semana seguinte, seja realizada uma avaliação dos níveis de força sem a presença da fadiga acumulada.

Figura 1.3 Representação esquemática da distribuição do treinamento de força realizado durante um mesociclo

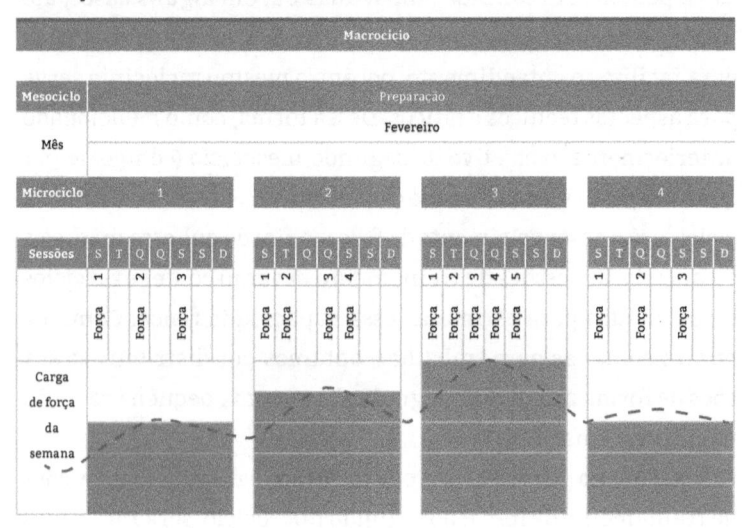

Macrociclo																								
Mesociclo	Preparação																							
Mês	Fevereiro																							
Microciclo	1						2						3						4					
Sessões	S 1	T 2	Q 3	Q	S	S	D	S 1	T 2	Q 3	Q 4	S	S	D	S 1	T 2	Q 3	Q 4	S 5	S	D	S 1	T 2	Q 3	Q	S	S	D
	Força	Força	Força					Força	Força	Força	Força				Força	Força	Força	Força	Força			Força	Força	Força				
Carga de força da semana																									

Com relação a esse aspecto, cabem alguns comentários. Perceba que se trata de uma avaliação dos níveis de força realizada após um período de treinamento. Na realidade, o termo que deveria ser utilizado é *reavaliação*. Afinal, para que o atleta está sendo treinado? Evidentemente, para que evolua. E como saberemos se ele evoluiu? Por meio de parâmetros de desempenho – nesse caso específico, mediante a aplicação de algum teste para avaliar a força. Ferramentas dessa natureza são fundamentais para auxiliar no controle e na direção do treinamento (Svensson; Drust, 2005). Ainda, recorde-se da definição de treinamento desportivo apresentada logo no início deste tópico. Na ocasião, esclarecemos que o treinamento é um procedimento planejado, executado de forma sistemática e composto por estruturas com objetivos distintos. Então, como saber se determinado objetivo foi atingido? Novamente, fica evidente a necessidade de uma **avaliação pré/pós-treinamento**.

Observe, ainda, que a definição do treinamento menciona uma execução sistemática e planejada. O referido exemplo cumpre com essa premissa. As sessões foram distribuídas de forma racional e se repetiram ao longo do tempo. Dessa forma, qualquer necessidade de alteração no processo poderia ser realizada sem prejuízos para o macrociclo. Sob essa ótica, imagine que, após a reavaliação, foi verificado que os níveis de força permanecem abaixo do esperado. Assim, com base na estrutura do planejamento, será possível realizar alguns **ajustes**, modificando os exercícios ou o número de sessões destinadas ao desenvolvimento da força, tudo de forma controlada.

Esse exemplo nos permite, ainda, discutir um ponto fundamental do processo de preparação desportiva: o **efeito do treinamento** torna visível por meio do acúmulo de cargas; ou seja, apenas o somatório das sessões resultará em efeitos significativos no desempenho (Issurin, 2010). Portanto, de nada adianta, quanto à **performance** de força, aplicarmos uma sessão de força na primeira semana e quatro sessões na segunda semana e, na terceira e quarta semanas, não realizarmos nenhum tipo de estímulo (Figura 1.4). Nesse exemplo, além de não ocorrer a manutenção dos estímulos dessa capacidade física, a distribuição das sessões não respeita nenhum tipo de progressão, pois as cargas foram aplicadas de forma totalmente aleatória, impossibilitando qualquer tipo de análise e ajuste no processo de preparação.

Figura 1.4 Exemplo de execução aleatória do treinamento de força

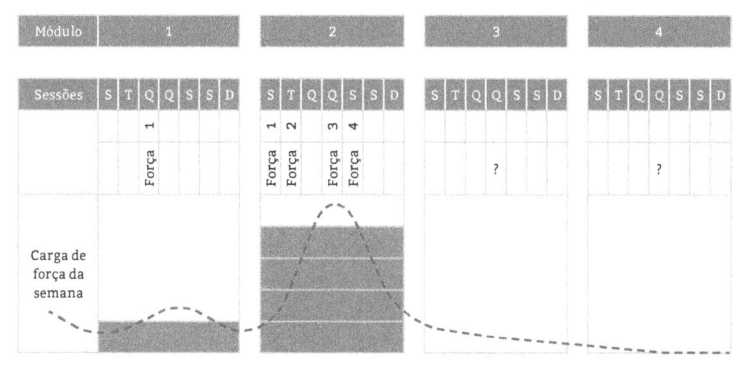

Vale a pena relembrar que o exemplo utilizado, por questões didáticas, contém apenas aspectos físicos – precisamente, a força. Porém, os aspectos técnicos e táticos devem seguir o mesmo raciocínio. Além disso, a preparação pode ocorrer de maneira integral, com todos os aspectos (físicos, técnicos e táticos) sendo estimulados em uma mesma sessão de treinamento. A utilização de jogos reduzidos, por exemplo, possibilita essa integração. Por meio da manipulação das regras, do número de jogadores e do tamanho do campo, diversos componentes das modalidades coletivas podem ser trabalhados (Özcan; Eniseler; Şahan, 2018; Halouani et al., 2014). Independentemente do método de treinamento adotado, o ponto principal é a aplicação sequencial e planejada dos estímulos e o monitoramento.

Na seção seguinte, abordaremos questões relacionadas à manipulação das cargas de treinamento e ao controle do processo de preparação. Esses temas lhe auxiliarão a estruturar e a controlar o treinamento dos atletas.

1.5 Carga de treinamento: definição, controle e manipulação

O treinamento desportivo é um procedimento planejado e organizado, que se repete sistematicamente e envolve uma variedade de conteúdos que serão aplicados por meio de uma distribuição lógica (Issurin, 2010). Até então, não apresentamos nenhuma novidade, uma vez que essa definição foi discutida detalhadamente na seção anterior. Além disso, naquela ocasião, encerramos o assunto efetuando um breve comentário relacionado ao efeito do treinamento. Afirmamos que as melhorias na *performance* só seriam visíveis mediante um acúmulo de cargas, ou seja, que apenas o somatório das sessões de treinamento resultaria em efeitos significativos no desempenho.

Pois bem, com base nessas informações, iniciaremos nossa próxima discussão com a seguinte pergunta: O que vem a ser **carga de treino**? Até o momento, discutimos sobre o planejamento de forma ampla, em que o macrociclo deve ser fracionado em unidades menores (mesociclos), os quais, por sua vez, devem ser subdivididos em microciclos, compostos por unidades ainda menores, conhecidas como *sessões de treinamento*. Nesse sentido, as cargas representam os estímulos aos quais os atletas são submetidos, constituindo-se como as unidades básicas aplicadas durante o processo de preparação (Foster; Rodriguez-Marroyo; De Koning, 2017). Para melhor compreensão e análise, tais unidades são divididas em carga externa e carga interna.

A **carga externa**, conhecida como *volume*, é representada por todas as variáveis que induzem o estresse interno, ou seja, tudo que é prescrito pelo treinador ou está relacionado às exigências do jogo. Por exemplo, 20 minutos de corrida, 3 séries com 12 repetições de agachamento, 30 minutos de treinamento tático, uma partida completa de handebol etc. Essa carga pode ser quantificada por meio do tempo da atividade, da distância percorrida, do número de séries e repetições, da quantidade de peso levantado etc. Já a **carga interna**, mais conhecida como *intensidade*, refere-se à resposta que o atleta apresenta ao estressor (carga externa), sendo avaliada mais comumente pelas respostas da frequência cardíaca, da percepção subjetiva de esforço (PSE) e das concentrações de lactato sanguíneo (Borresen; Lambert, 2009).

Dessa forma, ao analisarmos de forma conjunta as cargas externa e interna (ou o volume e a intensidade), teremos a noção exata do estímulo ao qual o atleta foi submetido. Para exemplificar, imagine a prescrição de 20 minutos de corrida com a frequência cardíaca média em torno de 150 bpm. A primeira informação diz respeito à carga externa, e a segunda está relacionada à carga interna. Mas, nos esportes coletivos, caracterizados pelo comportamento intermitente, em que as ações variam de intensidade e duração, a aplicação da prescrição e do controle realizado no referido exemplo seria inviável. Nesse sentido, algumas ferramentas surgem como grandes aliadas para o monitoramento das cargas de treinamento (Foster; Rodriguez-Marroyo; De Koning, 2017).

Entre elas estão os aparelhos de GPS e os acelerômetros. Essas ferramentas, que inicialmente foram desenvolvidas para o uso militar, passaram por um processo de evolução e, atualmente, fazem parte de nossas vidas, sendo utilizadas em carros, em celulares e, também, no esporte, o que nos interessa. A utilização desses dispositivos fornece a distância que um atleta percorre em determinado tempo, de forma total ou fracionada, em diferentes zonas de velocidade (Foster; Rodriguez-Marroyo; De Koning, 2017).

Para exemplificar a importância desses avanços, faremos uma breve explanação referente à progressão das ferramentas de controle utilizadas no treinamento. Antigamente, tínhamos a informação de que a carga externa aplicada a um jogador de futebol, durante uma partida completa, era de 90 minutos mais os acréscimos, isso se o atleta participasse do jogo inteiro, uma vez que, por motivos de substituição ou pelo fato de não ter sido relacionado para o jogo, esse valor poderia ser diferente. Dessa forma, em um mesmo grupo de atletas, poderia haver indivíduos com um volume acima de 90 minutos (jogo completo), outros com 60 minutos (em razão de substituição aos 15 minutos do segundo tempo), alguns com 30 minutos (pois entraram na partida aos 15 minutos do segundo tempo) e outros, ainda, sem volume algum (não entraram na partida ou não foram relacionados para o jogo).

Essas informações já nos possibilitam uma diferenciação referente às cargas a que os indivíduos eram submetidos. Entretanto, com o avanço da tecnologia, passamos a receber a informação de que, durante os 90 minutos, um atleta percorreu 11 km, enquanto outro percorreu apenas 8 km. A causa para essa diferença pode estar na posição exercida, no nível de condicionamento físico, na organização tática, entre outros fatores

(Sarmento et al., 2014). Nesse sentido, os valores apresentados devem ser analisados de forma ampla, respeitando sempre o contexto em que estão inseridos, para que sejam evitadas conclusões precipitadas.

Outro ponto extremamente importante é que o GPS nos permite fracionar a distância – no caso do exemplo, 11 km ou 8 km – em zonas de velocidade. Assim, temos a possibilidade de investigar quanto o atleta percorreu caminhando, trotando e correndo. Tal subdivisão em diferentes intensidades é fundamental para analisarmos com exatidão o estímulo externo ao qual o atleta foi submetido. A exigência metabólica e o dano muscular causado são completamente diferentes em situações em que o indivíduo percorre 11 km em um ritmo constante e em situações em que essa quilometragem é percorrida variando a direção e a intensidade, como no caso do futebol (Nédélec et al., 2012).

Com relação à intensidade, algumas ferramentas contribuem para o seu monitoramento e controle (Foster; Rodriguez-Marroyo; De Koning, 2017). Entre elas estão os sistemas que controlam a frequência cardíaca em tempo real, em diferentes zonas de intensidade. Por meio desses sistemas, torna-se possível monitorar vários atletas ao mesmo tempo. No entanto, a característica das ações realizadas nos esportes coletivos (curtas e intensas, intercaladas por períodos de baixa intensidade) dificulta a utilização da frequência cardíaca para o controle da intensidade. Problema semelhante é verificado na utilização das concentrações de lactato no sangue, uma vez que o valor obtido representa o somatório das ações que ocorreram nos momentos anteriores à coleta, e não à atividade como um todo (Borresen; Lambert, 2009). Por exemplo, se um atleta permaneceu a maior parte do jogo parado ou caminhando e, momentos antes da coleta de sangue, realizou algumas ações em alta velocidade, as concentrações de lactato aparecerão elevadas.

Uma das possíveis formas de minimizar essa limitação causada pela aciclicidade das ações características dos esportes coletivos é a utilização da percepção de esforço. Por meio dessa ferramenta, os atletas reportarão o quão difícil, pesada e extenuante foi determinada tarefa física (Pageaux, 2016). A validade científica desse instrumento está bem documentada, apresentando como benefícios o baixo custo, a praticidade de aplicação e a rápida análise. Além disso, por se tratar de uma ferramenta que avalia a percepção, ela pode ser utilizada nas mais variadas formas de execução de exercício, viabilizando, assim, a quantificação na mesma unidade de atividades distintas, como treinamento de força e treinamento tático (Malone et al., 2015). Observe que se trata de estímulos completamente diferentes: um diz respeito à quantidade de peso levantado, e o outro está relacionado ao deslocamento em diferentes intensidades e à tomada de decisão. Mesmo assim, esse instrumento possibilita sua comparação.

Nesse sentido, os avanços tecnológicos trouxeram grandes contribuições ao esporte de alto rendimento. Entretanto, as ferramentas de baixo custo, se bem aplicadas, também podem gerar resultados satisfatórios e com extrema sensibilidade. Sob essa ótica, não necessitamos obrigatoriamente da disponibilidade de equipamentos ultramodernos, muitas vezes caríssimos, especialmente porque com o uso de ferramentas simples conseguimos obter informações de qualidade capazes de direcionar o treinamento (Malone et al., 2015). Durante todo o processo de preparação, o principal é a racionalização da distribuição das cargas, e não seu controle, pois este servirá apenas de referência para direcionar o processo.

Para exemplificar essa informação, considere a seguinte situação: 30 minutos de treinamento coletivo com uma PSE de 7 e o mesmo treinamento sendo quantificado por meio do número de acelerações – no caso, 12. No primeiro exemplo, podemos multiplicar a carga interna pela externa e obter uma variável única, conhecida como *carga de treino*, representada por unidades arbitrárias (UA). Nesse caso, teremos um treinamento com carga de 210 UA. O exemplo das acelerações, por sua vez, fornece uma informação mais precisa do desgaste, no caso, 12 acelerações. Para facilitar o raciocínio, vamos multiplicar essas 12 acelerações pelos mesmos 30 minutos; entretanto, queremos deixar claro que esse último procedimento não é habitual no controle do treinamento – estamos utilizando-o para demonstrar que o principal é o raciocínio por trás do controle, e não a ferramenta utilizada para a análise. Com base no cálculo envolvendo as acelerações, obtemos uma carga de treinamento no valor de 360 UA.

Observe que os valores obtidos são diferentes. Porém, os atletas foram submetidos a cargas iguais. Isso ocorreu em razão de os parâmetros inseridos no cálculo serem diferentes. O principal detalhe é sempre utilizar o mesmo parâmetro para a comparação. O que realmente importa é que a carga seja quantificada com precisão, pois com base nisso teremos subsídios para direcionar o treinamento. Obviamente, quanto mais detalhada for a informação, melhor será. Mas o que faz a diferença é a precisão dos dados, uma vez que todo o processo de preparação está situado em torno da carga (Borresen; Lambert, 2009).

Salientamos esse fato porque, durante a elaboração de um programa de exercícios, alguns princípios do treinamento desportivo devem ser observados, e a grande maioria deles está relacionada à carga de treinamento. Os princípios servem como um referencial teórico que confere todo o embasamento necessário para o planejamento, a execução e o controle de um processo de preparação (Bompa, 2013). Mas, antes de abordar os princípios propriamente ditos, comentaremos a respeito do **fenômeno da adaptação**, o qual é constituído pela reorganização orgânica e funcional do organismo conforme às exigências impostas, representando uma capacidade de melhora do funcionamento do corpo em todos os níveis hierárquicos (Balbino, 2005). Portanto, esse fenômeno representa a capacidade que o indivíduo tem de se ajustar ao estímulo que está recebendo, tornando-se mais eficiente e, consequentemente, evoluindo.

Nesse sentido, por *estímulo e exigência* impostos ao organismo entendemos carga de treinamento, e por *reorganização orgânica e funcional* tornando-o mais eficiente compreendemos a melhoria de desempenho – objetivo comum a todo processo de preparação. Assim, as cargas de treinamento são aplicadas com o intuito de estressar o organismo do indivíduo, gerando uma desordem no equilíbrio dinâmico, conhecida como *quebra da homeostase*. Como o organismo busca constantemente manter seu equilíbrio, esse processo de reorganização acaba tornando-o mais eficiente – com efeito, ocorre a evolução física (Borresen; Lambert, 2009).

Para que esse processo de adaptação e consequente evolução seja mantido, os **princípios do treinamento** devem ser respeitados (Bompa, 2013). Entre eles está o **princípio da sobrecarga**, o qual prega a aplicação de estímulos superiores aos que o atleta está acostumado – por isso, o nome *sobrecarga* –, pois para que ocorra a evolução, como já mencionamos, uma desordem deve ser gerada. Caso os indivíduos sejam submetidos sempre às mesmas cargas, esse desequilíbrio não será evidenciado. Para isso, o primeiro passo deve ser a **individualização** das cargas. Cada sujeito apresenta um limiar de adaptação. Dessa forma, alguns estímulos podem gerar uma elevada sobrecarga para alguns, mas representar, para outros, uma carga-padrão. Essa situação deixa clara a importância de se conhecer o nível de condicionamento físico do atleta e de controlar a carga de treino que está sendo aplicada.

Além desse aspecto, o controle possibilita a aplicação de uma **sobrecarga crescente**, resultante da relação entre estímulo, adaptação e aumento da carga. Portanto, o controle permite a aplicação periódica de estímulos com carga semelhante, favorecendo, assim, o processo de adaptação para determinada intensidade. A partir do momento em que o atleta está adaptado, um aumento de carga deve ser realizado para que ocorra uma nova desordem no organismo e, consequentemente, uma nova evolução (Balbino, 2005).

Nessa direção, é importante que os estímulos sejam repetidos frequentemente. Mas as cargas devem apresentar **variações** ao longo dos dias, evitando que o treino seja monótono e estimulando a constante quebra da homeostase. Assim, a criatividade do treinador apresenta um papel de destaque na escolha e na aplicação das atividades. Entre as estratégias utilizadas que tendem a deixar o treinamento mais interessante, estão a utilização de um amplo repertório de exercícios, variados periodicamente, e a modelação das tarefas baseadas na realidade do jogo. Além disso, os conteúdos devem ser desafiadores, provocando a tomada de decisão em condições adversas. Tais práticas mantêm os atletas motivados para a execução dos exercícios (Halouani et al., 2014).

Outro detalhe que merece atenção é a **relação entre a sobrecarga e a recuperação**. O equilíbrio entre esses componentes é de fundamental importância para o desenvolvimento do atleta, uma vez que o processo de evolução ocorre da seguinte forma: após a aplicação de uma sobrecarga, é presenciado um decréscimo transitório no desempenho esportivo, acompanhado de uma queda no potencial energético. Em seguida, o organismo inicia sua recuperação, buscando reestabelecer seus estoques iniciais de energia. Caso a recuperação seja completa, ocorre um fenômeno chamado *supercompensação* (Figura 1.5). Por meio desse fenômeno, os níveis energéticos e de desempenho atingem valores superiores aos iniciais. Nesse momento, a aplicação de novos estímulos resultará em *performances* superiores (Issurin, 2010).

Figura 1.5 Representação esquemática da supercompensação

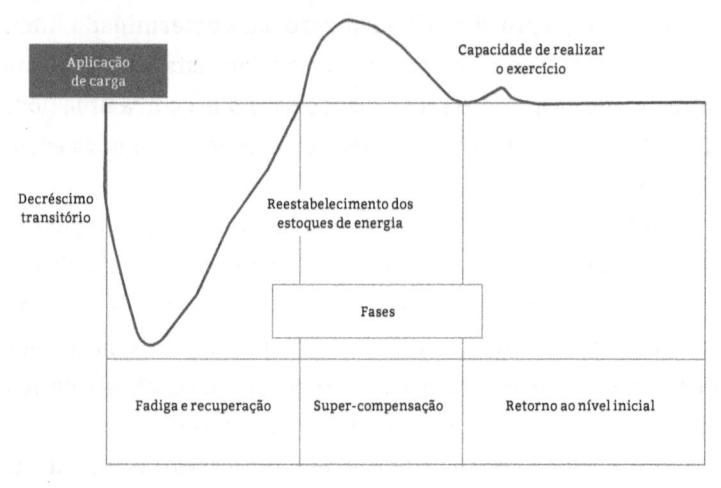

Aplicação de carga		Capacidade de realizar o exercício	
Decréscimo transitório	Reestabelecimento dos estoques de energia		
		Fases	
Fadiga e recuperação	Super-compensação	Retorno ao nível inicial	

Fonte: Elaborado com base em Issurin, 2010. p. 192.

Com base nesse mecanismo, intervalos ótimos entre a aplicação de sobrecargas resultam em melhores desempenhos, uma vez que possibilitam o aparecimento da supercompensação. Pelo contrário, intervalos de recuperação demasiadamente curtos têm como resultado *performances* abaixo do esperado, visto que a sobrecarga é aplicada quando os níveis energéticos são inferiores aos valores ideais (Issurin, 2010). Nesse sentido, mais uma vez o controle das cargas apresenta papel fundamental, auxiliando no estabelecimento de intervalos de recuperação proporcionais à sobrecarga aplicada. Quanto mais elevada for a sobrecarga, maior será o tempo necessário para a recuperação e, consequentemente, menor deverá ser o estímulo do próximo treinamento.

O segundo princípio do treinamento visa assegurar a adaptação por meio da repetição planejada e orientada dos estímulos – trata-se do **princípio da ciclização** (Balbino, 2005). Ele orienta a execução regular dos estímulos para que o desempenho esteja sempre em evolução. Como citado anteriormente, o atleta se adapta à carga a que está sendo submetido. Dessa maneira, caso o organismo não esteja sendo estimulado, ocorrerá a desadaptação, ou destreinamento, pois o corpo se ajusta à nova realidade. Um comportamento semelhante é evidenciado quando as cargas de treinamento apresentam um intervalo muito amplo até serem reaplicadas. Nesse caso, pode não ocorrer a adaptação em razão da falta de periodicidade; ou, ainda, caso ela ocorra, o elevado espaçamento entre as repetições resultará em uma desadaptação. Essa situação representa um exemplo claro de programa de treinamento sem evolução. Perceba que, novamente, fica evidente a necessidade de um planejamento bem estruturado, de modo que as cargas de treino estejam bem distribuídas e se repitam periodicamente.

No entanto, os estímulos não devem permanecer por muito tempo exigindo o máximo do atleta. A sobrecarga contínua excessiva tende a prejudicar o desempenho em vez de auxiliar o atleta a evoluir, uma vez que a supercompensação ocorre apenas durante a recuperação completa. Sendo assim, deve ocorrer uma **alternância entre o aumento e a redução das cargas** durante o treinamento. Além disso, alguns períodos devem ser planejados e destinados à regeneração. Isso pode ocorrer por meio da inserção de sessões mais leves ao longo da semana, de folgas e, até mesmo, de microciclos inteiros com carga total reduzida, destinados à recuperação. Tal prática auxilia na evolução e contribui para a prevenção de lesões. Nesse momento, cabe ressaltar que os princípios abordados têm por objetivo fornecer uma visão geral da composição do processo de treinamento desportivo[1].

Pois bem, até o momento, abordamos a importância da aplicação dos treinamentos de forma cíclica, discutimos sobre a individualização e a relação entre a sobrecarga e a recuperação. No entanto, ainda não falamos sobre o direcionamento dos estímulos. Nesse sentido, o **princípio da especialização** nos orienta

---

[1] Para uma análise mais aprofundada dos modelos de periodização, sugerimos a leitura de Bompa (2013) e Issurin (2010).

para a aplicação de exercícios que atendam às exigências da modalidade. Segundo este, todos os objetivos, métodos, programas e procedimentos presentes em um planejamento devem ser direcionados para as exigências do esporte em questão (Bompa, 2013). Entretanto, cabe ressaltar que mesmo com as especificidades apresentadas pelas modalidades, algumas capacidades e habilidades básicas servem de apoio ao processo de especialização. Dessa forma, um programa de treinamento deve conter exercícios gerais e específicos, o que varia é a proporção de cada um deles, sendo determinada pela fase de preparação.

Os exercícios gerais são priorizados no início do período preparatório, fornecendo a base para a execução dos exercícios especiais. Quando o atleta começa a evoluir, a proporção entre os exercícios vai sendo alterada, até o momento em que o predomínio passa a ser de exercícios específicos. No entanto, retomando as diretrizes do princípio da ciclização, os estímulos devem ser repetidos periodicamente para manter a adaptação. Dessa forma, o que se altera é o predomínio, de modo que tanto os exercícios gerais quanto os especiais devem estar presentes durante todo o processo de preparação.

Sob essa ótica, a Figura 1.6, a seguir, sintetiza os princípios envolvidos no processo de treinamento. Com base nela, podemos verificar que a carga externa se une à interna para formar a carga de treinamento, a qual será a responsável pelo processo de adaptação e consequente evolução física. Podemos observar que esse processo é contínuo, e, para novas adaptações, faz-se necessário aplicar novas cargas de treino. A magnitude e o resultado obtidos por meio desse processo serão consequências da aplicação dos princípios de treinamento discutidos anteriormente.

Figura 1.6 Síntese do processo de treinamento

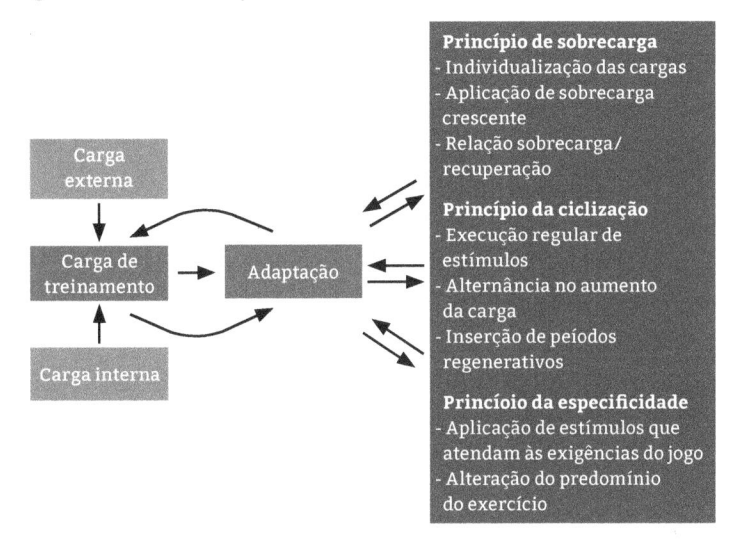

Princípio de sobrecarga
- Individualização das cargas
- Aplicação de sobrecarga crescente
- Relação sobrecarga/recuperação

Princípio da ciclização
- Execução regular de estímulos
- Alternância no aumento da carga
- Inserção de períodos regenerativos

Princíoio da especificidade
- Aplicação de estímulos que atendam às exigências do jogo
- Alteração do predomínio do exercício

(Carga externa → Carga de treinamento → Adaptação; Carga interna)

Aproveite o resumo dos princípios do treinamento desportivo apresentados na Figura 1.6 para planejar, estruturar, distribuir e revisar os programas de prescrição de exercícios que serão desenvolvidos. Essas informações servirão como um guia, que lhe possibilitará obter uma visão ampla de todo o processo de preparação.

⦀ Síntese

Chegamos ao fim deste capítulo. Esperamos que as informações apresentadas aqui tenham auxiliado na compreensão das variáveis que envolvem a construção do alto rendimento nos esportes coletivos. Buscamos demonstrar que, a partir de uma análise criteriosa das exigências de determinado esporte, amparada por conceitos comportamentais bem definidos e seguindo uma distribuição lógica das cargas de treinamento, um processo de preparação terá totais condições de ser desenvolvido. Nos próximos capítulos, apresentaremos aspectos específicos de cada modalidade mencionada.

Atividades de autoavaliação

1. Analise as assertivas a seguir.
   I. Nos esportes coletivos, o alto rendimento não pode ser resumido por aspectos físicos, técnicos, táticos e psicológicos tomados isoladamente.
   II. As regras do jogo constituem as chamadas *estruturas fixas*.
   III. São exemplos de estruturas de contexto: o deslocamento dos atletas, os gestos técnicos e a disposição dos atletas em campo.
   IV. Durante a realização de um ataque, a equipe deverá atuar de forma ampla, e, nos momentos de defesa, a postura adotada deverá ser compacta.

   Agora, assinale a alternativa que apresenta apenas as afirmativas corretas:
   a) I, II e III.
   b) I, II e IV.
   c) II, III e IV.
   d) II e III.
   e) III e IV.

2. Analise as assertivas a seguir e marque V para as verdadeiras e F para as falsas.
   ( ) A alternância dinâmica da posse de bola representa uma das características que diferenciam as modalidades coletivas.
   ( ) A complexidade do cenário, o fato de as ações seguirem determinada lógica e a reação antagônica dos adversários são exemplos de características que fazem com que as modalidades coletivas se assemelhem.
   ( ) A tomada de decisão e a cooperação se completam durante as ações coletivas.
   ( ) Uma das formas de estimular a criatividade dos atletas é manipular as regras dos exercícios.

Agora, assinale a alternativa que apresenta a sequência correta:

a) V, F, V, F.
b) F, V, V, V.
c) F, V, V, F.
d) V, V, F, F.
e) F, F, V, V.

3. Analise as assertivas a seguir e marque V para as verdadeiras e F para as falsas.

    ( ) Durante uma partida, os lances acontecem de forma aleatória, com alternância de ritmos, variações técnicas, dinamismo na organização tática e oscilações nas exigências psicofísicas.
    ( ) O marco de transição entre as fases do jogo é a posse de bola.
    ( ) As fases do jogo são classificadas exclusivamente em ataque e defesa.
    ( ) Os princípios táticos proporcionam aos jogadores soluções táticas para os diversos problemas que serão enfrentados ao longo dos jogos.

    Agora, assinale a alternativa que apresenta a sequência correta:

    a) V, F, V, F.
    b) V, F, V, V.
    c) F, V, V, F.
    d) V, V, F, V.
    e) F, V, F, V.

4. Analise as assertivas a seguir.

    I. Os princípios do treinamento desportivo fornecem subsídios para que o processo de preparação seja planejado, executado e ajustado, mas não avaliado.
    II. Um macrociclo pode ser composto por meses ou anos de preparação, de modo que sua duração é baseada no calendário competitivo.

III. A sequência correta das nomenclaturas de uma macroestrutura, partindo da maior unidade para a menor, é: macrociclo, mesociclo, microciclo e sessão de treinamento.

IV. A efetividade de um programa de treinamento pode ser verificada por meio de avaliações pré e pós a aplicação dos exercícios.

Agora, assinale a alternativa que apresenta apenas as afirmativas corretas:

a) I, II e III.
b) I, II e IV.
c) II, III e IV.
d) II e III.
e) III e IV.

5. Relacione corretamente os elementos às suas respectivas características:

I. Carga externa
II. Carga interna
III. Adaptação
IV. Treinamento desportivo

( ) Procedimento planejado e organizado que se repete sistematicamente e envolve uma variedade de conteúdos aplicados por meio de uma distribuição lógica.
( ) Resposta que o atleta apresenta ao exercício.
( ) Reorganização orgânica e funcional conforme as exigências impostas, representando uma capacidade de melhora de funcionamento do corpo em todos os níveis hierárquicos.
( ) Tudo que é prescrito pelo treinador ou está relacionado às exigências do jogo.

Agora, assinale a alternativa que apresenta a sequência correta:
a) II, I, III, IV.
b) IV, III, II, I.
c) IV, II, III, I.
d) II, I, IV, III.
e) IV, I, III, II.

Atividades de aprendizagem

Questões para reflexão

1. Entre os esportes abordados nesta obra, selecione dois de sua preferência e verifique a diferença que eles apresentam com relação às estruturas fixas, dinâmicas e de contexto.

2. Considere os princípios do treinamento desportivo e reflita sobre a visão que você tem do processo de elaboração de um programa, bem como a respeito da forma pela qual a inserção desses novos conceitos pode auxiliá-lo no desenvolvimento de um planejamento voltado ao alto nível esportivo.

Atividade aplicada: prática

1. Elabore uma planilha contendo os princípios fundamentais de ataque e defesa e procure observar sua manifestação durante determinado período de jogo, o qual poderá ser desenvolvido por você ou assistido pela televisão.

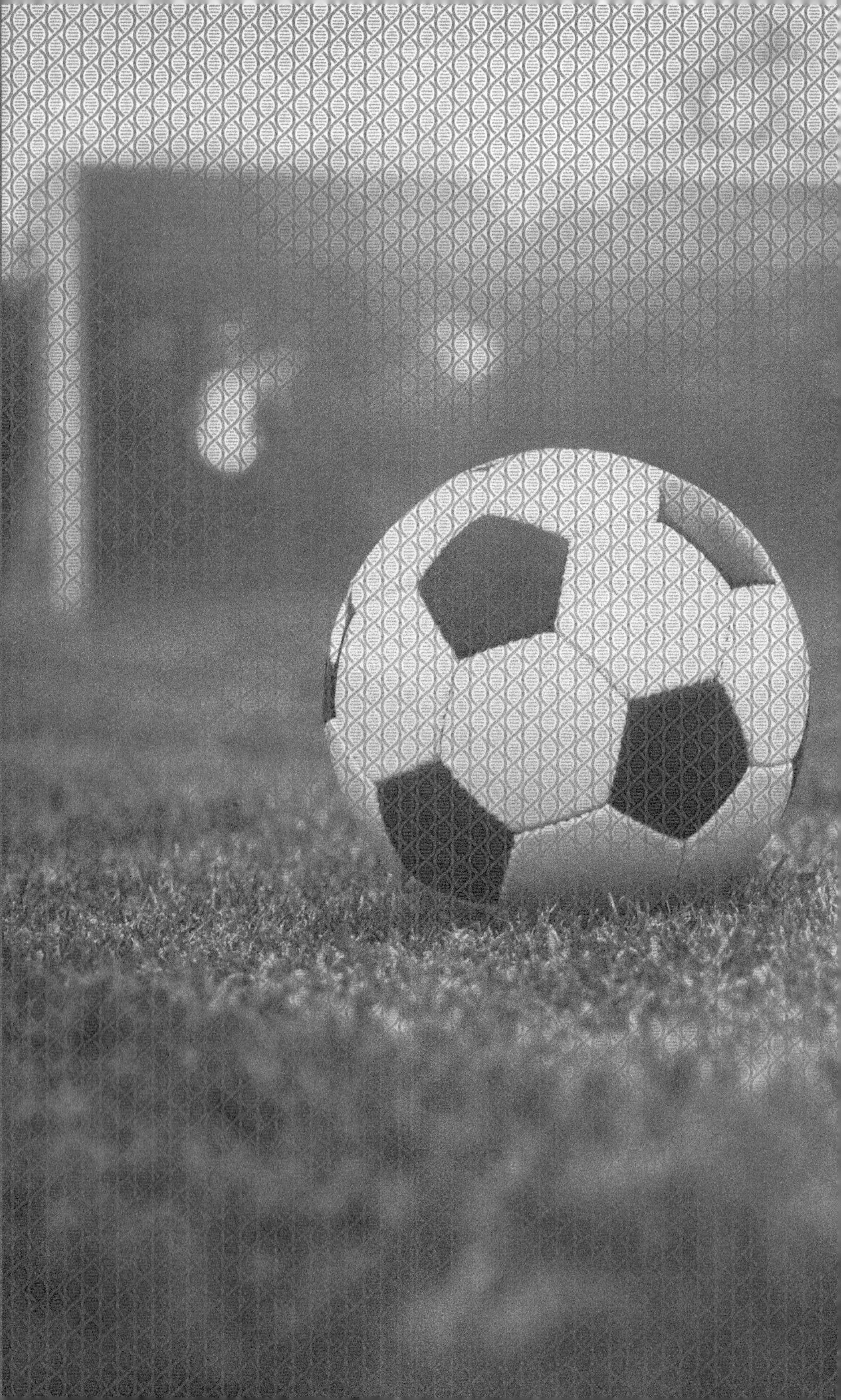

Capítulo 2

Esportes de alto rendimento:
futebol

Neste capítulo, discutiremos tópicos relacionados ao alto rendimento no futebol. Iniciaremos abordando aspectos fundamentais da modalidade e alguns determinantes para seu sucesso. Em seguida, aprofundaremos questões relacionadas à tática, principalmente as ações individuais e coletivas. Feito isso, aplicaremos as ações técnicas em um contexto competitivo. Logo mais, a ênfase será nas exigências físicas do jogo e em como avaliá-las. Por fim, refletiremos sobre a seguinte pergunta: O futebol evoluiu nos últimos anos? Após o estudo deste capítulo, você responderá a essa pergunta e a muitas outras sobre o tema.

2.1 Aspectos gerais do futebol

O futebol é uma modalidade intermitente que intercala pausas curtas e incompletas de recuperação ativa com ações intensas de elevada demanda física, técnica, tática e psicológica (Datson et al., 2014). Nesse jogo de cooperação/oposição, duas equipes com 11 atletas cada se enfrentam durante dois tempos de 45 minutos, com o objetivo de marcar um número maior de gols que seu adversário (CBF, 2020). Para isso, algumas estratégias são adotadas com a intenção de organizar o comportamento dos atletas em campo, conferindo grande coletividade ao espetáculo. Esse comportamento é influenciado pela fase em que o jogo se encontra: ataque, transição e defesa, todas determinadas pela posse de bola (Costa et al., 2009).

Nesse sentido, a alternância dinâmica da posse de bola e, consequentemente, a alteração imediata das fases de jogo conferem grande **complexidade** às ações desenvolvidas no futebol. Um passe errado realizado pelo meio do campo pode desencadear um contra-ataque adversário e pegar a defesa em desequilíbrio. Dessa forma, mesmo com a posse de bola, os atletas devem estar posicionados em condições de se defender. Com efeito, as equipes devem estar preparadas para se ajustar às exigências momentâneas da partida, solucionando os desafios que estão sendo impostos, sejam eles táticos, técnicos, físicos ou psicológicos. Há equipes que atuam completamente fechadas, com linhas bem compactadas, jogando apenas no contra-ataque. Como "furar" esse bloqueio e chegar ao gol adversário? Em outras ocasiões, será preciso anular um ataque formado por atletas extremamente velozes e habilidosos. Como realizar essa marcação? Ainda, existem situações que demandam buscar a vitória jogando na casa do adversário, o qual se encontra em uma posição delicada na tabela. Qual será a proposta para esse jogo?

O velho comentário de que cada jogo é uma história se encaixa perfeitamente ao futebol. As características ora mencionadas provavelmente são as responsáveis por torná-lo o esporte mais popular do planeta, de modo que os índices de audiência observados na final da Copa do Mundo, evento mais importante da modalidade, chegam a apresentar valores superiores a 32 bilhões de expectadores. Outro dado que chama a atenção é uma estimativa realizada pela Fédération Internationale de Football Association (Fifa), entidade máxima que rege o futebol, de que mais de 265 milhões de pessoas praticam essa modalidade, de forma recreativa ou profissional, ao redor do planeta (Ali, 2011).

Essa **popularidade** desperta o interesse de muitos jovens que sonham em se tornar jogadores de futebol. Entretanto, o caminho até o alto rendimento é um tanto quanto complexo. Para isso, o praticante deverá dominar a interação entre os aspectos físicos, técnicos, táticos e psicológicos exigidos pelo futebol (Liu et al., 2015). Nesse sentido, cada uma dessas vertentes deve estar bem desenvolvida no contexto em que o jogo está inserido. Um jogador de futebol não precisa ter a resistência de um maratonista, a velocidade de um corredor de 100 metros, nem a força de um levantador de pesos. No entanto, ele precisa tolerar os 90 minutos em alta intensidade, sendo capaz de acelerar rapidamente para uma disputa de bola e estar recuperado o mais rápido possível para uma nova jogada (Bangsbo; Iaia; Krustrup, 2008).

O mesmo ocorre com relação aos aspectos técnicos e táticos, de modo que as ações motoras e a tomada de decisão devem ser realizadas em situação de pressão e fadiga. A dinâmica do jogo impõe a execução das mais variadas formas de gesto técnico e de comportamento tático, exigindo um amplo repertório de habilidades (Bradley et al., 2011). O **passe**, por exemplo, um dos principais fundamentos que observamos no jogo, pode ser realizado de diversas formas durante uma partida, sofrendo influência da distância do companheiro, da proximidade do marcador, da posição em que está sendo realizado, das condições do campo e do nível de cansaço que o atleta apresenta no momento.

A compreensão referente às manifestações físicas, técnicas, táticas e psicológicas auxilia no desenvolvimento de estratégias que buscam aumentar a *performance*. Sob essa ótica, alguns estudos têm sido realizados com a intenção de verificar como essas variáveis impactam na vitória (Liu et al., 2015; Wallace; Norton, 2014). Na maioria das vezes, esse é o primeiro critério utilizado para qualificar o desempenho em modalidades coletivas. Os aspectos físicos, técnicos e táticos são direcionados para um objetivo só: proporcionar a vitória em uma disputa. Assim, precisamos conhecer quais ações impactam esse objetivo. Dessa forma, uma análise realizada durante a principal competição de futebol do planeta pode trazer informações valiosas (Liu et al., 2015). A esse respeito, a Figura 2.1 apresenta a relação entre alguns acontecimentos evidenciados durante os jogos da Copa do Mundo de 2014 e as possibilidades de vitória:

Figura 2.1 Relação entre ocorrências no jogo de futebol e a possibilidade de vitória

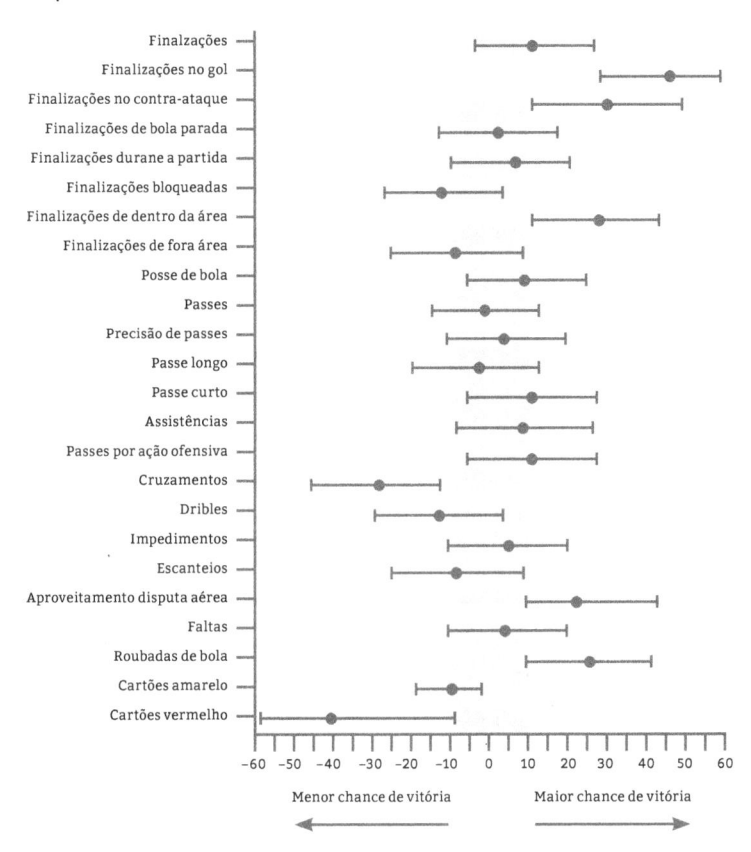

[Gráfico de pontos com intervalos de confiança mostrando a relação entre diversas ocorrências no jogo de futebol e a chance de vitória, com eixo horizontal variando de -60 a 60, indicando "Menor chance de vitória" à esquerda e "Maior chance de vitória" à direita. Variáveis listadas: Finalizações, Finalizações no gol, Finalizações no contra-ataque, Finalizações de bola parada, Finalizações durane a partida, Finalizações bloqueadas, Finalizações de dentro da área, Finalizações de fora área, Posse de bola, Passes, Precisão de passes, Passe longo, Passe curto, Assistências, Passes por ação ofensiva, Cruzamentos, Dribles, Impedimentos, Escanteios, Aproveitamento disputa aérea, Faltas, Roubadas de bola, Cartões amarelo, Cartões vermelho.]

Fonte: Elaborado com base em Liu et al., 2015. p. 5.

Com base nesses dados, podemos verificar a importância dos aspectos técnicos para o rendimento. A posse de bola, o número de passes curtos e a média de passes trocados durante uma ação ofensiva são exemplos de ações que conduzem à vitória (Liu et al., 2015). Tal relação com o sucesso pode ser explicada por um maior controle do jogo e uma maior organização ofensiva conferida por esse tipo de comportamento. Pelo contrário, situações que colocam a bola em disputa, como cruzamentos, ou que podem levar a equipe a correr algum tipo de risco, como o drible, não apresentam uma relação tão forte assim. Este último, se for mal executado, poderá, inclusive, resultar em um contra-ataque adversário. Aliás, esse tipo de ação, em razão do desequilíbrio defensivo apresentado pelo adversário, apresenta forte relação com a vitória. Outro detalhe que nos chama a atenção para o sucesso é a importância da precisão e do local em que a finalização é realizada. Os dados demonstram que a qualidade do chute é mais importante que a quantidade. Podemos verificar isso comparando o número total de finalizações com o número de finalizações no gol. Ainda nesse sentido, podemos observar a relação negativa entre o número de finalizações bloqueadas e a vitória (Liu et al., 2015). Portanto, os dados expostos na Figura 2.1 demonstram a necessidade de um **ataque elaborado**, buscando a criação de melhores condições para finalizar ou, então, de um contra-ataque explorado em velocidade, impossibilitando a ação dos defensores na efetividade do chute.

Você consegue perceber a importância dessas informações para a análise do desempenho e da elaboração de treinamentos? Esse ciclo de avaliação-reavaliação deve ser constante durante todo o processo de preparação, uma vez que possibilita a detecção de deficiências e sua correção. Além disso, o próprio jogo está em constante modificação, alterando o padrão de exigência imposto ao atleta. Isso pode ser verificado por meio das mudanças de comportamento, da estrutura de jogo e da velocidade com que as ações acontecem ao longo dos anos (Barnes et al., 2014). Uma análise sequencial de 14 edições da Copa do Mundo, realizadas entre os anos de 1966 e 2010, comprova isso (Wallace; Norton, 2014). O jogo se tornou mais denso, apresentando um maior número de jogadores atuando próximos da bola, o que pode ser explicado por uma maior organização tática, principalmente com relação à estrutura defensiva. Tal comportamento exigiu um aprimoramento técnico, evidenciado por meio do aumento do número de passes por minuto e da velocidade da bola.

Com relação aos aspectos físicos e às estratégias de jogo, essa investigação apresentou um dado interessante. A quantidade de vezes em que o jogo é interrompido permanece a mesma, entretanto, o tempo de duração dessa interrupção aumentou. Consequentemente, os atletas têm mais tempo para se recuperar, impactando positivamente na realização de ações em alta intensidade. Esse aumento de tempo durante a interrupção das partidas foi atribuído à realização de cobranças de falta e de escanteios mais elaborados, elementos que se tornaram novas oportunidades para a marcação de gols (Wallace; Norton, 2014).

Evidentemente, essas modificações resultam de um processo que envolve diversos avanços: entre eles, o aprimoramento dos métodos de treino, o desenvolvimento de novas tecnologias, a exposição global da modalidade, o aumento da profissionalização dos técnicos e jogadores e a produção de informação com maior riqueza de detalhes (Cummins et al., 2013; Bangsbo, 2015). Nas próximas seções, aprofundaremos as questões relacionadas ao desempenho.

2.2 Aspectos técnicos do futebol no alto rendimento

O desempenho no futebol é resultado da interação entre ações físicas, técnicas e táticas. Assim, diversas investigações têm sido realizadas com o objetivo de verificar a influência dessas ações na *performance*. Entre as estratégias utilizadas pelos investigadores estão a comparação entre os desempenhos dos primeiros com os últimos colocados no fim de uma competição. Os resultados demonstram que indicadores técnicos podem predizer com maior precisão o sucesso de uma equipe em comparação com os indicadores físicos (Rampinini et al., 2009; Bradley et al., 2013a). Isso não significa que o aspecto físico não seja essencial. Ele é, sim, muito importante, porém, depois de atingidos determinados níveis de força, velocidade e resistência, o diferencial no rendimento estará relacionado ao desempenho técnico (Bradley, 2013a).

Tal desempenho está associado à execução de ações que envolvem habilidades técnico-táticas, efetuadas conforme o contexto em que estão inseridas. Nesse sentido, os fundamentos técnicos são realizados em situações dinâmicas, de modo que tais habilidades devem ser estimuladas em um cenário complexo, obrigando a realização do movimento e a tomada de decisão em situação de pressão e fadiga. Esse tipo de exigência desenvolve tanto a técnica quanto as ações adotadas para subsidiar as jogadas. Dessa forma, fica evidente como a técnica e a tática se completam – uma não existe sem a presença da outra. Cabe ressaltar que, por questões didáticas, a ênfase em cada uma delas será realizada em tópicos separados do livro; no entanto, uma influencia e é influenciada pela outra.

Dando sequência, primeiramente precisamos definir adequadamente o **conceito de habilidade**. Ele representa a capacidade de um indivíduo realizar ações com a máxima certeza, gastando o mínimo de tempo e energia (Russell; Kingsley, 2011). Aplicando essa definição ao ambiente complexo e aleatório característico do futebol, podemos verificar a execução de uma variedade de habilidades desenvolvidas em um contexto dinâmico. Com base no cenário momentâneo do jogo, o atleta deverá optar por uma entre várias ações possíveis que cumpra as exigências do momento com a máxima precisão e o mínimo de esforço (Russell; Kingsley, 2011).

Um bom exemplo seria um lançamento realizado do campo de defesa por um zagueiro para o atacante, buscando aproveitar o desequilíbrio apresentado pela equipe adversária. Essa ação tem início com a recuperação da posse de bola pelo defensor. Nesse momento, ele analisa o cenário e verifica que sua equipe está em igualdade numérica no ataque. Como seu companheiro de ataque tem grande velocidade, ele opta por explorar essa situação, buscando obter vantagem no contra-ataque. Para isso, o lançamento deve ser preciso, colocando seu companheiro em real situação de partir para o gol. Da mesma forma, o atacante precisa dominar a bola com eficiência e escolher qual ação será realizada para superar o adversário. O sucesso dessa jogada estará relacionado às escolhas corretas e à execução eficiente dos gestos selecionados, demonstrando a importância das ações técnico-táticas.

Nesse exemplo, foram diversas as possibilidades, desde o início até o final da jogada. A partir do momento em que a decisão tomada foi explorar o contra-ataque, o zagueiro precisou encontrar a maneira mais eficiente de transferir a bola para o atacante, evitando que a defesa adversária se reorganizasse. Em tal cenário, um lançamento direto seria a opção mais adequada, uma vez que sair trocando passes possibilitaria o retorno dos adversários com maior facilidade. Além disso, o gesto técnico escolhido deveria ser realizado com precisão, caso contrário a jogada não teria efeito. Da mesma forma, o atacante precisaria optar pela forma mais eficiente de dominar a bola e dar sequência ao lance. Sob essa ótica, um domínio perfeito, mas seguido por um drible desnecessário no marcador, diminuiria as chances reais de gol nesse tipo de situação.

Com base nesse exemplo, podemos verificar a relevância da escolha e da execução correta das ações que melhor solucionam o problema apresentado. Além disso, observamos a predominância de "habilidades abertas" em um jogo de futebol. Por mais que alguns lances sejam compostos por "habilidades fechadas", como cobranças de falta e escanteio, em que a bola está parada, o jogo é constituído, em grande maioria, por padrões de movimento (técnicas) influenciados pelo cenário da partida (Russell; Kingsley, 2011).

Ainda na esteira desse raciocínio, podemos dividir o comportamento de um atleta durante o jogo em ações de ataque com bola, ações de ataque sem bola e ações de defesa. As **ações de ataque**

com bola são as que apresentam o maior número de possibilidades, sendo as responsáveis por conferir conteúdo ao jogo. Estando com a posse de bola, os atletas podem passar, dominar, driblar, proteger, cruzar, atacar e finalizar. Essas são apenas algumas entre as várias ações que podem ser realizadas com base no contexto do jogo. Por sua vez, **as ações de ataque sem bola** conferem dar suporte ao ataque, possibilitando dar sequência às jogadas. Entre elas, estão o apoio, a movimentação e a finta. Já as **ações de defesa** são aquelas que contrapõem as ações ofensivas, buscando atrasar os movimentos dos oponentes até que seja possível a recuperação da posse de bola. Dessa forma, os atletas devem marcar, pressionar, atrasar, interceptar e, sempre que possível, direcionar o jogo para uma zona de menor perigo, como a linha lateral (Costa et al., 2009).

Ações como essas direcionam uma série de análises que buscam compreender o comportamento técnico-tático apresentado durante o jogo. As informações que tais ações acarretam auxiliam a potencializar o desempenho, embasando a elaboração de treinamentos e a correção de deficiências, bem como a adoção de estratégias de jogo. Entre as investigações realizadas está a quantificação das ações que ocorrem ao longo de uma partida (Tenga; Ronglan; Bahr, 2010; Liu et al., 2016). Você tem ideia do número médio de passes e finalizações que ocorrem nas partidas do Campeonato Brasileiro da Série A? Você acredita que essas informações são relevantes? É bem provável que você tenha ficado em dúvida com relação à primeira pergunta e respondido *sim* para a segunda. Realmente, tais informações são importantes, entretanto, fora do contexto do jogo, elas, de fato, pouco informam. Como exemplo, imagine uma situação hipotética em que uma equipe do Nordeste trocou X passes durante um jogo e venceu a partida. Já uma equipe do Sul trocou os mesmos X passes em determinado jogo e saiu derrotado. Seguindo nesses exemplos, imagine duas equipes do Sudeste: uma finalizou o dobro de vezes que a outra, no entanto, a equipe com menor número de finalizações teve o melhor aproveitamento e marcou maior número de gols.

Essas situações deixam evidentes a necessidade de uma análise detalhada da partida, considerando o contexto em que o jogo foi desenvolvido. Sob essa ótica, o Quadro 2.1, a seguir, apresenta uma lista de ações relacionadas à posse de bola e que merecem nossa atenção.

Quadro 2.1 Variáveis relacionadas aos passes e à organização da equipe

Passes certos/errados	Transferência intencional, com sucesso, da bola para um companheiro de equipe/ Transferência da bola sem sucesso.
Precisão do passe (%)	Taxa calculada por meio do número de passes certos dividido pelo número total de passes, multiplicados por 100.
Interceptação	O passe é interceptado por um adversário durante a trajetória de transferência da bola.
Assistência	Passe final ou cruzamento que leva o destinatário da bola a ter uma chance clara de marcar o gol.
Passes que entraram no terço final do campo	Aumentam a agressividade da equipe.
Passes que entraram na grande área	Aumentam a possibilidade de gol.
Comprimento do passe	Curto (< 10 m), médio (11-24 m), longo (> 25 m).
Tipo de passe (%)	Taxa calculada por meio do número de passes que se pretende analisar (curto, médio ou longo) dividido pelo número total de passes, multiplicados por 100.
Jogador-alvo	Taxa calculada pelo número de passes efetuados para determinado jogador dividido pelo número total de passes da equipe.
Envolvimentos com a bola	Soma de todas as ações e eventos em que o jogador toca na bola.
Passes por ação ofensiva	Número de passes trocados durante uma posse de bola.

(continua)

(Quadro 2.1 – conclusão)

Tempo total com posse de bola (minutos)	Somatório do tempo em minutos que a bola fica em posse de uma equipe.
Posse de bola (%)	Porcentagem de tempo que a bola fica com cada equipe durante determinado período do jogo (primeiro × segundo tempo; a cada 15 minutos etc.).
Posse de bola no campo do adversário (%)	Taxa calculada por meio do tempo em que a posse de bola é mantida no campo adversário dividido pelo tempo total em posse de bola, multiplicado por 100.
Tempo de ataque	Tempo médio em que a equipe permanece com posse de bola durante um ataque.
Perda da posse	Perda da posse de bola para o adversário.
Recuperação de posse	Tempo que a equipe leva para recuperar a bola.
Velocidade do jogo	Taxa calculada por meio do número de passes trocados por ação ofensiva dividido pelo tempo em que a equipe fica com a bola.
Drible	Tentativa de superar o adversário estando em posse da bola.
Drible com sucesso/ sem sucesso	O jogador ultrapassa o defensor enquanto retém a posse de bola/jogador não consegue ultrapassar seu marcador.

Fonte: Elaborado com base em Liu et al., 2016. p. 2.

Observe o quão específica pode tornar-se a análise das ações que ocorrem durante o jogo. Os itens presentes nesse quadro representam uma série de fatores que podem influenciar no resultado de uma partida. Com base neles, podemos investigar, por exemplo, o motivo da baixa quantidade de gols marcados. Será que os atacantes não estão sendo eficientes ou é a bola que não está chegando com qualidade ao ataque?

Para responder a essa pergunta, imagine a seguinte situação: Após coletar os dados de uma partida, verificamos que a **posse de bola** foi superior à do adversário, entretanto, a **quantidade de passes** horizontais foi muito maior que a quantidade de passes verticais. Isso nos indica que rodamos muito a bola, mantendo o controle do jogo, porém, sem agressividade. Tal suposição pode ser comprovada pela análise da quantidade de **passes que entraram no terço final do campo e na grande área** (para facilitar essa análise, a Figura 2.2 oferece uma representação esquemática das divisões do campo). Caso esses valores fossem realmente baixos, nossa hipótese poderia ser confirmada. Além disso, poderíamos investigar o comportamento dos atacantes e verificar se eles têm relação com esse baixo índice de gols marcados. A **quantidade de envolvimento** desses jogadores com a bola e quais são os **jogadores-alvo** da equipe podem ajudar nessa observação. Se o envolvimento dos atletas de frente for baixo e os jogadores-alvo forem os defensores, dificilmente teremos chances claras de marcar o gol.

Figura 2.2 Divisões do campo de jogo para a análise das ações

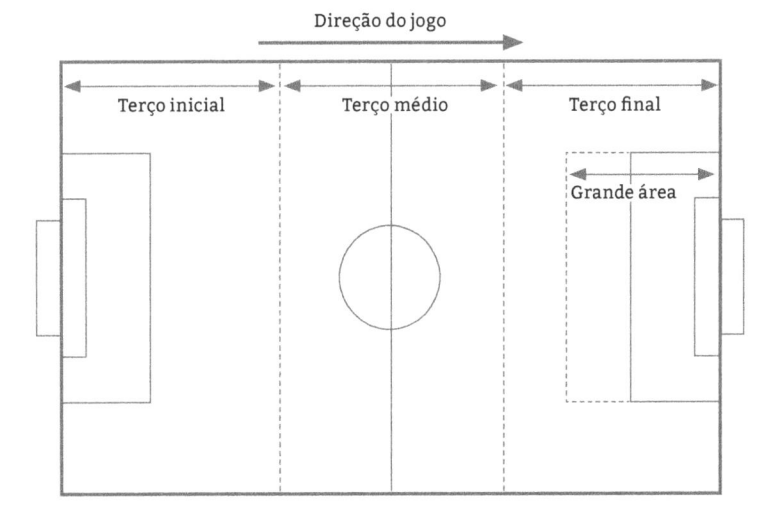

Fonte: Elaborado com base em Tenga; Ronglan; Bahr, 2010.

Queremos chamar sua atenção para o fato de essa análise ter sido realizada, até agora, sem a observação de parâmetros referentes à possibilidade de marcação do gol, uma vez que eles serão apresentados no Quadro 2.2. Tal divisão foi realizada de maneira didática, para facilitar a distribuição das ações e comprovar a importância de uma análise contextual do jogo, uma vez que os desempenhos individual e coletivo podem ser investigados sob diferentes aspectos.

Quadro 2.2 Variáveis relacionadas à marcação de gols

Finalização	Tentativa de marcar um gol, com qualquer parte do corpo, dentro e fora do alvo.
Gol	Acontecimento mais importante do jogo de futebol. Ocorre quando a bola transpõe a baliza.
Aproveitamento da finalização (%)	Taxa calculada pelo número de gols marcados dividido pelo número de finalizações, multiplicados por 100.
Cruzamento	Lançamento da bola pela lateral do campo de ataque, em direção à área, com o objetivo de possibilitar uma finalização.
Escanteio	Cobrança de tiro de canto, após a bola ter tocado em algum integrante da equipe adversária e saído pela linha de fundo do campo de defesa.
Cabeçada	Número de vezes em que o contato na bola é feito com a cabeça.
Bloqueio	Tentativa de finalização próximo à meta bloqueada pelo adversário.
Impedimento	Situação em que o atleta participa da jogada, no campo de ataque, em posição irregular.

Fonte: Elaborado com base em Liu et al., 2016. p. 3.

Com a inclusão dessas ações, aumentamos a quantidade e a qualidade dos dados que nos auxiliam a investigar as possíveis causas para o baixo índice de gols marcados no referido exemplo. Lembre-se de que a situação hipotética contava com uma posse de bola superior à do adversário, mas concentrada na troca de passes horizontais realizados no campo defensivo. A inserção dos novos parâmetros nos permite investigar como estão sendo desenvolvidas e concretizadas as ações de ataque. Com base nelas, torna-se possível verificar se estamos realmente chegando ao gol adversário e como essa aproximação está sendo realizada. Uma grande quantidade de **cruzamentos**, acompanhada por um baixo número de **cabeçadas** e **finalizações**, pode indicar que estamos atacando o adversário pelos lados do campo, porém, sem efetividade. Já um grande número de **bloqueios** e um **baixo aproveitamento de finalizações** podem revelar que a criação de jogadas está ocorrendo, porém, não conseguimos concretizar o arremate ou, quando conseguimos, a precisão do chute não está sendo boa.

Nesse cenário, algumas ações podem nos auxiliar a aprofundar ainda mais essa investigação. O Quadro 2.3, a seguir, contém algumas variáveis relacionadas às ações de defesa, indicando como estão ocorrendo os duelos durante a partida.

Quadro 2.3 Variáveis de defesa

Dividida	Disputa de bola com o adversário, envolvendo contato físico.
Disputa aérea	Disputa de bola no ar. Em alguns casos específicos, como na cobrança do tiro de meta, é chamada de *primeira bola*.
Disputa aérea vencida/perdida	Êxito na disputa de bola aérea/ Insucesso na disputa.
Aproveitamento na disputa aérea (%)	Taxa calculada a partir do número de disputas vencidas dividido pelo número total de disputas, multiplicado por 100.
Afastar a bola da zona de perigo	Ação realizada por um jogador em posse da bola e que busca afastá-la da zona de perigo diante de uma forte pressão dos oponentes.
Faltas cometidas	Irregularidade assinalada pelo árbitro.
Cartões amarelos	Indicativo de punição apresentado por alguma conduta.
Cartões vermelhos	Expulsão do jogo.

Fonte: Elaborado com base em Liu et al., 2015, p.3.

Nesse sentido, caso o número de **disputas aéreas** esteja elevado e o número de **finalizações e bloqueios** esteja baixo, podemos deduzir que o baixo índice de gols marcados está relacionado à estratégia de jogo utilizada. Outro ponto que podemos verificar é a **ocorrência de disputas de bola no terço final do campo** e a quantidade de situações em que o adversário foi obrigado a **afastar a bola da zona de perigo**. Essas variáveis indicam como a equipe está invadindo efetivamente o campo de ataque e qual é o grau de liberdade dos defensores adversários para saírem jogando.

Cruzando essas informações, deduzimos que a ineficiência do ataque relaciona-se à estratégia adotada para chegar ao gol adversário. Tal fato pode ser explicado pela grande quantidade de cruzamentos realizados, mesmo com um elevado número de derrotas em disputas aéreas. Além disso, nossa equipe apresenta poucas finalizações e quase não é bloqueada, demonstrando que a criação das ações de ataque está concentrada nas laterais do campo. Outro ponto a destacar é que ela exerce pouca pressão na saída de bola, indicando que a marcação se encontra muito recuada. Uma possível alternativa seria modificar a postura da equipe, subindo as linhas de marcação com a intenção de recuperar a bola o mais próximo possível do gol adversário. Além disso, estando com a posse de bola, o comportamento deveria ser mais agressivo, composto por triangulações e passes agudos, buscando envolver o adversário e dominar as regiões centrais do campo. Essas atitudes dificultariam o equilíbrio defensivo do oponente, possibilitando um aumento na quantidade e na qualidade das finalizações.

Com esse exemplo, procuramos demonstrar de que forma o **controle das ações** pode auxiliar no processo de análise de desempenho tanto individual quanto coletiva durante uma partida. Por se tratar de um cenário extremamente complexo, como o de um jogo futebol, listamos as ações na intenção de facilitar a construção do raciocínio. Nossa intenção em momento algum foi esgotar o tema, tampouco apresentar uma relação fixa de ações que devem ser investigadas durante o jogo. Cabe a você, leitor, definir as variáveis que melhor se enquadram ao modelo de jogo proposto para suas equipes. Além disso, retomando o que já dissemos neste tópico, as informações apresentadas auxiliam a potencializar o desempenho, embasando a elaboração de treinamentos e orientando a correção de deficiências.

2.3 Aspectos táticos do futebol no alto rendimento

A palavra *tática* está relacionada às estratégias utilizadas para atingir determinada meta, sendo essa ferramenta a responsável por gerenciar o espaço de jogo, o tempo e as ações individuais e coletivas durante uma partida (Rein; Memmert, 2016).

Nesse contexto, o **espaço de jogo** se refere às zonas do campo que devem ser ocupadas durante as fases de ataque e defesa. Esse preenchimento deve ocorrer de forma equilibrada, tanto na horizontal quanto na vertical, promovendo, assim, amplitude e profundidade ao jogo. A ocupação horizontal facilita a rodagem da bola de um lado para o outro, até que o espaço mais propício para o ataque seja encontrado. Já a ocupação vertical confere profundidade à equipe, de preferência com os atacantes próximos à meta adversária, induzindo sempre ao desequilíbrio por meio da busca contínua pelo espaço mais favorável. Tais procedimentos são característicos das fases de ataque, uma vez que buscam "abrir" o campo. Comportamentos contrários são verificados durante a fase de defesa. Nesse momento, a equipe procura agrupar-se, diminuindo os espaços do campo, protegendo sua baliza e facilitando a realização de coberturas defensivas e trocas de posição (Pivetti, 2012).

Com relação ao **tempo**, a tática gerencia a frequência e a duração dos eventos (Rein; Memmert, 2016). Como exemplo, citamos o caso de uma equipe que opta por marcar por pressão durante os 15 minutos iniciais, dificultando que o adversário saia jogando. Após esse período, os atletas recuam e esperam seu oponente no meio do campo. Tal estratégia é muito comum no futebol. Outra forma de gerenciar o tempo é por meio da manutenção da posse da bola, pois o detentor desta controla do ritmo do jogo. Sob essa ótica, passes rápidos e triangulações aceleram a partida, ao passo que a troca de passes sem agressividade e a condução diminuem o ritmo. Essas ações podem ser definidas para ser utilizadas em determinados momentos da partida, como citado anteriormente no exemplo dos minutos iniciais, ou, então, em determinados espaços do campo, por meio da realização de ações rápidas perto da meta de ataque.

Já as **ações individuais**, mais uma das responsabilidades de gerenciamento da tática, dizem respeito às funções dos atletas em campo, estando relacionadas às tarefas específicas de cada posição e às suas atribuições no esquema de jogo adotado pela equipe (Rein; Memmert, 2016).

Com relação às funções específicas de cada posição, os **goleiros**, estando com a posse de bola, são os responsáveis por dar início às ações de ataque. Eles podem optar pela construção de jogadas curtas ou longas. Caso a opção seja pela construção curta, seus companheiros devem posicionar-se de forma que sejam criadas linhas de passe para a recepção da bola. Caso a construção seja longa, a atenção dos atletas deve estar direcionada para a disputa da "primeira" e da "segunda" bolas. Além da responsabilidade de iniciar a ação ofensiva, os goleiros são opções de apoio à circulação da bola e, frequentemente, devem atuar como líberos, garantindo a proteção defensiva. Nesse sentido, eles devem ter uma boa leitura de jogo e dominar a capacidade de jogar com os pés. Todavia, esses aspectos só serão relevantes se os atletas dominarem a particularidade de sua função: proteger a meta utilizando as mãos (Pivetti, 2012).

Os **zagueiros**, por sua vez, são os comandantes do campo de defesa. Na maior parte dos lances, eles representam a última barreira a ser vencida pelo adversário antes de enfrentar o goleiro. Assim, esses jogadores devem proteger a baliza, neutralizando as ações adversárias e recuperando a bola sempre que possível. Além das ações defensivas, os zagueiros têm funções de ataque, como apoio à manutenção da posse de bola e a possibilidade de iniciar o jogo vertical por intermédio de passes longos. Dessa forma, é importante que tenham um vasto repertório técnico e adotem um posicionamento que os permita receber a bola ao mesmo tempo em que detêm o controle da zona defensiva. Outra função que lhes é atribuída é zelar pela compactação da equipe, subindo a linha defensiva assim que ocorrer a transição da bola para o campo de ataque. Por isso, os zagueiros devem ser altos e ágeis, com bom jogo aéreo e elevada capacidade de antecipar os movimentos do adversário, além, obviamente, do domínio de ações de marcação e desarme (Pivetti, 2012).

Já as **laterais** do campo são ocupadas por atletas que têm uma função mista, sendo os principais defensores dos corredores externos, principalmente com relação ao fundo do campo defensivo, ao mesmo tempo em que apoiam a fase de ataque, conferindo suporte para o jogo em amplitude. Por ocuparem essa faixa territorial, os atletas dessa posição auxiliam na circulação da bola e apresentam a possibilidade de participar do jogo tanto pelos lados quanto pelo interior do campo. Nesse sentido, a realização de ultrapassagens laterais e cortes para dentro pode surpreender o adversário. Para obter êxito nesse tipo de ação, os laterais precisam fazer uma leitura eficiente do jogo, procurando aproveitar o momento certo para a realização da ação apropriada. Outra ferramenta bastante utilizada por eles é a efetivação de cruzamentos para a área. Essa ação, ao ser bem realizada, leva perigo ao adversário. Com relação à organização defensiva, eles devem conter a progressão adversária, limitando os espaços do campo e atrasando a construção de jogadas. Além disso, devem estar atentos a bolas lançadas em diagonal, fazendo a cobertura defensiva sempre que necessário (Pivetti, 2012).

Chegando às regiões centrais do campo, há um espaço ocupado por volantes e meias. Os primeiros representam o equilíbrio entre os jogos vertical e horizontal, sendo um dos pontos de referência quanto ao domínio do centro do jogo. Por ocuparem uma posição mais recuada, os **volantes** são os responsáveis por dar fluidez ao jogo, transferindo a bola ao ataque ou retornando o jogo aos defensores. Essas escolhas são baseadas no contexto em que a partida está inserida. Para isso, devem apresentar uma leitura bem desenvolvida e um amplo repertório técnico. Nesse sentido, é importante que dominem os diferentes tipos de marcação e saibam o momento certo de abordar o oponente, buscando a recuperação da posse de bola. Além disso, devem ter bom jogo aéreo e elevada precisão na execução dos passes (Pivetti, 2012).

Os outros ocupantes da região central, como já mencionado, são os **meias**, que têm uma posição privilegiada, pois se situam no centro de onde a partida se desenvolve. Por ocuparem essa localização, são os responsáveis pela criação e distribuição das jogadas. Tal função lhes confere a capacidade de ditar o ritmo do jogo, acelerando ou cadenciando as ações. Dessa forma, devem sempre se apresentar para receber a bola, criando linhas de passe e auxiliando na circulação das jogadas. Ainda, é preciso que eles resguardem o equilíbrio dinâmico da equipe por meio de um bom jogo posicional e, sempre que possível, explorem o espaço criado pelos atacantes, agredindo o adversário por meio de assistências e finalizações de longa e média distância. Com relação aos aspectos defensivos, devem contribuir para pressionar coletivamente o adversário e fechar os espaços interiores do corredor central, de modo que o meio do campo esteja sempre protegido. Por fim, é necessário que estejam atentos à disputa da "primeira" e da "segunda" bolas (Pivetti, 2012).

Conforme nos aproximamos da meta adversária, verificamos a presença dos **atacantes**, classificados em pontas e centroavantes em virtude de suas diferentes funções e posicionamentos. Os **pontas** são os atletas responsáveis por conferir amplitude à equipe durante as ações ofensivas. Nesse sentido, devem ocupar as extremidades do campo, preenchendo de maneira ótima tanto a largura quanto a profundidade do jogo – por isso, alguns autores os chamam de *extremos*. Esse posicionamento faz com que o atleta que exerce essa função esteja sempre aberto para receber a bola, pressionando o adversário tanto em diagonal, em direção ao gol, quanto levando a bola para o fundo, para um drible, um cruzamento ou, então, um chute cruzado. No que diz respeito às ações defensivas, os pontas são responsáveis por preencher o meio do campo ou defender os corredores laterais. Tais atribuições serão determinadas pelo esquema de jogo adotado pela equipe (Pivetti, 2012).

Já os **centroavantes** têm a função de garantir profundidade à equipe, segurando a marcação adversária próxima da baliza oponente e servindo de referência para o ataque. Entre as ações que lhes são características, eles podem atuar de costas para o gol, posicionados como verdadeiros pivôs protegendo a bola. Esse comportamento permite que a equipe suba as linhas e desenvolva um ataque posicional. Além disso, atuando dessa forma, tanto podem girar para cima do marcador e finalizar a gol quanto servir a bola a um companheiro que vem de trás. Outro tipo de comportamento atrelado aos centroavanates pode referir-se a uma atuação com mais movimentações, em que, em alguns momentos, até trocam de posição com os pontas e/ou os meias. Essa atitude visa gerar desequilíbrio na defesa adversária, dificultando sua marcação. Com relação às ações defensivas, devem apresentar um comportamento coletivo, dificultando a saída de bola e bloqueando o corredor central do campo. Esse comportamento visa induzir o adversário a colocar a bola em situação de disputa por meio de um passe longo, uma vez que a circulação e a execução de passes verticais curtos estão bloqueadas (Pivetti, 2012).

Depois de apresentarmos as ações individuais, daremos sequência aos as **ações coletivas** relacionados **à tática**, as quais podem ser organizados hierarquicamente, com base no número de jogadores envolvidos, da seguinte forma: tática individual, tática em grupo, tática da equipe e tática do jogo (Rein; Memmert, 2016).

A **tática individual** direciona o comportamento do atleta para ações de 1× 1 defensivas e ofensivas. Como exemplo, podemos citar a forma como um marcador aborda o portador da bola. Nesse sentido, o marcador pode abordar imediatamente quem está com a bola, pressionando-o em busca da recuperação da posse ou, então, abordá-lo passivamente, focando principalmente no bloqueio das linhas de passe. Já a **tática em grupo** descreve a cooperação de subgrupos na equipe. Podemos verificar tal comportamento por meio da ação sincronizada dos defensores que buscam deixar o adversário em situação de impedimento. Durante o ataque, por sua vez, esse comportamento pode ser observado mediante a movimentação do extremo para o centro do campo, buscando dar passagem ao lateral.

A partir do momento em que todos estão envolvidos e suas ações influenciam as de seus companheiros, surge a **tática de equipe**. Ela representa a distribuição dos atletas em campo, sendo caracterizada por diferentes desenhos táticos. Entre os mais utilizados estão: 4-3-3, 4-5-1, 4-4-2, 4-2-3-1, 4-1-4-1, 3-5-2, 3-4-3, 4-2-4 (Leitão, 2009; Pivetti, 2012). Entretanto, existem outras variações. Cada uma delas apresenta pontos positivos e negativos, de modo que o treinador, a partir de suas convicções sobre o futebol e da característica de seus jogadores, deverá optar pela melhor. A escolha por um desses sistemas não significa que durante o jogo não poderão ocorrer alterações. Essa modificação pode ser uma estratégia predefinida, buscando surpreender o adversário ou, então, uma exigência do jogo para equilibrar melhor a equipe.

A seguir, discutiremos alguns pontos relevantes desses desenhos táticos. Nesse momento, porém, queremos chamar sua atenção para a ordem da numeração em que os desenhos táticos são definidos. Os primeiros números representam a primeira linha defensiva, de modo que alguns autores optam por iniciar com o número 1, em virtude da presença do goleiro. Por questões didáticas, essas linhas serão representadas por jogadores com tons diferentes, buscando facilitar a visualização.

Nesse sentido, analisando a Figura 2.3, podemos verificar duas formas de ocupação do espaço de jogo que favorecem a circulação da bola. Observe por meio das setas a quantidade de opções de passe que os atletas têm. Esses desenhos táticos são ideais para equipes que valorizam a posse de bola e buscam os melhores espaços para atacar o adversário. O desenho **4-3-3** (Figura 2.3a) possibilita uma ocupação ótima do campo, tanto em amplitude, com a presença dos pontas (atletas 7 e 11) e dos laterais (atletas 2 e 6), quanto em profundidade, em virtude de contar com um centroavante de referência (atleta 9), possibilitando, assim, espaçar a defesa do adversário. Outra posição que merece destaque é o volante (atleta 5), um dos principais responsáveis por equalizar o jogo vertical e horizontal. Nos momentos defensivos, essa organização possibilita um bom fechamento dos corredores centrais e laterais. Além disso, alguns treinadores optam por recuar seus pontas (atletas 7 e 11) na fase de defesa, transformando o desenho no **4-5-1** (Figura 2.3b), até que a bola seja recuperada. Essa é uma possível estratégia para povoar o meio de campo, e ao enfrentar equipes que utilizem de 4 a 6 atletas nessa região, esse aspecto precisa ser equilibrado (Pivetti, 2012).

Figura 2.3 Desenhos táticos 4-3-3(a) e 4-5-1(b)

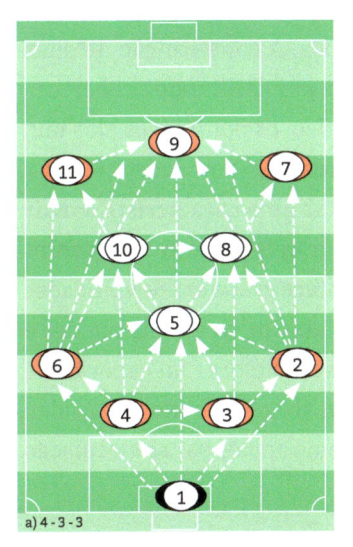

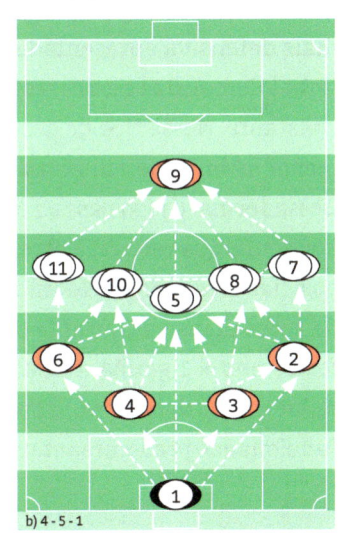

Fonte: Elaborado com base em Pivetti, 2012. p. 134-135.

Outro desenho bastante utilizado é o **4-2-3-1** (Figura 2.4a), que permite uma boa ocupação do campo, embora mude a característica do jogo. Conforme pode ser observado na imagem a seguir, o posicionamento dos atletas conta com a presença de dois volantes (atletas 5 e 8), conferindo maior segurança defensiva. Entretanto, o fato de eles estarem posicionados em paralelo dificulta a circulação da bola. Nesse sentido, esse desenho é mais utilizado por equipes que adotam como estratégia principal explorar o contra-ataque. Tal manobra é extremamente agressiva pela presença de meias lateralizados (atletas 11 e 7), atacantes (atleta 9) e até mesmo dos laterais (atletas 2 e 6) na fase de ataque, garantido a presença de, no mínimo, quatro jogadores na conclusão da fase ofensiva. Essa agressividade pode ser verificada pela formação de triângulos com o ápice voltado para a meta adversária. O meia (atleta 10), por estar situado no vértice mais ofensivo, ocupa o papel de centro integrador da equipe, otimizando as movimentações nos diferentes momentos do jogo (Pivetti, 2012).

Passando para um desenho mais conservador, verificamos a formação **4-1-4-1** (Figura 2.4b), que representa a organização mais defensiva apresentada até agora. A constituição de duas linhas demonstra essa característica, possibilitando a cobertura constante. Nesse tipo de desenho tático, os pontas e os alas têm menor mobilidade, em virtude de sua responsabilidade defensiva. Dessa forma, o jogo passa a apresentar uma característica mais horizontal que vertical. Entretanto, o grande número de jogadores posicionados próximos ao ataque confere grandes possibilidades de ações ofensivas durante o ataque. Assim, os atletas rápidos e fortes no 1 × 1 ganham destaque. Para explorar tal capacidade, os laterais (atletas 2 e 6) apresentam atuações mais comedidas, funcionando predominantemente como apoios para a circulação da bola e liberando, assim, os pontas (atletas 7 e 11) para agredir. Outra característica que merece destaque é a atuação da referência frontal (atleta 9). Por estar mais isolado que nas organizações anteriores, o atacante precisa ter uma alta capacidade de segurar a bola, possibilitando a aproximação dos companheiros. Já nos momentos defensivos, o volante (atleta 5) volta a apresentar um papel de destaque, sendo o responsável por evitar que os adversários encaixem o passe por entre as linhas de marcação (Pivetti, 2012).

Figura 2.4 Desenhos táticos 4-2-3-1(c) e 4-1-4-1(d)

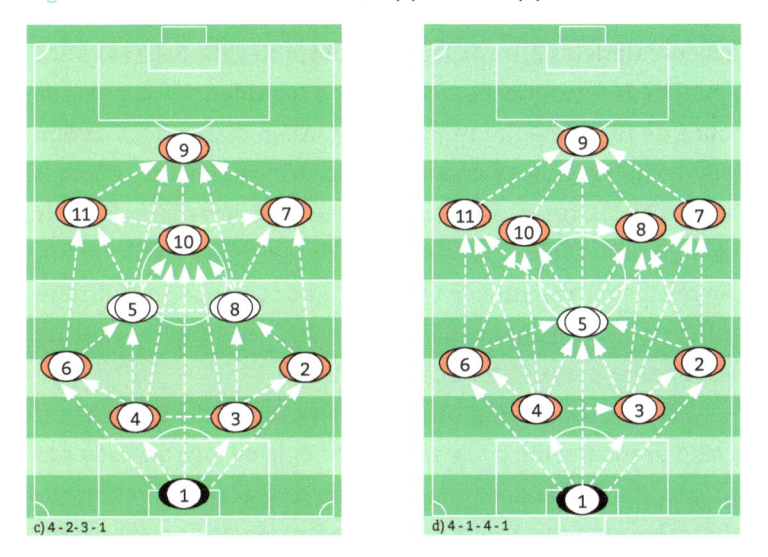

c) 4-2-3-1

d) 4-1-4-1

Fonte: Elaborado com base em Pivetti, 2012. p. 136-137.

O desenho tático **3-5-2** tem sido pouco utilizado nos dias atuais, porém, já esteve presente nas maiores equipes do mundo. Essa organização conta com a participação de três zagueiros, cinco jogadores de meio-campo e dois atacantes. Entre suas características mais marcantes estão a atuação de um zagueiro como líbero e o comportamento dos laterais como alas. Em algumas equipes, os primeiros (zagueiros) saíam para o jogo quando a equipe estava com a posse de bola. Já os últimos (laterais) atuavam tanto pelas extremidades quanto pelo centro do campo. Entretanto, na maioria das vezes, suas ações eram alternadas para facilitar o equilíbrio defensivo. Nesse sentido, quando um apoiava, o outro permanecia no campo de defesa (Leitão, 2009).

Já o **3-4-3** (Figura 2.5a) é um sistema caracterizado por povoar o meio de campo. Tal característica possibilita a criação de diversas situações de ataque e a presença de vários jogadores para finalizar. Contudo, a defesa é composta por apenas três jogadores (atletas 2, 3 e 4), logo, fica desprotegida. Sob essa ótica, a qualidade técnica para possibilitar a manutenção da posse de bola é de fundamental importância. Além disso, todos devem estar comprometidos com a marcação, principalmente os pontas (atletas 7 e 11), responsáveis por defender os corredores laterais. Assim, o deslocamento de um atleta do meio para cobrir tal função resulta na abertura de um espaço no corredor central, desequilibrando completamente a equipe. Nesse sentido, as funções devem estar bem definidas (Pivetti, 2012).

Por fim, o **4-2-4** (Figura 2.5b) consiste em um desenho utilizado praticamente como uma estratégia de jogo adotada nos minutos finais quando se precisa buscar o resultado. A presença de quatro jogadores na frente e o baixo povoamento do meio-campo demonstram a grande utilização de bolas longas. Para isso, é necessária a presença de bons atletas no jogo aéreo. Da mesma forma que apresenta uma possível solução para momentos de urgência, confere alto risco defensivo em situações de contra-ataque, uma vez que permite a criação de espaços no meio do campo em razão do despovoamento e da descompactação (Pivetti, 2012).

Figura 2.5 Desenhos táticos 3-4-3(a) e 4-2-4(b)

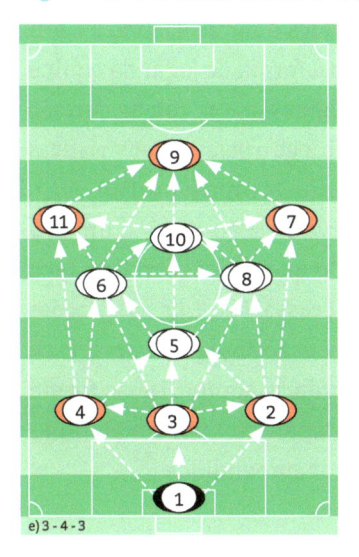

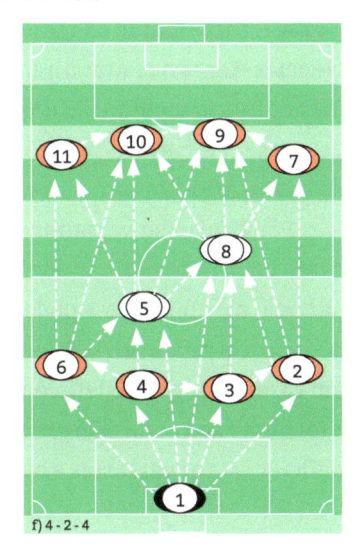

e) 3 - 4 - 3   f) 4 - 2 - 4

Fonte: Elaborado com base em Pivetti, 2012. p. 138-139.

Após a apresentação da tática de equipe, seguimos para o último nível da organização hierárquica: a **tática de jogo**. Ela se relaciona à filosofia adotada por uma equipe durante a partida (Rein; Memmert, 2016). Como exemplo podemos citar equipes que têm por objetivo manter a posse de bola, controlando o jogo, e equipes que objetivam se defender e contra-atacar em velocidade.

Diante do que foi apresentado, podemos resumir *tática* como uma organização, micro e macroestrutural, pautada em princípios que orientam as decisões individuais e coletivas durante uma partida. Esses princípios fazem parte do modelo de jogo adotado pelo treinador e devem ser conhecidos por todos. Portanto, os atletas devem dominar suas funções e ter conhecimento das de seus companheiros, para que, em uma eventual necessidade, assumam momentaneamente outro papel, mantendo, assim, o equilíbrio coletivo. O treinador, por sua vez, deve explorar o potencial de cada jogador, respeitando as individualidades e minimizando as deficiências. Esses quesitos direcionarão a forma de jogar da equipe. Além disso, a elaboração das estratégias e a tomada de decisão devem ser embasadas pelo contexto do jogo e pelas características do adversário que será enfrentado (Rein; Memmert, 2016).

Por fim, cabe ressaltar que a organização tática é um processo complexo e dinâmico, de modo que, ao decorrer de uma partida, alguns ajustes podem ser necessários. Tais adaptações podem ocorrer em virtude da compreensão do jogo adversário ou em razão de alguma deficiência da própria equipe. Dessa forma, o técnico e sua comissão precisam estar atentos para explorar as deficiências adversárias e evitar ser surpreendidos.

2.4 Aspectos físicos do futebol no alto rendimento

Durante uma partida de futebol, os atletas percorrem, em média, entre 9 e 12 km. Você saberia dizer quais fatores têm influência nessa variação de distância? As investigações apontam que a posição do atleta, o nível da competição, a carga de treinamento semanal e o nível do adversário enfrentado são alguns dos responsáveis por essa variação (Sarmento et al., 2014). Tais diferenças podem ser observadas no Quadro 2.4, a seguir. Essas informações fornecem subsídios para a elaboração de programas de treinamento específicos para as exigências da modalidade.

Quadro 2.4 Distância total percorrida em jogos de futebol

Zagueiros	Laterais	Volantes	Meias	Atacantes
9.885 m ± 555 m	10.710 m ± 589 m	11.450 m ± 608 m	11.535 m ± 933 m	10.314 m ± 1175 m
Primeira divisão		**Segunda divisão**		**Terceira divisão**
10.722 m ± 978 m		11.429 m ± 816 m		11.607 m ± 737 m
Semana com carga padrão			Semana com carga reduzida	
8.643 m ± 745 m			9.612 m ± 1.281 m	
5 primeiros colocados do *ranking*			5 últimos colocados do *ranking*	
11.647 m			12.190 m	
Temporada 2006/2007			Temporada 2012/2013	
10.679 m			10.881 m	

Fonte: Elaborado com base em Andrade, 2016.

Ao analisarmos atentamente esses dados, podemos verificar que, ao longo de sete temporadas, a distância percorrida foi praticamente a mesma. Com base nessa informação, é possível concluir que as exigências físicas durante o jogo não sofreram alterações? Esse tipo de análise requer muito cuidado. O futebol é composto por ações de intensidade e duração variadas, com inúmeras mudanças de direção. Fracionando o deslocamento em zonas de velocidade, observamos que, durante 5,6% do tempo total da partida, os atletas permanecem parados, e que, durante 85,9% dos 90 minutos, os jogadores apenas caminham ou trotam até uma velocidade de 14,3 km/h. Já as ações acima de 14,4 km/h, responsáveis pelos momentos decisivos, ocorrem em apenas 9% do tempo total (Bradley et al., 2009).

O Gráfico 2.1, a seguir, indica o comportamento físico de equipes que disputam diferentes divisões do campeonato inglês de futebol (*Premier League*). Podemos observar que os atletas da terceira divisão percorrem maior distância total que os da primeira e da segunda divisões. Comportamento semelhante é observado com relação às distâncias em alta intensidade (corrida, corrida rápida e *sprint*). O detalhe que chama atenção nessa investigação foi que os pesquisadores aplicaram avaliações físicas e analisaram o desempenho técnico durante os jogos em que o deslocamento foi analisado. Com relação ao nível de condicionamento físico, os jogadores das três divisões apresentaram resultados semelhantes. Já o desempenho técnico dos atletas da primeira divisão foi praticamente 30% superior que os demais. Nesse sentido, podemos deduzir que os atletas das divisões inferiores apresentam uma sobrecarga física maior em virtude de deficiências técnicas.

Gráfico 2.1 Perfil dos deslocamentos realizados nas três principais divisões do campeonato inglês de futebol

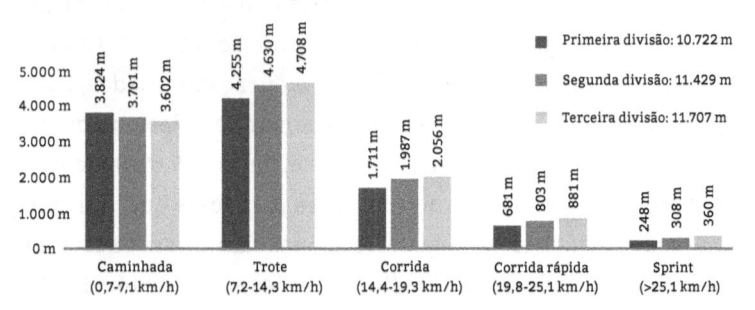

Faixa de velocidade	Primeira divisão: 10.722 m	Segunda divisão: 11.429 m	Terceira divisão: 11.707 m
Caminhada (0,7-7,1 km/h)	3.824 m	3.701 m	3.602 m
Trote (7,2-14,3 km/h)	4.255 m	4.630 m	4.708 m
Corrida (14,4-19,3 km/h)	1.711 m	1.987 m	2.056 m
Corrida rápida (19,8-25,1 km/h)	681 m	803 m	881 m
Sprint (>25,1 km/h)	248 m	308 m	360 m

Fonte: Andrade, 2016. p. 34.

O fracionamento do deslocamento revela, ainda, que o jogo está cada vez mais intenso, respondendo à pergunta anterior referente às alterações da exigência do jogo. A distância total não se alterou, porém, ocorreu uma modificação significativa na forma de se deslocar. A distância média acima de 19,8 km/h aumentou aproximadamente 30% ao longo de sete temporadas da *Premier*

League, ao passo que a distância total recebeu acréscimos de apenas 2% (Barnes et al., 2014). Outro exemplo da evolução na intensidade do futebol pode ser verificado por meio da observação das ações acima de 25,1 km/h, conhecidas como *sprints*, que tiveram um aumento de 85% no número de esforços, quando comparadas às temporadas da competição (Barnes et al., 2014). As ações que compõem os *sprints* são realizadas de forma explosiva (rápida aceleração) ou progressiva (aceleração gradual) (Di Salvo et al., 2010), sendo que a maior concentração dos esforços está nas menores distâncias. Isso é verificado analisando o número total de *sprints*, que refletem praticamente o número de *sprints* em distância de até 10 m (Di Salvo et al., 2010).

Com o que vimos, podemos ter uma ideia geral de como se manifestam as exigências físicas do futebol atual. Para mais informações, vale a pena consultar Andrade (2016).

2.5 Aspectos relacionados à avaliação física no alto rendimento

Para que um atleta de futebol tenha condições de competir em alto nível, ele deve ser capaz de realizar repetidamente ações de alta intensidade durante os 90 minutos de uma partida (Bangsbo; Iaia; Krustrup, 2007). Consequentemente, diversas avaliações têm sido aplicadas com o intuito de fornecer parâmetros referentes ao nível de condicionamento físico e de subsidiar a prescrição de exercícios (Reilly; Bangsbo; Franks, 2000).

Entre as avaliações realizadas estão os testes de laboratório e os testes de campo. Cada um deles apresenta pontos positivos e negativos. Os testes de laboratório têm resultados extremamente precisos, sendo realizados sob condições controladas e utilizando metodologias rigorosas. Entretanto, demandam tempo, apresentam um custo elevado e necessitam de mão de obra especializada. Já as avaliações de campo aumentam a especificidade da avaliação, possibilitam a análise de vários atletas ao mesmo tempo, apresentam baixo custo e demandam pouco equipamento, porém, sua precisão é inferior em comparação com os testes de laboratório (Svensson; Drust, 2005).

Durante o processo de seleção desses testes, alguns critérios, como validade, reprodutibilidade, sensibilidade e especificidade, devem ser observados para garantir a qualidade do protocolo adotado. Você saberia explicar por quê? Por meio de tais critérios, torna-se possível verificar se determinado teste é aplicável para certo grupo de pessoas, se os resultados obtidos são capazes de diferenciar o nível dos participantes e se são suficientemente reprodutíveis para detectar que as alterações obtidas são consequência de modificações no desempenho (Svensson; Drust, 2005).

Para exemplificar, imagine a seguinte situação: um grupo de jogadores de futebol é submetido a um teste de barra fixa. Tal avaliação é destinada a verificar o nível de força/resistência dos membros superiores. Qual é, então, a transferência do resultado obtido nessa avaliação para o ambiente futebolístico? Esse exemplo deixa clara a necessidade da realização de avaliações que estejam inseridas no contexto da modalidade. Então, vamos optar por avaliar a eficiência de um programa de treinamento destinado à resistência aeróbica. Para isso, realizaremos um teste, aplicaremos determinado tipo de treinamento e, em seguida, reavaliaremos. Vamos supor que o período entre uma avaliação e outra seja de quatro semanas. Ao comparar os resultados, observamos que o desempenho na avaliação praticamente triplicou. Diante disso, você acredita que em um grupo de atletas bem condicionados isso seria possível? É pouco provável, certo? Essa situação nos leva a duvidar da qualidade da avaliação em vez de acreditar na eficiência do treinamento.

Outro detalhe que precisa ser observado durante o processo de seleção dos testes é o calendário competitivo. O futebol brasileiro apresenta um período longo de jogos, precedido por uma curta etapa de preparação, limitando as possibilidades de planejamento para o condicionamento físico. Dessa forma, os testes devem ser aplicados em momentos pontuais, possibilitando a avaliação e o monitoramento de capacidades físicas essenciais para o desempenho (Bangsbo et al., 2008). Entre os mais utilizados estão os testes de velocidade, as avaliações destinadas à capacidade de realizar repetidamente ações de alta intensidade e a avaliação do consumo máximo de oxigênio (VO_{2MAX}). O motivo para a escolha de tais avaliações será discutido a seguir.

Um jogo de futebol é composto por ações de alta velocidade realizadas aproximadamente a cada 60 segundos (Carling et al., 2016). Embora constituam uma pequena fração da distância total percorrida, essas ações são as responsáveis pelos momentos decisivos de uma partida e, por isso, necessitam de uma atenção especial (Faude; Koch; Meyer, 2012). Você tem ideia de qual velocidade atinge um jogador de futebol durante uma disputa de bola? A utilização de dispositivos de GPS durante os jogos permite coletar com precisão esse tipo de informação. Os dados obtidos chegam a apresentar valores superiores a 32 km/h. Você consegue imaginar a intensidade dessa ação? Lembre-se das vezes em que correu na esteira de uma academia: Qual foi a velocidade máxima que atingiu? Alguns leitores podem ter respondido 16 km/h, e outros 18 km/h. Logo, fica visível o quanto essas ações são intensas e como os atletas devem estar preparados para realizá-las repetidamente durante uma partida. Outro detalhe interessante é que 56% dos *sprints* são realizados em uma distância de até 5 m, e apenas 4% é executado em distâncias superiores a 20 m (Di Salvo et al., 2010).

Essas informações auxiliam na escolha da avaliação mais adequada. Nesse sentido, alguns estudos demonstram que testes de velocidade realizados em uma distância de 10 m são capazes de diferenciar profissionais de amadores, ao mesmo tempo em que possibilitam a comparação entre posições. Tal característica é evidenciada por meio dos diferentes níveis de exigência apresentados por esses atletas. Defensores precisam atingir altas velocidades mais rapidamente que meio-campistas, por exemplo (Ferro et al., 2014). Já a distância de 20 m não é sensível o suficiente para possibilitar essa diferenciação, entretanto, demonstra que os atletas estão mais rápidos ao longo dos anos (Haugen; Tonnessen; Seiler, 2013).

O estudo realizado por Haugen, Tonnessen e Seiler (2013) comprova, mais uma vez, a evolução física dos atletas, possivelmente em razão do aperfeiçoamento dos métodos de treinamento. Outras distâncias, como as avaliações de 30 e 40 m, não têm sensibilidade (Ferro et al., 2014), ao mesmo tempo em que fogem da especificidade do jogo (Di Salvo et al., 2010). Dessa forma, devemos optar por menores distâncias e, se possível, incluir algumas mudanças de direção para aumentar a especificidade da ação.

Com relação à execução da avaliação de velocidade propriamente dita, alguns aspectos metodológicos precisam ser destacados: a posição de saída e a distância até o início da cronometragem precisam ser padronizadas; além disso, o calçado utilizado e o tipo de piso devem ser os mesmos empregados em todas as avaliações. Sob essa ótica, considere uma avaliação de 10 m realizada de tênis, na grama, com a posição de saída 1 m atrás do início da cronometragem, em comparação com uma avaliação realizada de chuteiras, com saída lançada, sem controle referente à distância até o início da marcação do tempo. Os resultados obtidos na segunda avaliação podem ser superiores aos observados na primeira, em decorrência de anos de treinamento (Haugen; Buchheit, 2016).

A Figura 2.6, apresentada na sequência, exemplifica uma organização que pode ser utilizada para avaliar velocidade – se preferir, em virtude das mudanças de direção, é possível referir a ela como *agilidade*. Na organização exposta, os atletas deverão percorrer no menor tempo possível, partindo 1 m atrás da linha de início, a sequência ABCEA. Respeitados no mínimo dois minutos de recuperação, deverão completar a sequência ABDEA seguindo as mesmas instruções metodológicas. Cada uma das sequências poderá ser realizada até três vezes em uma única avaliação. O melhor tempo obtido em cada um dos lados será o resultado do teste. Tal organização também poderá, ainda, ser utilizada na forma de treinamento, manipulando a quantidade de repetições e o intervalo entre elas. Esse é um exemplo claro de como o próprio desempenho no treino pode servir como avaliação de controle, como mostra a Figura 2.6, a seguir.

Figura 2.6 Exemplo de organização para um teste de velocidade envolvendo mudanças de direção

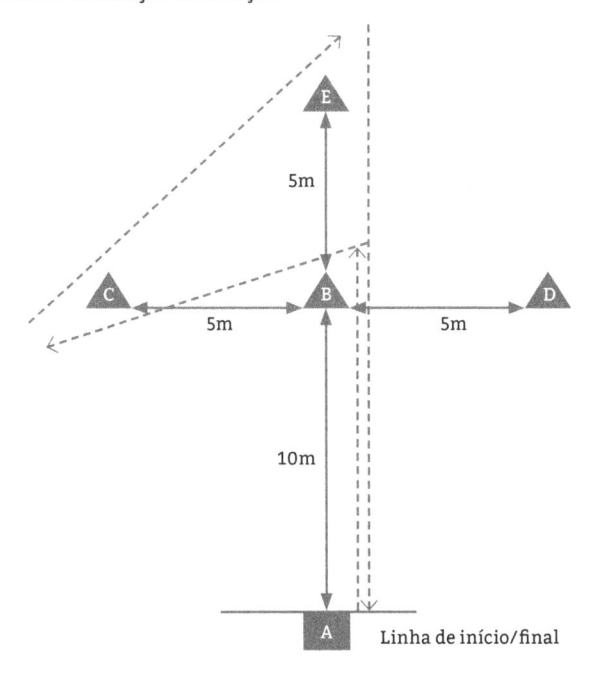

Retornando às exigências do jogo, verificamos que a habilidade para executar ações intermitentes de alta intensidade por prolongados períodos de tempo desempenha um papel-chave no futebol atual (Barnes et al., 2014). Com efeito, estratégias de avaliação e de treino que envolvam tal capacidade merecem atenção. Entre os protocolos desenvolvidos para tal finalidade estão as variações do *yoyo intermittent recovery test* (YoYo IR). O objetivo de sua aplicação é avaliar exatamente a habilidade que o indivíduo tem de realizar repetidamente ações intensas (Bangsbo; Iaia; Krustrup, 2008). O teste tem duas versões:

- *Yoyo intermittent recovery test level* 1 (YoYo IR1): busca a realização de um exercício intermitente até a máxima ativação do sistema aeróbio.
- *Yoyo intermittent recovery test level* 2 (YoYo IR2): determina a capacidade de recuperação apresentada em um exercício repetido, com grande contribuição do sistema anaeróbio.

As duas versões consistem no fato de o avaliado percorrer a distância de 20 m indo e voltando, intercalada por dez segundos de recuperação após cada vai e vem. A diferença nas versões está na velocidade inicial do teste e nos incrementos de velocidade a cada mudança de estágio. O perfil da atividade claramente fornece o padrão intermitente do futebol (Bangsbo; Iaia; Krustrup, 2008). Além disso, em virtude dos valores elevados de frequência cardíaca e das concentrações de lactato sanguíneo observados ao final da execução, podemos concluir que tais avaliações estimulam tanto a produção aeróbia de energia quanto a glicólise anaeróbia. A grande quebra da fosfocreatina demonstra, ainda, a contribuição do sistema dos fosfagênios, resultando em um fornecimento energético semelhante ao que ocorre em uma partida (Bangsbo; Iaia; Krustrup, 2008).

A praticidade e a relação com o deslocamento em alta velocidade durante jogos oficiais (Andrade, 2016) tornam as variações do YoYo IR merecedoras de atenção. Sua aplicação exige apenas o áudio do teste e a marcação correta do espaço. Além disso, o resultado da avaliação representa a distância total percorrida no momento do encerramento, o qual ocorre em virtude da desistência voluntária ou da incapacidade de o avaliado atingir a linha de chegada no ritmo sonoro por duas vezes consecutivas. As duas versões são sensíveis o suficiente para diferenciar o nível de treinamento do atleta e sua posição. Nesse sentido, verificamos que os jogadores de meio-campo e os laterais percorrem maiores distâncias que os zagueiros e os atacantes (Bangsbo; Iaia; Krustrup, 2008).

Outra avaliação bastante realizada, não só no futebol, mas em diversos esportes, é o consumo máximo de oxigênio (VO_{2MAX}). Trata-se de um indicador do metabolismo aeróbio, que apresenta forte relação com a distância total percorrida e a distância percorrida em alta velocidade durante o jogo (Krustrup et al., 2005). Mesmo com essa relação, a sensibilidade que esse indicador fisiológico apresenta em diferenciar o nível de treinamento e as posições táticas dos atletas é um tema controverso. Isso pode ocorrer em virtude de as ações intermitentes características do futebol frequentemente exigirem a realização de esforços que excedam o consumo máximo de oxigênio, estimulando outros domínios do exercício. Tal característica pode dificultar as adaptações na capacidade de captar e utilizar o oxigênio. A esse respeito, os pesquisadores sugerem um valor mínimo de 65 ml/kg/min para que as exigências metabólicas do jogo sejam atendidas (Reilly; Bangsbo; Franks, 2000). A avaliação do VO_{2MAX} deve ser realizada de forma direta, ou seja, por meio de um analisador de gases, em ambiente laboratorial. Os valores obtidos variam de 50 a 75 ml/kg/min, sendo similares ao encontrado em outras modalidades coletivas, porém, substancialmente menores que o observado em atletas de elite de *endurance* (O'Reilly; Wong, 2012).

Síntese

Esperamos que o conteúdo apresentado neste capítulo tenha auxiliado na compreensão da dinâmica e da complexidade de um jogo de futebol. Assim, ao longo do texto, constatamos a exigência de níveis ótimos de organização tática, aperfeiçoamento técnico e condicionamento físico para que o atleta possa competir em alto nível. Dessa forma, apresentamos as principais funções táticas e os principais desenhos táticos utilizados pelas equipes para se organizarem em campo. Também destacamos que, para essa organização ser efetiva, as ações técnicas precisam ser executadas com precisão. Além disso, comentamos que algumas ações têm papel determinante para o resultado de uma partida. E, por fim, analisamos como são as exigências físicas do jogo e de que maneira podemos avaliar o nível de condicionamento físico dos atletas.

Agora, você se lembra da pergunta que fizemos logo na introdução deste capítulo? O questionamento era o seguinte: Será que o futebol evoluiu nos últimos anos? Podemos garantir, finalmente, que essa questão pôde ser facilmente respondida ao longo da leitura deste capítulo, certo? Portanto, no próximo capítulo, discutiremos os aspectos envolvidos no alto rendimento do futsal e aplicaremos, também, alguns dos conceitos delineados no Capítulo 1.

Atividades de autoavaliação

1. Analise as assertivas a seguir.

    I. O futebol é uma modalidade intermitente que intercala pausas longas e completas de recuperação ativa.
    II. Durante uma partida, as ações são dinâmicas e aleatórias.
    III. Quanto maior for a vivência de ações motoras relacionadas ao futebol durante a infância, maior será a possibilidade de se atingir um alto nível técnico-tático durante a fase adulta.
    IV. A vitória é um dos principais critérios utilizados para qualificar o desempenho em modalidades coletivas.

    Agora, assinale a alternativa que apresenta apenas as afirmativas corretas:

    a) I, II e III.
    b) I, II e IV.
    c) II, III e IV.
    d) II e III.
    e) I, II, III e IV.

2. Relacione corretamente os elementos às respectivas características.

   I. Responsabilidade da tática
   II. Preenchimento horizontal do campo
   III. Preenchimento vertical do campo
   IV. Manutenção da posse de bola

   ( ) Confere amplitude ao jogo.
   ( ) Refere-se a gerenciar o espaço de jogo, o tempo e as ações individuais e coletivas durante uma partida.
   ( ) Confere profundidade ao jogo.
   ( ) Forma de gerenciar o tempo de jogo.

   Agora, assinale a alternativa que apresenta a sequência correta:

   a) II, I, III, IV.
   b) IV, III, II, I.
   c) IV, II, III, I.
   d) II, I, IV, III.
   e) V, I, III, II.

3. Analise as assertivas a seguir e marque V para as verdadeiras e F para as falsas.

   ( ) Uma possível alternativa para verificar a influência de ações físicas, técnicas e táticas na *performance* é comparar o desempenho dos primeiros com os últimos colocados de uma competição.
   ( ) No futebol, predominam as habilidades fechadas.
   ( ) A habilidade pode ser conceituada como a capacidade que o indivíduo tem de realizar ações com a máxima certeza, gastando o mínimo de tempo e energia.
   ( ) O sucesso em uma jogada está relacionado às escolhas corretas e à execução dos gestos selecionados de maneira eficiente.

Agora, assinale a alternativa que apresenta a sequência correta:

a) V, F, V, F.
b) V, F, V, V.
c) F, V, V, F.
d) V, V, F, F.
e) F, F, V, V.

4. Analise as assertivas a seguir.
   I. A natureza submáxima do futebol faz com que o fornecimento energético seja predominantemente anaeróbio.
   II. O futebol é um esporte intermitente, caracterizado por atividades acíclicas, representadas por mudanças de intensidade, direção e padrão de movimento.
   III. Acelerações, *sprints*, saltos e gestos técnicos são exemplos de ações que exigem o fornecimento anaeróbio de energia.
   IV. Durante uma partida, os atletas percorrem, em média, 9 a 12 km.

Agora, assinale a alternativa que apresenta apenas as afirmativas corretas:

a) I, II e III.
b) I, II e IV.
c) II, III e IV.
d) II e III.
e) I, II, III e IV.

5. Analise as assertivas a seguir.
   I. Para que um atleta de futebol tenha condições de competir em alto nível, ele deve ser capaz de realizar repetidamente ações de baixa intensidade durante os 90 minutos de uma partida.
   II. As avaliações físicas são aplicadas com o intuito de fornecer parâmetros referentes ao nível de condicionamento físico do atleta e de subsidiar a prescrição de exercícios.

III. Os testes de campo aumentam a especificidade da avaliação, possibilitam a análise de vários atletas ao mesmo tempo, apresentam baixo custo e necessitam de pouco equipamento, porém, a precisão é inferior em comparação com testes realizados em laboratório.
IV. Grande parte dos gols é precedida de ações anaeróbias.

Agora, assinale a alternativa que apresenta apenas as afirmativas corretas:

a) I, II e III.
b) I, III e IV.
c) II e III.
d) II, III e IV.
e) I, II, III e IV.

Atividades de aprendizagem

Questões para reflexão

1. Selecione uma equipe que disputa a Série A do Campeonato Brasileiro e analise qual é o desenho tático utilizado por ela. Em seguida, enumere quais são os pontos positivos e negativos da adoção desse tipo de sistema. Para auxiliar na argumentação, utilize as questões abordadas na Seção 2.2.

2. Observe, durante determinado período (por ex.: 5 minutos, 10 minutos), o comportamento de apenas um jogador de futebol em campo. Verifique quais formas de deslocamento ele utiliza, em quais distâncias e com que velocidade. Após esse período, realize a mesma tarefa com os ocupantes das demais posições.

Atividade aplicada: prática

1. Elabore uma planilha com base nas ações técnicas apresentadas na Seção 2.2. Na sequência, colete as informações que ocorrem em um jogo assistido pela televisão ou desenvolvido por você. Com base nessas ocorrências, proponha exercícios para aprimorá-las (por ex.: muitas finalizações para fora da meta = elaboração de exercícios de finalização em situações próximas da realidade do jogo).

Capítulo 3

Esportes de alto rendimento: futsal

Neste capítulo, abordaremos diversos aspectos relacionados ao alto desempenho no futsal. Discutiremos as principais características da modalidade e as possíveis soluções para superar a falta de espaço presenciada no jogo. Além disso, traremos alguns detalhes interessantes: aplicaremos os princípios táticos e do treinamento desportivo (apresentados no Capítulo 1) no contexto do futsal. Demonstraremos, assim, que tais princípios auxiliam na elaboração e na execução de um programa de treinamento, servindo de base para a aplicação nas demais modalidades.

3.1 Aspectos gerais e físicos do futsal no alto rendimento

O futsal é um esporte de cooperação-oposição, disputado em um espaço comum e que conta com a participação simultânea de duas equipes duelando pela marcação de gols. Por ser desenvolvido em um contexto permanentemente variável, cujas frequência, ordem e complexidade das ações não podem ser previstas, exigindo de seus praticantes um elevado nível de cooperação e inteligência. A primeira está representada pelo comportamento coletivo, tanto em ações defensivas quanto em ações coletivas. Já a segunda está relacionada à capacidade de adaptação às novas situações, por meio da rápida elaboração de respostas adequadas aos problemas criados por situações aleatórias e diversificadas que ocorrem durante o jogo (Santana, 2008).

A partida de futsal é desenvolvida em uma quadra retangular, com o comprimento mínimo de 38 m por 18 m de largura, para competições nacionais da categoria adulto. Já em competições internacionais, o comprimento e a largura variam entre 38 e 42 m e 20 e 25 m (CBFS, 2020). Como você pode perceber, pode haver uma "leve" alteração em comparação com a largura mínima para jogos nacionais. Por conta da limitação de espaço, um possível aumento impacta diretamente no desenvolvimento da partida. Nesse sentido, podemos verificar que essas dimensões conferem importantes características estratégico-táticas para a modalidade. Assim, cada jogador compartilha um reduzido espaço com seus companheiros, buscando atingir a meta adversária ao mesmo tempo em que protege a sua. Portanto, essa escassez de espaço induz as ações de ataque a primar pela rotação de seus jogadores, buscando criar e explorar espaços favoráveis para a finalização. Em contrapartida, os defensores devem reajustar continuamente a marcação e fechar as possíveis linhas de passe. Essas ações resultam em um jogo extremamente **dinâmico** (Sarmento et al., 2016).

Esse cenário reduzido possibilita a interferência de praticamente todos os jogadores no centro do jogo. Tal influência pode ser vista de forma direta, mediante troca de passes e disputa para a recuperação da bola ou, então, de forma indireta, por meio da criação e da exploração de espaços livres quando em posse de bola ou pela restrição e vigia de espaços vitais do jogo quando em desvantagem. Nessa direção, podemos considerar a busca pela ocupação inteligente da quadra como um dos principais indicadores do nível de jogo dos participantes, devendo esta ser estimulada sob as mais variadas situações (Santana, 2008). Outro ponto relacionado ao espaço que precisa ser mencionado refere-se ao fato de a disputa ser realizada em uma superfície lisa e regular. Essa característica possibilita a execução de passes com elevada precisão, facilitando o domínio e, consequentemente, a sequência das jogadas. Percebe como todo o contexto estrutural direciona o futsal para um espetáculo de grande habilidade técnica e tática?

Com relação ao **tempo do jogo**, as partidas da categoria adulto têm a duração de 40 minutos, divididos em dois períodos de 20 minutos, intercalados por 10 minutos de intervalo. O controle do tempo é cronometrado, o qual é parado sempre que a bola está fora de disputa (CBFS, 2020).

Essa característica resulta em durações usualmente 70-85% superiores que os 40 minutos já mencionados (Naser; Ali; Macadam, 2017). Entretanto, algumas características da regra, como a utilização máxima de quatro segundos para a cobrança de bolas paradas (arremessos laterais, de canto, de meta, tiros livres diretos e indiretos, penalidades máximas e saídas de bola), impossibilitam a utilização de manobras para retardar o jogo.

Quanto às **regras**, o futsal (juntamente ao voleibol) foi uma das modalidades coletivas que mais sofreu alterações regulamentares ao longo dos anos. Essas medidas foram adotadas para favorecer o espetáculo, tornando-o mais atraente para quem o pratica e o assiste. Na época do futebol de salão, questionava-se a falta de dinamismo, as áreas proibidas de invasão, o excesso de faltas e a carência de gols. Nesse sentido, algumas modificações, como o aumento do tamanho da bola e das dimensões da área de meta, a permissão do goleiro em atuar fora da área de meta, a limitação do número de faltas coletivas e o número ilimitado de substituições, resultaram em um jogo mais dinâmico, repleto de passes rápidos e deslocamentos sem bola. Observamos, ainda, uma mudança no comportamento da marcação, a qual se tornou mais intensa e passou a ser realizada independentemente do local da quadra. Esse comportamento resultou em transições rápidas entre ataque e defesa, em virtude das constantes perdas e recuperações de bola. Tais situações ocasionam momentos de igualdade e desigualdade numérica, conferindo dinamismo e estimulando a marcação de gols (Naser; Ali; Macadam, 2017).

Sob essa ótica, passamos a verificar ações intermitentes de elevada demanda física, técnica e tática, sustentadas durante quase o jogo todo em virtude do número ilimitado de substituições. Em razão do padrão característico de ataque e defesa simultâneos, separados por um curto período de transição, o futsal se diferencia das demais modalidades coletivas ao apresentar as **maiores ações de alta intensidade**, compostas em sua maioria por *sprints* repetidos. Constatamos isso analisando a frequência com que as ações motoras acontecem. Dados demonstram que o padrão locomotor é alterado a cada 3,3 segundos em uma partida de futsal, bem como que os esforços de máxima intensidade são realizados a cada 56 segundos. Já as ações de alta e média intensidades ocorrem, respectivamente, a cada 43 e 37 segundos, comprovando a elevada exigência física (Naser; Ali; Macadam, 2017).

Isso significa que a forma como o atleta se desloca está em constante alteração. O fato de o padrão locomotor ser alterado a cada 3,3 segundos indica a necessidade de uma rápida adaptação ao contexto do jogo. Como exemplo, imagine uma equipe em situação defensiva; ela buscará diminuir o espaço e as possibilidades de o adversário atingir sua meta. A cada troca de passes, um ajuste de posicionamento deverá ser realizado, o que inclui movimentações curtas e rápidas para os lados para frente e para trás. Esses movimentos deverão ser sincronizados para que o equilíbrio defensivo seja mantido. Nesse momento, quem dita o ritmo é o adversário, uma vez que é ele o detentor da posse. Mas, a partir do momento em que a bola é recuperada, o contexto do jogo definirá se a ação adotada será o contra-ataque ou um ataque posicional. Escolhas como essas definirão a intensidade e a duração do esforço.

Tal dinâmica resulta em uma distância média percorrida de 4,5 km por jogo. Observe que aludimos a valores médios, pois os deslocamentos podem variar entre 601 e 8.040 m em virtude do tempo que o atleta esteve em quadra (Matzenbacher et al., 2014). Dessa forma, como podemos investigar a carga de jogo à qual um sujeito foi submetido se cada um participa de determinado tempo do jogo? Uma possível solução para essa investigação pode referir-se à adoção de unidades relativas na análise, como a distância percorrida por minuto. Tal ação confere parâmetros mais precisos e representativos das exigências individuais. Utilizando esse critério, observamos valores médios de 110 m/min em atletas de alto nível (Naser; Ali; Macadam, 2017).

Ainda com relação às **individualidades**, ao contrário do que observamos no futebol, no futsal a posição do atleta não interfere na distância percorrida e nas ações de alta intensidade, indicando certa similaridade na quantidade e na qualidade dos movimentos. Essas evidências comprovam a versatilidade de um atleta dessa modalidade, que pode desempenhar de duas a três funções, a depender das circunstâncias do jogo e das necessidades da equipe. Esse fato se deve ao desenvolvimento de táticas ofensivas, como o 4 em linha, e de táticas defensivas, como a pressão em todas as partes da quadra, resultando em uma elevada demanda física, mas distribuída de forma igualitária (Naser; Ali; Macadam, 2017).

Para tolerar as intensidades, o atleta necessita ter uma potência aeróbia bem desenvolvida, uma vez que ela auxilia na recuperação entre os esforços. Nesse sentido, valores VO_{2MAX} superiores a 60 ml/kg/min estão associados a atletas de elite. Outra variável fisiológica que permite monitorar o rendimento é a frequência cardíaca (FC). Ao analisarmos o comportamento dessa frequência, constatamos que seus valores permanecem acima de 80% do máximo durante praticamente todo o tempo em que o atleta está em quadra. Raras são as vezes em que os valores se situam abaixo de 150 bpm, demonstrando a impossibilidade de recuperação entre as ações em virtude das características do jogo (Matzenbacher et al., 2014).

Embora tais informações sejam valiosas, o que chama ainda mais a atenção é a diferença de comportamento observada entre o primeiro e o segundo tempos. Os valores obtidos demonstram uma redução na intensidade do jogo, verificada por meio da diminuição do percentual de ações acima de 85% da FC máxima e de um aumento das ações entre 65-85% da FC máxima. Esse comportamento pode estar associado aos processos fisiológicos relacionados à fadiga verificados no decorrer de um jogo, principalmente durante o final do segundo tempo (Naser; Ali; Macadam, 2017). Nesse sentido, algumas estratégias de treinamento e de jogo devem ser utilizadas para minimizar essa queda de desempenho ou retardar seu aparecimento, as quais serão discutidas com maiores detalhes a seguir. Neste momento, porém, apresentaremos apenas alguns aspectos relacionados ao comportamento coletivo, que auxiliam no desenvolvimento do jogo e minimizam o desgaste desnecessário.

Dessa forma, vale o comentário de que o jogo de futsal deve ser ancorado em **processos perceptivos-cognitivos**, ou seja, por meio da percepção, análise e tomada de decisão (Silva et al., 2011). Os atletas devem ajustar seu comportamento em relação ao de seus companheiros e adversários, o que só é possível com a aplicação de princípios de jogo bem definidos e muito bem treinados. Assim, o primeiro aspecto está relacionado à percepção do espaço e do contexto em que as ações estão ocorrendo. Feito isso, uma breve análise auxiliará na tomada de decisão: O que fazer? Por que fazer? Como fazer?

Um exemplo auxiliará a esclarecer essa questão. Imagine a seguinte situação: uma equipe desenvolve um ataque organizado, porém, não obtém sucesso, e a bola para nas mãos do goleiro adversário. **O que fazer?** As opções serão recuar rapidamente para o campo de defesa ou procurar recuperar a bola no campo do adversário. **Por que fazer?** Recuar rapidamente manterá a equipe mais protegida, entretanto, caso a opção seja por disputar a bola no campo adversário, o espaço de criação de jogadas será diminuído, e a equipe estará mais perto de finalizar a gol ao recuperar a bola. **E como fazer?** Adotar uma marcação pressão ou, então, utilizar um comportamento passivo, esperando o erro adversário. Lembre-se de que essa tomada de decisão deverá ser realizada em frações de segundos e ter um comportamento coletivo.

A situação apresentada deixa evidente a importância da presença de diretrizes para nortear as ações da equipe (Silva et al., 2011). E se cada atleta resolvesse adotar um tipo de comportamento? Possivelmente, isso geraria um desequilíbrio muito grande, e o adversário facilmente obteria vantagem. Assim, todos no campo de jogo devem "falar a mesma língua". Isso pode ocorrer com a inserção de princípios e comportamentos táticos. Nos próximos tópicos, aplicaremos essas definições, que foram apresentadas na Seção 1.3 do primeiro capítulo. Além disso, discutiremos como essas ações podem ser desenvolvidas no contexto do futsal, direcionando, assim, o comportamento coletivo.

3.2 Desenhos táticos utilizados no futsal

Um dos principais objetivos do processo de preparação de uma equipe é otimizar a realização de determinadas tarefas de modo que se consiga o máximo de rendimento. No ambiente dos esportes coletivos, tais tarefas são cognitivas e motoras, devendo ser realizadas em conjunto com os demais companheiros. Esse contexto exige a **execução de certos gestos que se apoiem em certos tipos de conduta (ações técnico-táticas) que se suportem em um ou mais gestos (ações tático-técnicas)**. Você percebe como essas exigências estão conectadas? Em um primeiro momento, essa sentença pode parecer confusa, no entanto, ela enfatiza a interdependência desses conceitos. Na primeira parte da afirmação, mencionamos que os gestos devem apoiar-se em determinados tipos de conduta. Por *gestos* entenda habilidades técnicas, e por *condutas*, comportamento tático. Já na segunda parte comentamos que certos tipos de conduta (comportamentos táticos) devem sustentar-se em um ou mais gestos (habilidades técnicas). Portanto, um direciona/sustenta a ação do outro.

Sob essa ótica, as habilidades técnicas só terão sentido para o futsal se forem desempenhadas em um ambiente de complexidades, adaptabilidades e incertezas (Santana, 2008). Durante todo o jogo, o atleta realiza uma **"dupla tarefa"**, em que sua atenção está dividida entre uma tarefa motora (por ex.: drible) e outra cognitiva (por ex.: analisar a posição de seus adversários). Como consequência, os métodos de preparação devem ser compostos por atividades contextualizadas, estimulando os mais variados tipos de situação. Assim, o atleta deve estar preparado para tomar decisões, antecipar situações e cooperar com seus companheiros (Michelini et al., 2012).

Dessa maneira, a técnica surge porque é necessária, já que determinado contexto a reivindica, pois sozinha ela é obsoleta. Para exemplificar, imagine o seguinte o contexto de dupla tarefa: um atleta está com a bola na lateral da quadra, próximo à meta de ataque, e seu marcador atua sob pressão. Ao se deparar com tal situação, ele realiza rapidamente um drible e bate a bola cruzada, mesmo sem ver com clareza o posicionamento de seus companheiros. Essa ação foi realizada porque ele sabe que algum jogador tem a obrigação, nesse tipo de lance, de chegar de "carrinho" para completar a finalização. Como tal jogada poderia ter sucesso se os papéis em quadra não estivessem bem definidos? Da mesma forma, qual seria a precisão dessas ações se tal comportamento não tivesse sido vivenciado em outras situações, principalmente durante os treinamentos?

Pois bem, fica evidente que os atletas devem assumir funções e papéis estratégicos bem definidos durante os diferentes momentos de uma partida. Suas funções exigem uma série de ações técnico-táticas características, que podem ser executadas com o auxílio de alguns comportamentos preestabelecidos. Antes de aprofundarmos tal discussão, queremos chamar sua atenção para o fato de o **comportamento técnico-tático ser manifestado, sobretudo, sem bola**. O tempo médio de permanência em quadra de jogadores da categoria adulto é de 20 ± 3 minutos, e, destes, apenas 1,25 ± 0,2 minutos são compostos por ações individuais em posse da bola (Naser; Ali; Macadam, 2017). Agora, perguntamos: O que esses atletas fazem durante os outros 18 minutos em que participaram do jogo? Para responder a essa questão, vale a pena relembrarmos os conceitos apresentados na Seção 1.3, relacionados aos tipos de ações realizadas pelos jogadores durante uma partida: ações com bola, ações sem bola, ações enquanto a equipe está com a posse de bola e ações enquanto a equipe está sem a posse de bola (Silva et al., 2011).

Nesse sentido, esses 18 minutos são compostos por ações em que a equipe está com a posse da bola ou busca recuperá-la. E como tais ações são direcionadas? Elas são definidas por um conjunto de estratégias e táticas adotadas pela equipe. Sempre que ocorre um enfrentamento, deve haver uma estratégia para sua resolução.

No âmbito do alto rendimento, uma disputa jamais pode ser considerada um enfrentamento espontâneo e imprevisto, por mais aleatórias que sejam as situações. Pelo contrário, o ambiente de disputa deve estar inserido em um processo planejado e racionalizado, desenvolvido para conferir vantagem perante o oponente. Esse processo é o responsável por conferir função aos atletas e definir um esquema de jogo, resultando, respectivamente, na atribuição de missões táticas e na racionalização do espaço de jogo (Silva et al., 2011).

Assim, os atletas acabam especializando-se no cumprimento de determinadas funções. Os **goleiros**, por exemplo, são os últimos defensores e, em alguns casos, os primeiros atacantes. Logo, ao mesmo tempo em que devem dominar os aspectos específicos de sua posição, precisam contar com um repertório de passes, tanto com as mãos quanto com os pés, que facilite a criação de ações de ataque com qualidade. Já os jogadores de linha, independentemente de sua posição, devem dominar simultaneamente as ações de ataque e de defesa. Especificando um pouco mais, o **fixo**, por ocupar uma posição mais recuada no desenho tático, em geral no centro de sua meia-quadra defensiva, é o responsável por marcar o atacante finalizador. O **ala**, por ocupar as laterais da quadra, desempenha tanto as funções de articular as ações de ataque quanto de realizar a cobertura defensiva. Já o **pivô**, diferentemente dos demais, ocupa uma posição mais avançada, atuando no jogo ofensivo e finalizador (Santana, 2008).

Essas características configuram as posições clássicas e suas respectivas funções. Entretanto, no futsal moderno, em virtude de sua dinâmica, é importante que os atletas apresentem maior versatilidade, dominando atributos e posicionamentos de outras posições. A intensa movimentação, resultado da constante perda e recuperação da bola, faz com que eles ocupem diferentes espaços da quadra a cada lance. Dessa forma, eles devem estar aptos a realizar as funções que requerem a posição em que se encontram. Como consequência, há a ascensão de jogadores polivalentes, desempenhando as funções de **fixo/ala**, **ala/fixo**, **ala/pivô**, **goleiro/linha e linha/goleiro**. Tal comportamento é orientado por uma série de desenhos táticos, por meio dos quais se busca ocupar de maneira racional os espaços do jogo (Santana, 2008).

Um dos primeiros desenhos a ser utilizado foi o **2-2** (Figura 3.1a), o qual apresenta uma organização semelhante a um quadrado. Os jogadores formam duas linhas compostas por dois jogadores cada, atuando de forma mais recuada, caso a opção seja por marcar na meia-quadra ofensiva, ou mais afastada, caso queiram pressionar a saída de bola adversária. Existe, ainda, uma posição intermediária, em que dois atletas ocupam o campo de defesa e dois ocupam o campo de ataque. Esse desenho é de fácil compreensão, podendo ser utilizado para sair da pressão adversária e "abrir a quadra" ao enfrentar oponentes que adotam uma postura excessivamente defensiva. No entanto, há pouca mobilidade e um grande espaço entre os jogadores, dificultando a dinâmica nos momentos de criação e a cobertura em situações de defesa. Tais deficiências resultaram na criação de uma variação desse desenho: o **2-1-1** (Figura 3.1b), que consiste no posicionamento de três jogadores na meia-quadra defensiva (um de cada lado da área de meta e um terceiro na lateral, próximo à linha divisória central) e um na meia-quadra ofensiva, entre os 10 m e o pênalti. Essa distribuição é muito utilizada em arremessos de meta e contra a marcação por pressão, com a vantagem de confundir o adversário, uma vez que pode ser transformada rapidamente em 2 × 2 e em 3 × 1 (Santana, 2008).

Figura 3.1 Desenhos táticos 2-2(a) e 2-1-1(b)

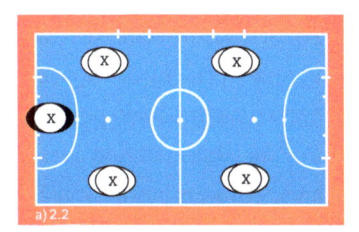

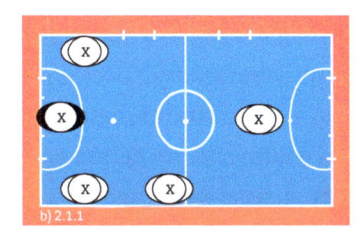

Fonte: Elaborado com base em Santana, 2008. p. 77; 79.

Buscando oferecer maior mobilidade aos atletas, sem deixar de contar com uma referência no ataque, surge o **3-1** (Figura 3.2a). Esse desenho tático consiste em posicionar o fixo um pouco à frente da marca de penalidade máxima em sua quadra de defesa, com os alas abertos nas linhas laterais um pouco mais à frente, mas ainda na metade defensiva, e o pivô posicionado no campo ofensivo próximo à marca de pênalti. Caso os alas se posicionem mais adiantados, o desenho passa a se configurar no **1-2-1** (Figura 3.2b). Em razão desse sutil posicionamento, alguns autores consideram ambos os sistemas como um só. Entre os motivos que fazem desse desenho um dos mais utilizados na atualidade estão a facilidade de deslocamento proporcionada por sua configuração e a segurança defensiva em caso de perda de bola. Além disso, é simples de ser realizado e evita aglomerações no campo de ataque. Outro detalhe que merece atenção é a presença do pivô. Por mais que esteja presente, não há a necessidade de ele ser acionado a todo momento, dificultando a marcação adversária em virtude da variedade de ações que podem ser realizadas (Santana, 2008).

Figura 3.2 Desenhos táticos 3-1(a) ou 1-2-1(b)

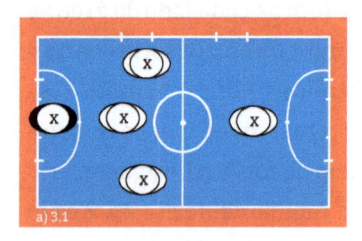

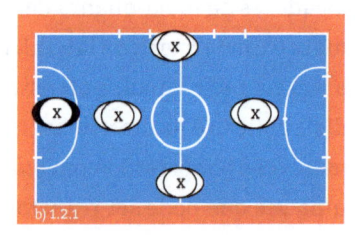

Fonte: Elaborado com base em Santana, 2008, p. 80.

Outra configuração de destaque é o quatro em linha, também conhecido por **4-0**, mostrado na Figura 3.3. Trata-se de um sistema de rotação por excelência, que favorece a criação de espaços e o apoio constante, resultando, assim, no desequilíbrio posicional e numérico da defesa adversária. Por ser desenvolvido dessa forma, os atletas precisam fazer uma contínua movimentação sem bola, com grande sincronia e automatização. Com esse sistema de jogo, quem determina a posição do atleta são os próprios jogadores, e não o treinador, possibilitando que eles ocupem o espaço em que melhor se encaixam na quadra nos momentos de definição da ação ofensiva. Entre as desvantagens desse desenho tático estão a dificuldade da recomposição defensiva e o elevado desgaste físico. Além disso, ele é ineficaz contra defesas muito recuadas em razão da pouca existência de espaços livres (Santana, 2008).

Figura 3.3 Desenho tático 4-0

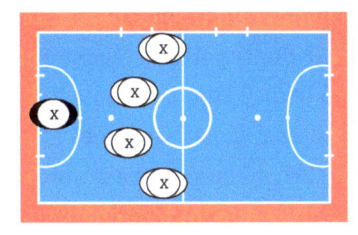

Fonte: Elaborado com base em Santana, 2008. p. 80.

Ainda com relação aos desenhos táticos, o futsal apresenta um detalhe interessante: a possibilidade de desenvolver um jogo em superioridade numérica, seja utilizando um goleiro-linha, ou seja em virtude de uma penalização sofrida pelo adversário. No caso do goleiro-linha, sua utilização ocorre geralmente no final das partidas, quando se está em desvantagem no placar. Entre os desenhos que recorrem a essa estratégia, podemos verificar a utilização do **1-2-2** (Figura 3.4a) e do **2-1-1** (Figura 3.4b). O primeiro consiste em ter o goleiro posicionado pelo centro, e os demais jogadores nas laterais. Já o segundo exige que o goleiro se posicione em uma das laterais, um jogador se posicione na outra, um terceiro no centro da quadra e os outros dois fiquem mais avançados. Esse último desenho é adequado contra marcações mais recuadas, além de ser ideal para desarrumar uma marcação em losango (Santana, 2008).

Figura 3.4 Desenhos táticos 1-2-2(a) e 2-1-2(b)

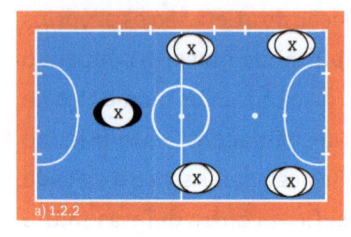

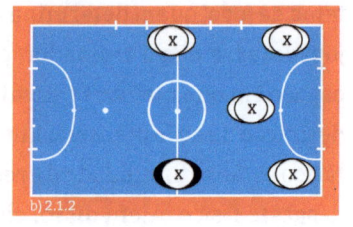

a) 1.2.2   b) 2.1.2

Fonte: Elaborado com base em Santana, 2008. p. 83-84.

Nas situações em que o adversário está momentaneamente com um jogador a menos, em razão de uma expulsão, o sistema adotado poderá depender do tipo de defesa realizado pelo oponente. Caso o adversário opte por se defender utilizando o desenho 1-2, a equipe deverá atacar com o sistema 2-2, potencializando, assim, sua superioridade. Já nas situações em que o adversário defende no desenho 2-1, a equipe deverá atacar com base no sistema 3-1. Cabe ressaltar que, independentemente do desenho utilizado, o ataque deve ser concretizado o mais rápido possível, buscando a melhor situação para finalizar a gol. Entretanto, as ações não devem ser precipitadas, evitando, assim, a perda da bola (Santana, 2008).

Figura 3.5 Desenhos táticos em superioridade numérica 1-2(a) e 2-1(b)

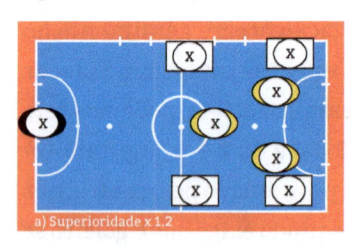

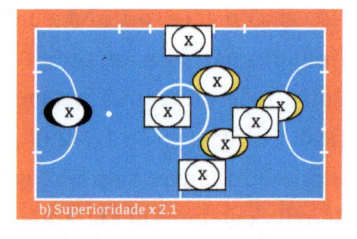

a) Superioridade x 1.2   b) Superioridade x 2.1

Fonte: Elaborado com base em Santana, 2018.

Tantas variações de desenho tático demonstram a dinâmica e a complexidade de um jogo de futsal, uma vez que, ao longo de uma partida, diversas modificações ocorrem em virtude da estratégia adotada ou das exigências do jogo. Como consequência, durante os treinamentos, os atletas devem ser submetidos a uma variedade de estímulos, atuando de forma organizada, sendo submetidos a rápidas tomadas de decisão e desenvolvendo a capacidade de adaptação.

3.3 Aspectos ofensivos do futsal no alto rendimento

No alto rendimento, o jogo não se resume aos momentos decisivos em que um gol é marcado. Existe toda uma lógica de funcionamento que possibilita ou impede a criação desse tipo de situação. Para tanto, uma série de comportamentos devem ser realizados. Você se lembra dos princípios táticos apresentados na Seção 1.3? Eles proporcionam várias soluções táticas aos problemas que serão enfrentados durante os jogos, direcionando os atletas para agir de forma coletiva. Por apresentarem um alto grau de generalização, seus apontamentos podem ser aplicados em diversas situações, auxiliando na organização da equipe em quadra e na análise dos comportamentos individual e coletivo (Costa et al., 2009). Nesta seção, portanto, aplicaremos esses preceitos ao contexto do futsal. No decorrer da discussão, precisaremos relembrar alguns dos conceitos já expostos, mas você também poderá revisitar a Seção 1.3, se desejar.

Para iniciarmos nossa conversa, adotaremos as fases do jogo como ponto de partida: ataque, transição e defesa. Os objetivos comuns a todas essas fases estão ligados às relações espaciais e numéricas que ocorrem entre atletas de uma mesma equipe e seus adversários nas zonas de disputa de bola: (a) não permitir inferioridade numérica; (b) evitar a igualdade numérica; (c) procurar criar superioridade numérica. Independentemente de a equipe estar atacando ou defendendo, esses princípios orientam a busca por vantagem. Por englobarem conceitos comuns, as fases do jogo receberam a classificação de **princípios gerais** (Costa et al., 2009). Cabe ressaltar que essa vantagem só será atingida se o jogo estiver organizado.

A partir do momento em que analisamos o jogo em suas diferentes fases, observamos uma série de objetivos antagônicos. Se durante a fase de ataque uma equipe deverá conservar a bola, progredir pelo campo adversário, construir ações ofensivas, criar situações de finalização e finalizar na baliza adversária, durante a fase de defesa os objetivos serão recuperar a bola, impedir a progressão do adversário, reduzir o espaço de jogo do oponente, anular as situações de finalização e proteger a própria baliza (Michelini et al., 2012). Essas ações constituem os **princípios operacionais de ataque e de defesa** e surgiram em virtude do fato de que o alto desempenho exige que todos os atletas "falem a mesma língua" em quadra. Para exemplificar, imagine a seguinte situação: durante um jogo, ocorrem inúmeras interações de cooperação e oposição que exigem uma resposta coletiva; nesse caso, a resposta deve ser em forma de um comportamento. E como os atletas podem comunicar-se? Para facilitar essa interação, deve-se recorrer aos já descritos princípios operacionais, os quais dão sustentação à ação coletiva, de modo que, ao jogarem amparados por princípios idênticos, os atletas terão uma linguagem que os permitirá uma compreensão mútua, facilitando a organização e a execução dos comportamentos.

Sob essa ótica, algumas ações são responsáveis por colocar em prática essa organização. Por questões didáticas, neste primeiro momento, aplicaremos os conceitos teóricos apenas aos aspectos relacionados à fase de ataque. Na seção seguinte, os elementos referentes à fase de defesa serão discutidos. Assim, por hora, queremos recordá-lo dos **princípios fundamentais de ataque**, compostos por penetração, cobertura ofensiva, mobilidade, espaço e unidade ofensiva. A Figura 3.6, a seguir, resume a aplicação desses conceitos no contexto do futsal.

Figura 3.6 Aplicação dos princípios táticos no contexto do futsal: táticas individuais

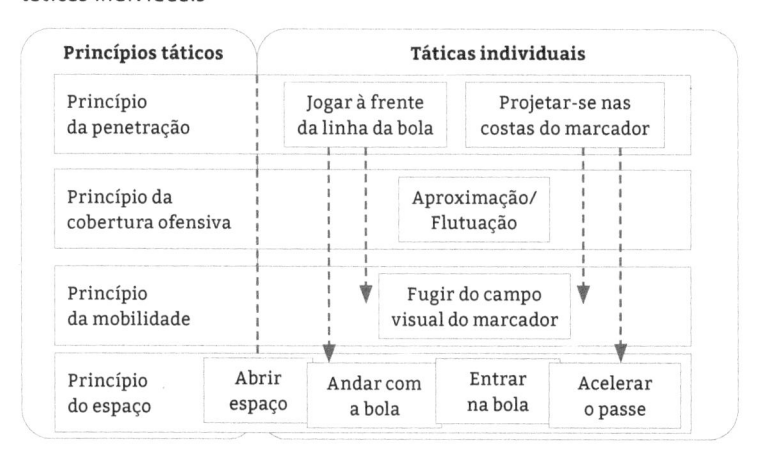

Princípios táticos	Táticas individuais	
Princípio da penetração	Jogar à frente da linha da bola	Projetar-se nas costas do marcador
Princípio da cobertura ofensiva		Aproximação/ Flutuação
Princípio da mobilidade		Fugir do campo visual do marcador
Princípio do espaço	Abrir espaço / Andar com a bola	Entrar na bola / Acelerar o passe

Por direcionarem um comportamento individualizado, as ações executadas no futsal são denominadas *táticas individuais*. Tal classificação é fundamental para o raciocínio que será desenvolvido nesta seção. Dando sequência, vamos retomar que o **princípio da penetração** é o responsável por direcionar a realização de ações com o objetivo de progressão dos atletas para áreas da quadra que gerem maior risco ao adversário (Costa et al., 2009). Nesse sentido, aplicando esse conceito ao futsal, podemos verificar ações como jogar à frente da linha da bola e projetar-se nas costas do marcador. Elas induzem à realização de passes verticais e permitem a progressão da equipe pelo campo de jogo (Santana, 2008). O **princípio da cobertura ofensiva**, por sua vez, está relacionado à aproximação dos companheiros ao portador da bola, fornecendo opções ofensivas para a sequência do jogo (Costa et al., 2009). Podemos observar a manifestação desse princípio por meio da flutuação dos companheiros em quadra, que ocorre quando um jogador, ao perceber um espaço vazio, aproxima-se (ou flutua) em direção a quem tem a posse. Em geral, isso ocorre pelo centro da quadra, entre as linhas defensivas (Santana, 2008).

Já o **princípio da mobilidade** vincula-se às ações realizadas sem a posse de bola, em busca de posições ótimas para recebê-la (Costa et al., 2009). Tal princípio é representado por ações como fugir do campo visual do marcador, jogar à frente da linha da bola e projetar-se nas costas do marcador. A ação de fugir do campo visual do marcador constitui-se como uma das principais na busca pelo ataque, sendo conhecida também por *finta*, *balanço* e *desmarcação*. Esse tipo de comportamento dificulta a atuação do defensor, deixando-o em dúvida sobre manter o campo visual na bola ou no atacante. Além disso, essa movimentação pode induzi-lo a um lugar "falso", possibilitando a criação de linhas de passe entre jogadores (Santana, 2008). Embora os outros comportamentos já tenham sido discutidos anteriormente, salientamos que eles buscam a progressão de equipe pela quadra.

Nesse sentido, esses dois comportamentos (jogar à frente da linha da bola e projetar-se nas costas do marcador) podem ser enquadrados também no **princípio do espaço**, uma vez que ele direciona as ações para a ampliação transversal e longitudinal da quadra (Costa et al., 2009). Aliadas a tais ações, então, estão as de abrir espaço, andar com a bola, "entrar" na bola e acelerar o passe. A primeira delas, abrir espaço, está relacionada às ações de apoiar o passe, buscando espaços na quadra para recebê-lo ou, então, levar a marcação consigo, diminuindo a pressão exercitada no portador da bola. Por sua vez, andar com a bola significa nunca deixá-la parada, dificultando o equilíbrio da defesa adversária. Tal comportamento favorece a dinâmica do jogo e está associado às ações de "entrar" na bola e acelerar o passe. A primeira refere-se ao fato de o atleta sempre receber a bola em movimento. Isso significa que o ato de ir ao encontro dela exige o deslocamento ou, no mínimo, a atenção do adversário, dificultando seu trabalho defensivo. Já acelerar o passe desgasta o adversário e favorece a manutenção da posse de bola, dificultando qualquer tipo de equilíbrio e gerando menos vantagens aos oponentes (Santana, 2008). Sob essa ótica, observe a seguir a Figura 3.7, que constitui um breve resumo das táticas de grupo e de equipe aplicadas ao futsal.

Figura 3.7 Aplicação dos princípios táticos no contexto do futsal: táticas de grupo e táticas de equipe

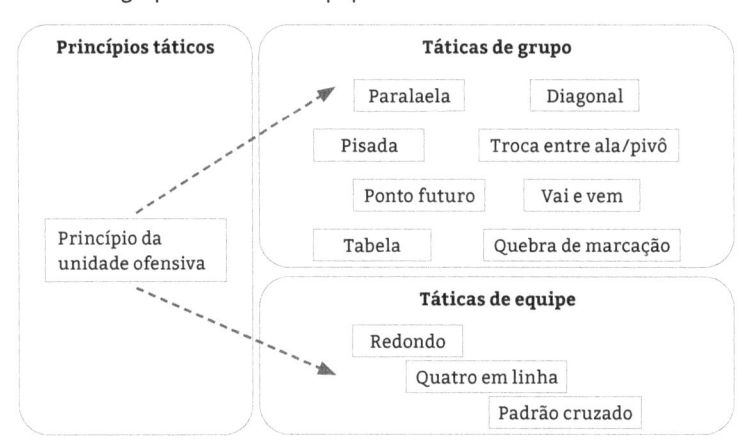

Princípios táticos
- Princípio da unidade ofensiva

Táticas de grupo
- Paralaela
- Diagonal
- Pisada
- Troca entre ala/pivô
- Ponto futuro
- Vai e vem
- Tabela
- Quebra de marcação

Táticas de equipe
- Redondo
- Quatro em linha
- Padrão cruzado

O **princípio da unidade ofensiva** tem por objetivo conferir coesão à equipe, proporcionando efetividade e equilíbrio entre as linhas (Costa et al., 2009). Ele é representado por ações coletivas, que conheceremos a seguir. Por contarem com a participação de mais de um atleta, serão classificadas em táticas de grupo e táticas de equipe. Lembre-se de que, antes de iniciar a aplicação dos conceitos referentes aos princípios fundamentais, mencionamos que, por se tratar de orientações individualizadas, seriam classificadas em táticas individuais. Seguindo nesse raciocínio, portanto, apresentaremos a seguir alguns comportamentos coletivos.

A **tática de grupo** recebe esse nome em virtude de a movimentação ser realizada por dois ou três atletas ao mesmo tempo e de forma sincronizada, possibilitando a ocupação inteligente do espaço de jogo. Tal movimentação é influenciada pelo contexto da partida, de modo que algumas movimentações são mais favoráveis que outras em determinadas situações. Além disso, vale ressaltar que podem ser utilizadas em qualquer desenho tático, desde que o ataque esteja estruturado.

Entre as táticas em grupo estão a **paralela** e a **diagonal**. A primeira é descrita dessa forma pelo fato de a trajetória da bola após o passe ser paralela à linha lateral. O movimento dos atletas pode ser configurado, de modo que alguns autores preferem chamá-la de *diagonal quebrada*. Isso ocorre porque o atleta que vai receber a bola desloca-se em diagonal ao atleta com a posse de bola e, em seguida, muda de direção (quebra) e vai para onde a bola será passada – no caso, paralela às linhas laterais. Já a diagonal é assim denominada porque o deslocamento e a linha da bola são diagonais em relação às linhas laterais da quadra. Seguindo nessas movimentações, observamos mais duas táticas de grupo bastante utilizadas: a pisada e a troca entre ala/pivô. A primeira representa uma manobra em que o jogador sem a posse de bola passa por trás do portador, com o objetivo de recebê-la através de uma "pisada". Nesse sentido, quem a detém espera a aproximação do companheiro até o momento que ambos estiverem sobrepostos, em que ocorre, então, a realização do fundamento. Já no caso da troca entre ala/pivô, o atleta que estava posicionado na ala segue para o espaço deixado pelo pivô, uma vez que este veio para a ala (Santana, 2008).

Ainda na classificação de táticas em grupo, verificamos a bola nas costas e o vai e vem. A primeira, também chamada de *ponto futuro*, consiste em o jogador se projetar nas costas de seu marcador para receber a bola – daí a dupla nomenclatura, uma vez que a bola será lançada em um espaço vazio. O vai e vem, por sua vez, também conhecido por *gato*, refere-se ao deslocamento sem bola após a realização de um passe, indo e voltando ao lugar de origem e, em seguida, deslocando-se para um espaço vazio. Esse comportamento visa ganhar espaço na quadra de ataque para receber a bola. Por fim, há mais duas variações envolvendo a troca de passes: a **tabela** e a **quebra de marcação**. A primeira consiste na transferência da bola para um companheiro, seguida por um deslocamento com a intenção de recebê-la de volta. Movimento semelhante é observado na quebra de marcação, entretanto, neste, quem serviu de base para a tabela, imediatamente após devolver a bola, busca um espaço vazio (Santana, 2008).

Assim, queremos chamar sua atenção para o fato de que a tática em grupo é composta por uma série de comportamentos evidenciados na tática individual. Durante a pisada, por exemplo, podemos verificar a aproximação do atleta que busca receber a bola. Da mesma forma, no **ponto futuro** está presente a ação de se projetar nas costas do marcador. Em outros casos, como na tabela, podemos verificar ações de "entrar" na bola e acelerar o passe. Você consegue perceber como partimos de situações simples para complexas? No início, apresentamos apenas as táticas individuais, as quais, ao contarem com a participação de um companheiro, atuando de forma ordenada, constituem-se em ações táticas de grupo. Por fim, a seguir, discutiremos a ação simultânea de todos os atletas de uma equipe que estão em quadra.

Dessa forma, quando uma equipe adota uma movimentação coordenada, envolvendo todos os seus jogadores, presenciamos uma **tática coletiva**. Caso os movimentos sejam realizados repetidamente, mantendo a posse de bola, buscando induzir o adversário ao desequilíbrio e construindo situações de finalização, dizemos que existe um padrão de jogo. Tal comportamento se assemelha a uma coreografia, em que cada jogador desempenha seu papel. Ela é composta por inúmeras trocas e rotações, sendo a responsável por orientar a dinâmica do ataque. A ideia principal desse tipo de comportamento é criar situações de finalização, obrigando os marcadores a se reajustarem continuamente, na intenção de fechar as constantes linhas de passe e de chute apresentadas. Nesse sentido, o deslocamento simultâneo dos jogadores aumenta o nível de exigência por parte dos defensores.

Os padrões são compostos por deslocamentos e trajetórias preestabelecidas, de modo que uns são mais dinâmicos que outros. Além disso, exigem um desenho tático característico e devem ser aplicados durante um ataque posicional. Entre os padrões ou táticas coletivas estão o redondo, o quatro em linha e o cruzado (Santana, 2008).

O **padrão redondo**, também conhecido como **circular** – em razão da forma de deslocamento dos jogadores –, é bastante dinâmico. Suas ações se iniciam no desenho tático 3-1. Assim, após realizar um passe, o jogador deve se movimentar por fora da defesa, ou seja, sem invadir o interior da quadra, deslocando-se no sentido oposto da bola. Simultaneamente ocorrem outros três deslocamentos: (1) quem recebeu a bola a conduz na direção de quem fez o passe; (2) o jogador mais adiantado se movimenta pela lateral, em direção à defesa; (3) o outro jogador se movimenta em direção ao centro. Essa movimentação tem o objetivo de desequilibrar a defesa adversária (Santana, 2008).

Já o **padrão quatro em linha**, também conhecido por **ataque pelo meio** ou **quatro pelo meio**, necessita dos desenhos táticos 3-1 ou 2-2. Sua principal característica é que, após um passe, o deslocamento deve ser realizado em diagonal para a quadra ofensiva. Em paralelo, ocorrem os seguintes movimentos: (a) quem recebeu o passe desloca-se para o centro da quadra; (b) o jogador mais adiantado sai pela lateral na direção de quem recebeu o passe (Santana, 2008).

O **padrão cruzado**, ou **troca ala/pivô**, exige menos trocas e rotações – consequentemente, é o menos dinâmico. Para sua execução, o desenho tático 1-2-1 se faz necessário. Nessa formação, o jogador que está na lateral da quadra faz o passe para o que está no centro e se desloca em sentido diagonal para o ataque. O jogador mais adiantado – no caso, o pivô – faz uma finta e desloca-se sentido à lateral da quadra para receber a bola. Esse comportamento determina o porquê de esse padrão ser conhecido como *troca ala/pivô*. A troca entre esses jogadores permite o passe do jogador do centro para a quadra de ataque, em direção ao pivô – esta seria uma opção, mas, caso algum tipo de variação fosse necessário, o lado de ataque poderia ser alterado (Santana, 2008).

Após a apresentação dos padrões, propomos o seguinte questionamento: Por quanto tempo as movimentações padronizadas devem ser realizadas? Elas podem ser aplicadas até o surgimento de uma situação favorável para finalizar; por isso, devem ser o mais objetivas possível. Afinal, a intenção é criar jogadas para a marcação do gol. Contudo, em alguns momentos, pode acontecer um desequilíbrio desejado na defesa adversária. Para proporcionar isso, as situações criadas devem ser as mais variadas e imprevisíveis possíveis, ajudando a envolver o adversário e dificultando sua atuação.

Até o momento, discutimos sobre as inúmeras possibilidades de ação ofensiva, passando por todos os níveis hierárquicos de estruturação no que diz respeito à quantidade de atletas envolvidos: tática individual, tática em grupo e tática coletiva. No próximo tópico, abordaremos as quais formas pelas quais o ataque pode ser articulado e as ações que podem ser realizadas para minimizar sua efetividade. À luz dessa ótica, analisaremos também os aspectos relacionados à fase defensiva.

3.4 Aspectos defensivos do futsal no alto rendimento

Como mencionamos na seção anterior, o alto rendimento não se resume aos momentos decisivos em que um gol é marcado. Por trás das ações que possibilitam ou impedem o acontecimento desse evento, há toda uma lógica que o subsidia. Os principais aspectos relacionados às ações ofensivas já foram abordados. Logo, restou apenas tratar das formas pelas quais o ataque pode ser desenvolvido. Essa divisão foi realizada para possibilitar um elo com as ações defensivas, que serão detalhadas a seguir.

Nesse sentido, iniciaremos nossa conversa definindo mais uma vez que a fase de ataque tem início quando a equipe tem o domínio da bola. Esse é o momento em que ela tem condições de desenvolver um ataque posicional ou um contra-ataque (Santana, 2008). A escolha por um dos dois será determinada pelo cenário em que a partida se encontra. Assim, ataques posicionais são desenvolvidos contra defesas organizadas – no caso do futsal, em situações de 4 × 4. Nessa situação de ataque, o tempo não é um imperativo para a atuação da equipe, ou seja, os atletas deverão ocupar os espaços da quadra de forma inteligente, valorizando a posse da bola até que seja criada a melhor oportunidade para finalizar. O contra-ataque, por sua vez, é caracterizado por uma passagem rápida da meia-quadra defensiva para a ofensiva. Seu início é representado por uma saída em velocidade rumo ao ataque após a recuperação da posse de bola. Já o término ocorre quando a finalização é efetuada ou quando o adversário consegue equilibrar seu sistema defensivo, passando, então, a configurar um ataque posicional. Nesse tipo de ação, os jogadores buscam as melhores posições da quadra para o arremate, preferencialmente em superioridade numérica ou em vantagem espacial.

Contrárias a essas ações estão as manobras defensivas, que visam recuperar a posse da bola ou, ao menos, dificultar a atividade do oponente, possibilitando a estruturação do sistema defensivo. Os objetivos atrelados à ação defensiva fazem parte dos **princípios operacionais de defesa**, lembra-se? Eles listam uma série de propósitos relativos a essa fase, entre os quais estão: recuperar a bola, impedir a progressão do adversário, reduzir o espaço de jogo adversário, anular as situações de finalização e proteger a própria baliza (Michelini et al., 2012). Em virtude do espaço reduzido em que o jogo é desenvolvido, todos os atletas devem realizar essas funções. Porém, cabe ressaltar que uma postura defensiva pode ser empregada ainda na fase de ataque, por meio da adoção de alguns cuidados, como a precisão do passe e a qualidade do chute, evitando que o adversário intercepte a trajetória da bola ou que o goleiro faça a defesa com facilidade, minimizando as chances de criação de um contra-ataque. Outro detalhe a ser observado é o comportamento dos companheiros sem a bola, os quais devem buscar um posicionamento que os permita defender rapidamente após a perda da posse.

Assim como foi feito com a fase de ataque, neste momento aplicaremos os **princípios fundamentais de defesa** discutidos na Seção 1.3 às ações específicas do futsal. Você se lembra de quais eram esses princípios? Novamente, salientamos que eles serão discutidos no decorrer do texto. Entretanto, uma breve consulta à referida seção poderá auxiliar para a fixação do conteúdo. Além disso, seguindo a mesma classificação adotada na fase de ataque, as ações serão classificadas em táticas individuais, de grupo e de equipe.

Iniciaremos relembrando que a contenção, a cobertura defensiva, o equilíbrio, a concentração e a unidade defensiva compõem os princípios fundamentais de defesa (Costa et al., 2009), os quais embasam o comportamento dos atletas em quadra. Nesse sentido, a tática individual é evidenciada em comportamentos individuais, a tática de grupo é denotada em situações que envolvem de dois a três atletas ao mesmo tempo, e a tática de equipe é empregada nos momentos em que ocorre a participação simultânea de todos. A esse respeito, a Figura 3.8 lista algumas ações e as distribui de acordo com a quantidade de atletas envolvidos no comportamento.

Figura 3.8 Aplicação dos princípios táticos no contexto do futsal: táticas individuais e tática de grupo

Princípios táticos	Táticas individuais		
Princípio da contenção	Aproximação	Abordagem	Carga
	Interceptação	Antecipação	
Princípio da cobertura defensiva	Marcar atrás de linha da bola	Manter o adversário e a bola em seu campo visual	

	Táticas em grupo	
Princípio do equilíbrio	Cobertura	Permuta
Princípio da concentração	Dobra de marcação	Troca de marcação

(Princípio da unidade ofensiva)

Diante do exposto, iniciaremos nossa discussão com as ações relacionadas à **tática individual**, a qual engloba os princípios de contenção e da cobertura defensiva. O **princípio da contenção** direciona as ações de oposição ao portador da bola (Costa et al., 2009). Aplicando esse conceito ao futsal, verificamos ações de aproximação, abordagem, carga, interceptação e antecipação. A seguir, realizaremos uma pequena descrição de cada uma delas.

A **aproximação** consiste em atuar próximo ao portador da bola, com a intenção de recuperá-la ou de atrapalhar o passe. Para tanto, o atleta deverá utilizar algum tipo de **abordagem**, que poderá ser agressiva ou passiva. No primeiro caso, o marcador ataca o adversário, buscando roubar-lhe a bola de uma vez. Já na segunda, o comportamento consiste em cercar o oponente, limitando as linhas de passe e conduzindo-o para uma zona da quadra em que ele não ofereça tanto perigo. Uma atuação intermediária entre essas duas formas de aproximação é a **carga**, em que o marcador utiliza contato físico, geralmente por meio da utilização do peito ou do ombro, para pressionar o adversário, dificultando sua atuação. Existem situações, ainda, em que a marcação é realizada em um potencial receptor da bola. Nelas, as manobras de **intercepção** e **antecipação** são as mais utilizadas. A primeira é evidenciada quando a trajetória da bola é cortada ou interrompida. Já a segunda ocorre quando o jogador toma a frente do adversário que receberia o passe. Ambas são visualizadas em marcações ativas (Santana, 2008).

Outro princípio que está presente na tática individual é o **da cobertura defensiva**, que direciona as ações para reforçar a marcação e dificultar o avanço do portador da bola (Costa et al., 2009). Segundo esse princípio, os atletas que participam da cobertura tornam-se novos obstáculos ao adversário. Portanto, marcar atrás da linha da bola é fundamental. Essa ação representa uma linha imaginária traçada perpendicularmente entre a bola e a quadra. Com esse posicionamento, o defensor tem totais condições de exercer o papel. Outro fundamento que deve ser adotado é manter o adversário e a bola em seu campo visual, o que auxilia na tomada de decisão sobre a proximidade que deve ser adotada em relação ao oponente. Quanto maior for a possibilidade de o adversário receber a bola, mais próximo dele o defensor deverá estar (Santana, 2008).

Seguindo para as situações que envolvem de dois a três jogadores, comentaremos a respeito das **táticas em grupo**. Elas compreendem os **princípios do equilíbrio** e **da concentração**. O primeiro prega a superioridade numérica ou, no mínimo, a igualdade durante a organização defensiva. Já o segundo direciona a movimentação dos atletas para as zonas da quadra em que há maior risco à baliza (Costa et al., 2009). Como as ações adotadas com base nesses princípios se complementam, optamos por não as classificar como pertencentes a um único princípio. Sob essa ótica, discutiremos sobre as ações de cobertura, permuta, dobra de marcação e troca de marcação. A **cobertura** consiste em auxiliar um companheiro de defesa que foi ou que corre o risco de ser superado pelo portador da bola. A **permuta**, por sua vez, ajuda no equilíbrio defensivo após a execução de uma situação de cobertura. Na permuta, portanto, o jogador que foi superado pelo rival ocupa o lugar de quem foi realizar sua cobertura. Buscando dificultar ainda mais essa ultrapassagem, em alguns casos pode ser adotada a **dobra de marcação**. Outra estratégia empregada para favorecer o equilíbrio e minimizar o desgaste dos defensores é fazer trocas de marcação (Santana, 2008). Observe como todas as ações discutidas têm um objetivo em comum: possibilitar a organização individual e coletiva durante a fase defensiva, tornando-a o mais eficiente possível.

Para finalizar, existe ainda o **princípio da unidade defensiva**, segundo o qual, a partir do momento em que a equipe não tem a posse da bola, todos são responsáveis por auxiliar no processo de retomada dela (Costa et al., 2009). Nesse sentido, fica evidente a presença da **tática de equipe**. Ela pode ser desenvolvida por meio de **marcação individual, por zona, mista, alternativa** e **múltipla** (Santana, 2008). Cada uma apresenta pontos positivos e negativos, e cabe ao treinador adotar o modelo mais adequado para determinada situação, com base nas características dos jogadores, no momento do jogo e no espaço da quadra. Além disso, com relação a esse espaço, chamamos sua atenção para mais um detalhe que deve orientar o comportamento coletivo durante a fase de defesa: o local do campo de jogo em que se inicia a marcação. Esse local é composto pelas chamadas *linhas defensivas*. Como existem diferentes parâmetros utilizados para sua classificação, é importante que os pontos de referência estejam bem definidos para os atletas. No geral, utilizam-se quatro linhas, sendo a linha 1 a mais próxima da meta adversária, e as demais aproximam-se cada vez mais da meta de defesa (Santana, 2008).

3.5 Aspectos gerais do treinamento no futsal

O treinamento desportivo é um procedimento planejado e organizado que se repete sistematicamente e envolve uma variedade de conteúdos aplicados por meio de uma sequência lógica (Issurin, 2010). Lembra-se dessa definição? Ela foi apresentada pela primeira vez na Seção 1.4 e discutida com mais detalhes na Seção 1.5. Na ocasião, aliás, comentamos a respeito das variáveis que influenciam no resultado de um programa de treinamento. Nesse sentido, queremos novamente chamar sua atenção para a importância de observar o processo de construção em busca do alto rendimento de forma ampla. Por isso, nesta seção, aplicaremos os conceitos teóricos debatidos até agora ao cenário do futsal.

Mas por onde iniciaremos? O ponto de partida de todo o processo de preparação deve ser a elaboração de um **planejamento**. A partir dele, direcionamos nossas ações em busca de objetivos preestabelecidos, os quais variam conforme a realidade de cada equipe. No entanto, um ponto sempre será comum independentemente da realidade da equipe em questão: a **busca por vitórias**. Porém, essa busca ocorrerá em qual competição? Ou, melhor, de quais competições a equipe participará? Com a definição clara dos objetivos e do cenário das competições, poderemos dar sequência ao planejamento da temporada.

Na esteira desse raciocínio, vamos supor que nosso objetivo seja ficar entre os quatro primeiros colocados na competição nacional – perceba que acabamos de falar em realidades distintas, pois, quanto maiores forem as metas, melhores deverão ser as condições de trabalho, incluindo espaço físico e material humano. Certamente, o objetivo de todos que participam de uma competição é conquistar o título. Entretanto, para isso, é necessária uma preparação bem elaborada e muita qualidade no que diz respeito ao nível dos atletas. Inclusive, esse nível foge ao nosso controle, embora a elaboração do treinamento possa e deva ser bem ajustada para atingir tal nível elevado. Pois bem, vamos partir do princípio de que contamos com um elenco equilibrado, formado por jogadores versáteis, capazes de possibilitar variadas estratégias de jogo.

Quanto tempo temos de preparação até o início da competição? Esse detalhe é fundamental para direcionarmos a ênfase dada ao conteúdo do treinamento, uma vez que a distribuição de cargas e de conteúdos deve ser feita nessa fase inicial. Outro detalhe que merece atenção durante a seleção dos conteúdos refere-se ao período que antecede a apresentação dos atletas. Como exemplo, podemos citar uma equipe que manteve praticamente todo o elenco e realizou apenas contratações pontuais. Nesse sentido, os atletas já estão familiarizados com a metodologia de trabalho e com o esquema de jogo. Além disso, o período de transição no referido exemplo coincide com o período de férias, o qual é comum a todos, composto por 30 dias. Imaginemos que apenas dois atletas, por estarem retornando de lesão, apresentarão um período maior de inatividade (essa é uma situação hipotética, utilizada apenas para facilitar a construção do raciocínio).

Você percebe como conseguimos ter uma ideia de quais serão as necessidades do elenco mesmo antes de iniciar o treinamento? Esse fato, somado à data de início da competição (50 dias após a apresentação) e às caraterísticas das competições de que a equipe participará (em um calendário com duração aproximada de dez meses, em uma média de dois a três jogos semanais), permite um planejamento com antecedência. Quando os atletas se apresentarem para iniciar os treinamentos, um esboço bem elaborado de toda a temporada já deverá estar preparado. Nesse momento, pouco após a apresentação, algumas **avaliações físicas** precisarão ser realizadas para que tenhamos um diagnóstico do nível de condicionamento dos atletas. Com base nos resultados, certos ajustes no planejamento deverão ser realizados.

Seguindo no raciocínio, vamos supor que, antes de entrarem em férias, fornecemos uma cartilha contendo algumas orientações de atividades que poderiam ser realizadas nesse período. Alguns atletas seguiram rigorosamente as recomendações, mantendo níveis satisfatórios para o momento da apresentação em determinados parâmetros físicos. Por sua vez, outros não realizaram absolutamente nenhum tipo de exercício durante essa transição e se apresentaram para os treinamentos com um nível bem abaixo do esperado. Você se lembra da individualização da sobrecarga? Ela compõe um dos princípios do treinamento tratados na Seção 1.5. Logo, até que os dois perfis apresentem condições físicas semelhantes, o conteúdo do treinamento deverá ser diferenciado. Nesse sentido, algumas possíveis estratégias poderão referir-se à adoção de sessões extras de treinamento, à realização de complementos após a sessão coletiva ou, até mesmo, à alteração do conteúdo principal programado.

Até o momento, discutimos os aspectos físicos. Mas e os **aspectos técnico-táticos**, como deverão ser abordados? Algumas metodologias de treinamento defendem a presença da bola desde o primeiro dia de atividade, e isso pode, sim, ser possível. No entanto, é fundamental que sejam respeitados alguns princípios do treinamento, como a aplicação de sobrecarga crescente e a relação entre a sobrecarga e a recuperação. O corpo, em nível celular, não reconhece se determinada atividade está sendo desenvolvida com bola ou se é puramente física. Ele simplesmente se ajustará ao estímulo que está recebendo (Balbino, 2005). Contudo, atividades exclusivamente físicas permitem maior controle das variáveis que configuram a carga de treinamento.

Com relação aos aspectos técnico-táticos que serão desenvolvidos nas sessões iniciais, podemos utilizar os parâmetros aplicados nas Seções 3.3 e 3.4 para nos auxiliar. Você se recorda dos princípios operacionais? Como já mencionamos, eles descrevem que, durante a fase de ataque, uma equipe deverá conservar a bola, progredir pelo campo adversário, construir ações ofensivas, criar situações de finalização e finalizar na baliza adversária. Já durante a fase de defesa os objetivos serão recuperar a bola, impedir a progressão do adversário, reduzir o espaço de jogo do oponente, anular as situações de finalização e proteger a própria baliza (Michelini et al., 2012). Esses objetivos podem servir de base para a elaboração e a distribuição dos conteúdos do treinamento. Adotando como exemplo a fase de ataque, nos primeiros treinamentos, poderemos exigir a execução de conteúdos simples, como apenas a conservação da posse de bola. Outras atividades, por sua vez, poderão ser direcionadas exclusivamente para a construção de ações ofensivas, e assim vamos distribuindo o conteúdo até que sejam criadas situações mais complexas. Esse tipo de estruturação permite que determinados comportamentos sejam aprimorados e estejam presentes em todas as fases de preparação. Cabe ressaltar que, independentemente da complexidade, o exercício deve ser sempre contextualizado.

Seguindo na distribuição do conteúdo, imagine uma situação em que determinada equipe não planejou seu processo de preparação. Consequentemente, a possibilidade de acontecer algum tipo de desequilíbrio entre as exigências do jogo será grande. Durante a temporada, os treinos foram prescritos de maneira aleatória, semana a semana. Passadas as primeiras rodadas da competição, o treinador observou que sua equipe estava fazendo poucos gols. O que ele fez? Na semana seguinte, inseriu treinamentos específicos de finalização, todos os dias. O resultado foi que os atletas ficaram sobrecarregados, e a eficiência, mesmo assim, não melhorou. Já pensaram que esse déficit poderia estar relacionado à criação de situações para finalizar? Está claro que, quanto mais eficiente um ataque for, melhor será. Entretanto, quanto maiores forem as possibilidades de finalizar, maiores também serão as chances de sucesso.

Nesse sentido, a distribuição dos conteúdos de maneira planejada permite um acompanhamento direto de todo o processo de preparação. No referido exemplo, a adoção desse tipo de prática teria auxiliado na equalização dos conteúdos, e mesmo que a falta de gols fosse observada, o controle da execução dos treinamentos permitiria que fossem realizados ajustes pontuais em seu conteúdo. Com base nisso, o treinador poderia adotar como estratégia modificar a característica dos exercícios ou, até mesmo, sua forma de realização. A esse respeito, você se lembra das táticas individuais de ataque discutidas na Seção 3.3? Entre elas, estavam ações de projetar-se nas costas do marcador, abrir espaço e "entrar" na bola. Não poderiam ser essas as ações que estão faltando para a equipe aumentar o número de gols marcados?

Perceba como os conceitos apresentados no decorrer do livro têm aplicação prática. Como dissemos anteriormente, eles servem para orientar a elaboração, a prescrição, a execução e o controle das ações que envolvem as modalidades coletivas. Dessa forma, procuramos apresentar, no contexto do futsal, algumas possibilidades que podem ser vivenciadas, além de maneiras pelas quais elas podem ser resolvidas. Conforme já informamos, nosso objetivo não foi fornecer atividades prontas para ser replicadas, mas sim proporcionar um referencial teórico capaz de orientá-lo e auxiliá-lo nas mais variadas situações que serão apresentadas na vida profissional.

Síntese

Neste capítulo, procuramos, inicialmente, abordar as características gerais do futsal, juntamente às exigências físicas, uma vez que estas são consequências das primeiras. Além disso, apresentamos as variações de comportamento individual e coletivo evidenciados nas fases de ataque e defesa. Também fizemos um *link* com os princípios táticos discutidos no primeiro capítulo, demonstrando a aplicação deles nas mais variadas situações. Por fim, aplicamos ao contexto deste capítulo outro conteúdo já desenvolvido: os princípios do treinamento. Com base nele, analisamos os principais aspectos que devem ser considerados durante a elaboração de um programa de exercícios. Salientamos que o mesmo raciocínio aplicado neste texto poderá servir de base para as demais modalidades.

Atividades de autoavaliação

1. Analise as assertivas a seguir e marque V para as verdadeiras e F para as falsas.

    ( ) O futsal é praticado em um contexto permanentemente variável, exigindo de seus praticantes um elevado nível de cooperação e de inteligência.

    ( ) A escassez de espaço faz com que as ações de ataque primem pela rotação de seus jogadores.

    ( ) O controle da carga de um jogo de futsal deve ser feito por meio de parâmetros relativos. Tal medida possibilita a comparação de atletas que participaram de diferentes momentos do jogo.

    ( ) O tempo de intervalo entre as ações de uma partida possibilita uma recuperação completa dos estoques de energia. Isso pode ser verificado pelo fato de os valores de frequência cardíaca permanecerem situados frequentemente abaixo de 150 bpm.

    Agora, assinale a alternativa que apresenta a sequência correta:

    a) V, F, V, F.
    b) V, F, V, V.
    c) F, V, V, F.
    d) V, V, V, F.
    e) F, V, F, V.

2. Relacione corretamente os elementos às respectivas características.

   I. Fixo
   II. Ações técnico-táticas
   III. Ações tático-técnicas
   IV. Pivô

   ( ) Ocupa as posições mais avançadas, atuando no jogo ofensivo e finalizador.
   ( ) Determinados tipos de conduta que se suportem em um ou mais gestos.
   ( ) Execução de determinados gestos que se apoiem em determinados tipos de conduta.
   ( ) Ocupa uma posição mais recuada no desenho tático, sendo o principal responsável por marcar o atacante finalizador.

   Agora, assinale a alternativa que apresenta a sequência correta:

   a) II, I, III, IV.
   b) IV, III, II, I.
   c) IV, II, III, I.
   d) II, I, IV, III.
   e) IV, III, I, II.

3. Relacione corretamente os elementos às respectivas características.

   I. Jogar à frente da linha da bola.
   II. Flutuação
   III. "Entrar" na bola
   IV. Abrir espaço

   ( ) Aproximação dos companheiros ao portador da bola, fornecendo opções ofensivas para a sequência do jogo.
   ( ) Induzir a realização de passes verticais e permitir a progressão da equipe pelo campo de jogo.
   ( ) Ato que consiste em levar a marcação consigo, diminuindo a pressão exercida no portador da bola.

( ) Fato de sempre receber a bola em movimento.

Agora, assinale a alternativa que apresenta a sequência correta:

a) II, I, III, IV.
b) IV, III, II, I.
c) IV, II, III, I.
d) II, I, IV, III.
e) II, III, IV, I.

4. Analise as assertivas a seguir e marque V para as verdadeiras e F para as falsas.

( ) As ações defensivas visam à recuperação da posse de bola ou, ao menos, dificultar a atividade do oponente.

( ) Constituem princípios operacionais de defesa: recuperar a bola, impedir a progressão do adversário, reduzir o espaço de jogo adversário, anular as situações de finalização e proteger a própria baliza.

( ) A postura defensiva só é evidente quando a equipe está sem a posse de bola.

( ) Aproximação, abordagem, carga, interceptação e antecipação são exemplos de tática individual.

Agora, assinale a alternativa que apresenta a sequência correta:

a) V, F, V, F.
b) V, F, V, V.
c) F, V, V, F.
d) V, V, F, V.
e) F, V, F, V.

5. Analise as assertivas a seguir.

I. O processo de elaboração de um programa de treinamento deve ser considerado de maneira ampla.

II. O planejamento do treinamento direciona as ações em busca dos objetivos preestabelecidos.

III. As avaliações físicas subsidiam a realização de ajustes no planejamento de treinos.

IV. As primeiras sessões de treinamento devem ser exclusivamente físicas, evitando-se qualquer tipo de atividades com bola.

Agora, assinale a alternativa que apresenta apenas as afirmativas corretas:

a) I e II.
b) I, II e III.
c) I, II e IV.
d) II, III e IV.
e) I, II, III e IV.

Atividades de aprendizagem

Questões para reflexão

1. Observe as movimentações que acontecem durante um jogo de futsal. Procure acompanhar quanto tempo uma equipe permanece com a bola até finalizar a gol. Nesse momento em que está com a posse de bola, quais são as ações ofensivas utilizadas? Discuta com seus colegas.

2. Aproveitando a análise realizada na atividade anterior, discuta como é o comportamento da outra equipe durante a fase de defesa. Utilize os conceitos apresentados na Seção 3.4 para embasar sua argumentação.

Atividade aplicada: prática

1. Escolha uma equipe que participa da Liga Nacional de Futsal e pesquise como seus jogos estão distribuídos na tabela dessa

competição. Com base nisso, elabore um planejamento de treinamento desde a apresentação até os cinco primeiros jogos da competição. Os atletas estarão retornando de quatro semanas de férias e terão quatro semanas de treinamento até a estreia. Procure aplicar os conceitos discutidos nos Capítulos 1 e 3 para a construção do processo.

Capítulo 4

Esportes de alto rendimento: voleibol

Neste capítulo, discutiremos as principais características do voleibol. Para isso, abordaremos as ações do jogo, os fundamentos técnicos, os sistemas táticos e as exigências físicas da modalidade. Buscaremos evidenciar os diversos aspectos que envolvem o alto rendimento e, assim, fornecer subsídios para você realizar intervenções práticas. Bons estudos!

4.1 Características do voleibol

O voleibol é um dos esportes que mais modificou suas regras ao longo dos anos. Essas medidas foram adotadas em virtude das exigências que surgiram em decorrência de sua prática, as quais geraram a necessidade de ajustes para torná-lo mais atrativo. As alterações resultaram em uma variedade de ações motoras ofensivas e defensivas, ocasionando maior complexidade físico-técnico-tática (Anfilo, 2003). Mesmo com essas adaptações, a característica que mais se destaca permanece sendo a essência do voleibol: duas equipes que ocupam diferentes espaços da quadra e participam de maneira alternada do jogo. Assim, enquanto uma equipe está com a bola, preparando ações de ataque, o time adversário se prepara para defender, sem a possibilidade de obter a posse de bola até que ocorra a ação de ataque de seu oponente. Tais características diferenciam o voleibol das demais modalidades coletivas que serão trabalhadas nesta obra.

De acordo com a Confederação Brasileira de Voleibol (CBV, 2020), a partida é disputada em uma **quadra** retangular, simétrica, medindo 18 × 9 m, circundada por uma zona livre de no mínimo 3 m de largura em todos os lados. A zona de saque é situada atrás de cada linha de fundo, com 9 m de largura, ou seja, compreende toda a extensão da quadra. A linha central divide a quadra de jogo em duas partes iguais, com medidas de 9 x 9 metros, e se estende sob a rede, de uma linha lateral até a outra. Em cada parte (9 × 9) da quadra há uma linha de ataque, que fica a 3 metros de distância da linha central, demarcando, assim, a zona de ataque. Para competições mundiais e oficiais da Federação Internacional de Voleibol (FIVB), a linha de ataque deve ser estendida além das linhas laterais, com a adição de linhas pontilhadas com comprimento de 1,75 m. Esses aspectos podem ser visualizados na Figura 4.1, a seguir.

Figura 4.1 A quadra de voleibol

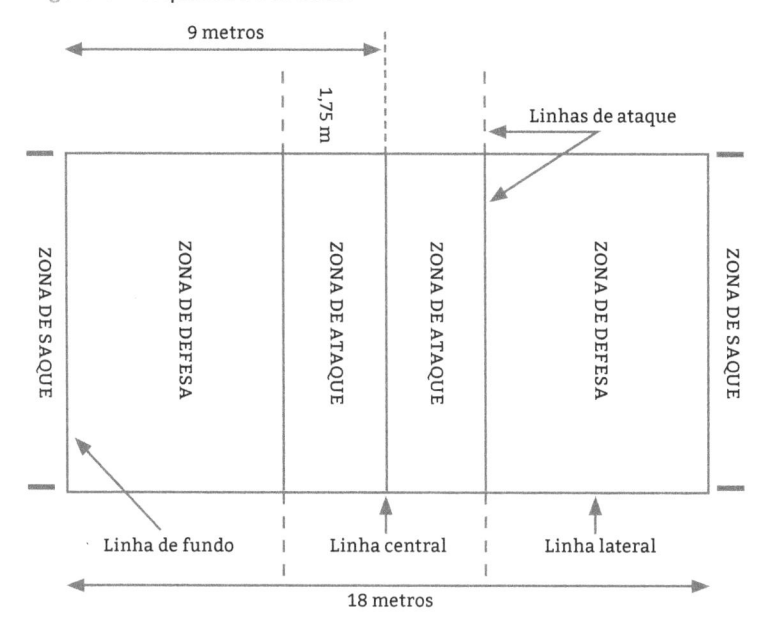

```
         9 metros
                1,75 m
                              Linhas de ataque

ZONA DE SAQUE | ZONA DE DEFESA | ZONA DE ATAQUE | ZONA DE ATAQUE | ZONA DE DEFESA | ZONA DE SAQUE

    Linha de fundo    Linha central    Linha lateral
                    18 metros
```

De acordo com a CBV (2020), o espaço de jogo é dividido por uma rede de 1 m de largura por 9,5 ou 10 m de comprimento. Para competições oficiais, a parte superior da rede deve ter altura de 2,43 m para homens e 2,24 m para mulheres. Além disso, duas faixas laterais brancas são colocadas e tensionadas verticalmente à rede, diretamente acima de cada linha lateral. Na faixa lateral, deve ser colocada uma antena flexível com 1,8 m de comprimento e 10 milímetros de diâmetro. Cabe ressaltar que as antenas são parte da rede e delimitam lateralmente o espaço de cruzamento da bola.

Abordadas as principais características referentes à quadra, discutiremos, agora, a **formação das equipes**. Elas são constituídas por até 12 jogadores, e destes, apenas 6 entram em quadra participando do jogo. Os demais devem permanecer sentados no banco ou em sua área de aquecimento. Assim, os atletas que iniciam a partida devem posicionar-se em uma formação específica, indicando a ordem de rotação em quadra. Essa organização deve ser mantida durante todo o *set*. Nesse sentido, a posição de cada atleta é representada por números (Figura 4.2) que indicam a formação inicial, a qual precisa ser respeitada até o momento em que a bola é golpeada pelo sacador. Nesse momento, cada equipe deve estar posicionada dentro de sua própria quadra respeitando a ordem de rotação: os três jogadores próximos à rede ocupam as posições 4, 3 e 2, e os outros três jogadores ocupam as posições 5, 6 e 1.

Figura 4.2 Formação inicial e ordem de rotação

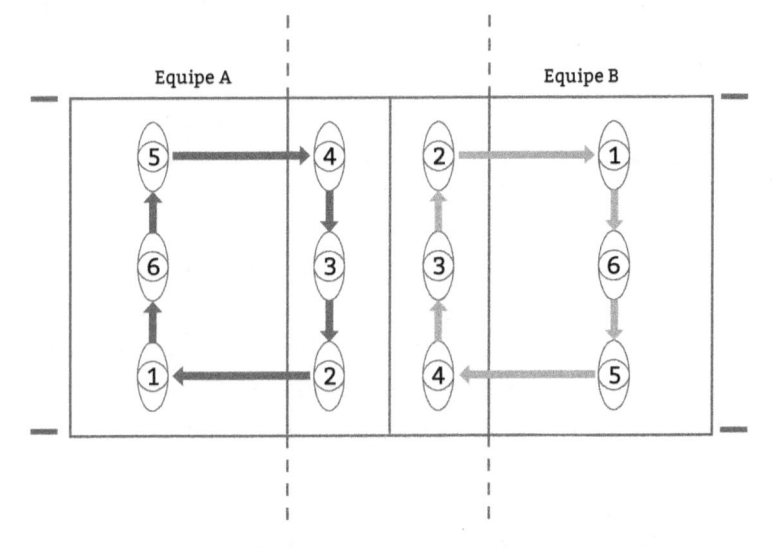

A **ordem de rotação** é determinada com base na formação inicial e controlada de acordo com a ordem de saque. Quando a equipe ganha o direito de sacar (equipe que estava sendo receptora do saque adversário), os jogadores rodam no sentido horário, a partir do jogador 2, que vai para a posição 1, e assim sucessivamente (Figura 4.2). Após a realização do saque, tem início uma sequência de ações de jogo, conhecida como *rally*.

O vencedor dessa sequência marca o ponto e tem o direito de sacar. O jogo segue dessa forma até que uma equipe conquiste três dos cinco *sets* disputados.

Com relação ao ***set***, ele é vencido pela equipe que alcançar primeiro os 25 pontos, com uma diferença mínima de dois pontos: ou seja, em caso de empate em 24 × 24, o jogo continua até que uma diferença de dois pontos seja atingida. No caso do empate de 2 × 2 *sets*, um quinto e decisivo *set* é disputado, o qual é vencido pela equipe que marcar primeiro 15 pontos, também com diferença mínima de dois pontos (CBV, 2020).

Essas características básicas é que embasam as exigências físicas, técnicas e táticas de uma partida de alto nível. Sob essa ótica, o planejamento e o desenvolvimento do treinamento devem ser orientados pelas características e regras do jogo. As **regras**, como já mencionamos no início deste capítulo, passaram por uma série de modificações que tornaram o jogo mais veloz (Anfilo, 2003). Podemos observar isso por meio das manifestações de força e potência evidenciadas durante uma partida. Diante das regras e sua influência para a característica da modalidade, podemos definir o voleibol como uma **modalidade intermitente**, assim caracterizada por exigir dos atletas a realização de esforços de curta duração e alta intensidade, intercalados por períodos de baixa intensidade, principalmente em razão do tempo de pausa prolongado após cada ponto. Nesse sentido, as ações que determinam a vitória estão relacionadas à aptidão neuromuscular, presenciada em deslocamentos curtos e rápidos, saltos e gestos técnicos (Lidor; Ziv, 2010).

Por esse ângulo, o treinamento do voleibol deve envolver diferentes elementos (técnicos, táticos e físicos) realizados coletivamente (Rizola Neto, 2004). Além disso, na elaboração desse processo, uma análise detalhada da frequência de jogo é fundamental, sendo determinante para a distribuição dos conteúdos de treinamento. O cenário nacional apresenta uma alta frequência de jogos para equipes profissionais. Durante a Super Liga Masculina e Feminina, por exemplo, o intervalo entre os jogos varia de três a seis dias (CBV, 2020). Já em competições internacionais, esse intervalo é ainda menor: nos Campeonatos Mundiais de Voleibol Masculino e Feminino, por exemplo, os jogos podem ser separados por apenas um dia. Isso exige um planejamento bem estruturado e a utilização de metodologias eficazes de recuperação muscular.

Nas próximas seções, aprofundaremos os aspectos táticos, técnicos e físicos do alto rendimento no voleibol, buscando fornecer subsídios para sua atuação profissional.

4.2 Aspectos técnicos do voleibol no alto rendimento

Podemos considerar como fundamentos básicos do voleibol: saque, recepção, levantamento, ataque, bloqueio e defesa. Por sua vez, as técnicas são: toque, manchete, cortada, bloqueio e rolamento.

Esses movimentos são realizados durante uma partida em diferentes situações e com variadas frequências. Entretanto, em apenas um *rally*, podemos verificar a manifestação de todos esses fundamentos e técnicas. Dessa forma, o voleibol é determinado por complexos de jogo, os quais auxiliam na compreensão organizacional e comunicativa das equipes (Costa et al., 2011). Assim, existem dois complexos distintos: o Complexo I envolve a recepção, o levantamento e o ataque; o Complexo II é compreendido por bloqueio, defesa, levantamento e ataque (Figura 4.3). Salientamos que tais fundamentos não apresentam uma ordem definida, uma vez que, a partir do saque, o ponto já pode ser anotado – o contexto do jogo é que definirá sua execução.

Figura 4.3 Fundamentos e técnicas durante a disputa do ponto no voleibol (complexos I e II).

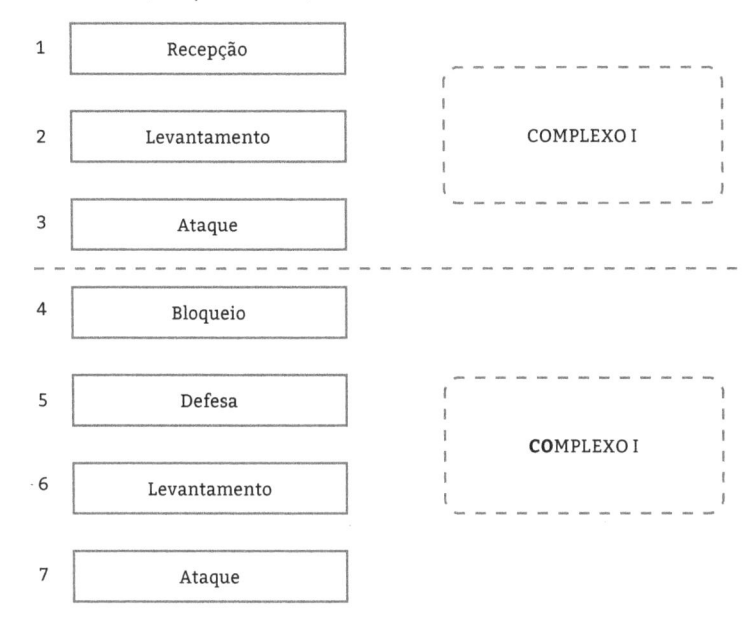

#	Fundamento	Complexo
1	Recepção	
2	Levantamento	COMPLEXO I
3	Ataque	
4	Bloqueio	
5	Defesa	
6	Levantamento	COMPLEXO II
7	Ataque	

Por ser a posição inicial para a execução de qualquer fundamento, iniciaremos nossa discussão com a **posição de expectativa**, também conhecida como *posição preparatória* (Rizola Neto, 2004). Ela é utilizada para possibilitar uma rápida resposta motora à ação que está ocorrendo. Nessa posição, as pernas devem estar afastadas, com os joelhos semiflexionados, o tronco inclinado à frente e os braços posicionados à frente do corpo. A partir desse posicionamento, resultam algumas ações técnicas, como **manchete** e **toque**. A primeira consiste no ato de contatar a bola com a parte média superior dos antebraços, sendo a ação técnica mais utilizada para recepcionar saques e realizar defesas de ataque. O ponto de contato com a bola deve ocorrer com os antebraços estendidos e de maneira coordenada, enquanto as pernas estão afastadas e semiflexionadas. Já o toque é realizado por meio de um contato na bola com as mãos à altura ou acima da cabeça, dedos levemente flexionados e polegares e indicadores formando um triângulo. Esse movimento exige a coordenação de membros superiores e inferiores, visto que, ao tocar a mão na bola, os braços e as pernas devem estender-se simultaneamente para a efetividade da técnica. Cabe ressaltar que, por conta das circunstâncias do jogo, esse fundamento pode ser executado em diferentes direções, como: toque para frente, toque lateral, toque de costas e, por último, toque em suspensão – variação em que o atleta realiza um pequeno salto antes de efetuá-lo (Rizola Neto, 2004).

Neste momento, por questões didáticas, apresentaremos os fundamentos em uma sequência que frequentemente é visualizada nos jogos. Entretanto, novamente enfatizamos que tais fundamentos não necessariamente precisam acontecer nessa ordem, sobretudo no alto rendimento, caracterizado por apresentar um jogo extremamente dinâmico.

Assim, o **saque** é o fundamento que inicia as ações motoras do voleibol. Dessa forma, o atleta que ocupa a posição 1 (Figura 4.2) é o responsável por começar o *rally*. Sua execução envolve o ato de golpear a bola com uma das mãos, fazendo com que ela seja direcionada para a quadra de jogo adversária. De maneira geral, o saque pode ser realizado "por baixo" ou "por cima" (como ocorre no tênis). O saque "por baixo" é comum apenas na iniciação. Existe também, como dito, o saque "por cima", além do saque em suspensão, adotado por jogadores de alto rendimento. O saque "por cima" é representado por um lançamento vertical da bola, seguido por um golpe acima da altura da cabeça. Já o saque em suspensão é realizado com um salto. Independentemente da ação adotada, o ponto principal será sua imprevisibilidade. Os atletas devem alterar a direção e a força da bola, dificultando a ação do adversário, uma vez que a recepção é o ponto de partida para o ataque rival (Rizola Neto, 2004).

Por sua vez, a **recepção** tem sido realizada, na maioria das vezes, com a manchete, em virtude da potência com que a bola chega, conferindo, assim, maior precisão ao fundamento. De acordo com Rizola Neto (2004), essa técnica não deve ser treinada apenas de forma analítica, ou seja, fragmentada e fora do contexto do jogo, mas sim de maneira mista, podendo ser trabalhada de 10 a 15 minutos com métodos analíticos, para a fixação e, em seguida, realizada no contexto de jogo, de forma global, por exemplo. Além do domínio da técnica, o receptor necessita apresentar uma boa análise da trajetória da bola para que a recepção seja eficiente. Nesse sentido, a posição de expectativa deve ser ajustada em virtude da característica do saque.

Dando sequência ao *rally*, após a recepção ocorre o **levantamento**, momento em que o levantador é o responsável por organizar e distribuir as jogadas de ataque. Por isso, esse atleta deve apresentar recursos técnicos refinados e ser imprevisível em suas jogadas. Geralmente, essa ação é realizada por meio do toque, em razão à sua precisão; entretanto, em alguns momentos, é necessário utilizar a manchete. Entre suas variações estão o levantamento alto, o médio e o curto, que se referem a movimentos decididos após uma análise do posicionamento adversário, exigindo uma boa capacidade de observação por parte desses atletas. Na maioria das vezes, a bola é levantada nas posições 4 (entrada de rede), 2 (saída de rede) e 3 (meio de rede) (Figura 4.2).

Após o levantamento, o atacante faz o **ataque**. A ação que envolve a técnica de cortada diz respeito à forma mais eficiente de atacar e conseguir pontuar, representada por um ataque à bola com uma das mãos, sobre a rede, para a quadra adversária, por meio de um movimento coordenado e em suspensão. Sua execução pode variar de acordo com a altura da bola em relação à rede e conforme a velocidade da ação, recebendo as seguintes classificações: ataque potente, ataque colocado, largadas (sem muita força, apenas desviando a bola dos adversários e direcionando-a para o solo da quadra adversária) e explorando o bloqueio (buscando fazer com que a bola toque no adversário). Esse tipo de ação é característico de cada jogador, mas pode ser dividido em cinco fases: (1) corrida de aproximação; (2) salto; (3) balanço dos braços;

(4) golpe na bola; (5) aterrissagem. Para a execução eficiente de todas essas etapas, o atleta precisa ter uma boa coordenação e potência muscular. Mediante da análise dessas fases, podemos observar que uma das maiores falhas encontradas na execução desse gesto técnico pode estar relacionada à antecipação do salto, bem como à relação levantador-atacante, à qualidade de recepção e ao tempo de ataque, fundamentos que devem ser insistentemente trabalhados (FIVB, 2020; Rizola Neto, 2004).

Buscando neutralizar a eficiência do ataque e, até mesmo, favorecer-se dessa situação, um fundamento muito utilizado no alto nível é o **bloqueio**, que consiste em interceptar ou amortecer a ação do rival por meio da formação de uma barreira constituída por um, dois ou três jogadores, que, em suspensão, utilizam os braços estendidos por cima da borda superior da rede para bloquear o ataque. Vale ressaltar que o bloqueio é um dos fundamentos técnicos que apresentou maior evolução nos últimos anos, tornando-se, inclusive, um meio para buscar o ponto. Sua execução passa por cinco situações: (1) posição básica; (2) movimentação específica em preparação para o salto; (3) salto seguido do bloqueio propriamente dito; (4) queda; (5) retorno à situação de jogo. Com o que foi discutido até aqui, você acreditam que a estatura é um determinante para o sucesso na execução do bloqueio? Certamente ela apresenta uma alta relação com a eficácia desse fundamento, entretanto, essa qualidade deve estar associada a um bom tempo de salto, a uma capacidade de invasão por cima da rede com correta posição de apoio dos atletas e à habilidade de não indicar a movimentação dos bloqueadores até os últimos momentos (Rizola Neto, 2004).

Caso essa ação não seja efetiva, outro fundamento deverá ser executado: a **defesa**. Ela tem por objetivo recuperar a bola, ao mesmo tempo em que cria condições para contra-atacar. Entre os fundamentos técnicos empregados nesse processo, a manchete é o principal recurso. Muito disso se deve à sua precisão, porém, é importante ressaltar que a defesa pode ser executada com qualquer parte do corpo, desde que não ocorra a condução da bola.

No alto rendimento, a boa defesa e a eficiente recepção são fundamentais para alcançar a vitória, ainda mais ao considerarmos a similaridade do nível técnico apresentado entre as equipes. Em razão da relevância desses fundamentos, uma posição específica para desempenhar tal papel foi criada: o **líbero**. Esse atleta tem o objetivo de reduzir a vantagem do atacante em relação ao sistema defensivo, proporcionando maior equilíbrio ao *rally*, uma vez que a bola permanece mais tempo em jogo. Nesse sentido, esse jogador torna-se um especialista na recepção e na defesa. Mas, de acordo com as regras, ele pode atuar somente nas posições da área de defesa da quadra (posições 1, 5 ou 6) (CBV, 2020). Assim, geralmente, o líbero substitui o atacante central, após este finalizar sua ação no saque (Rizola Neto, 2004). Reforçamos, no entanto, que defender não é apenas função do líbero; os sacadores geralmente procuram os outros jogadores para fazer a defesa do saque, minimizando a atuação do especialista. Dessa forma, os demais atletas também devem estar aptos para desempenhar essa função.

A sequência do *rally* demonstra o quão complexas são as habilidades específicas do voleibol, evidenciando sua importância para o rendimento. Sob essa ótica, podemos definir a habilidade motora como uma ação ou tarefa complexa e intencional que envolve toda uma cadeia de mecanismos sensórios, centrais e motores, a qual, mediante o processo de aprendizagem, tornou-se organizada e coordenada para alcançar objetivos predeterminados com máxima certeza (Rizola Neto, 2004). Assim, espera-se, no alto nível, que um jogador de voleibol execute as ações técnicas de maneira organizada e coordenada, com máxima eficiência (execução correta da técnica) e eficácia (obtenção de sucesso).

As ações até aqui discutidas podem ser consideradas uma combinação de movimentos fundamentais executados com precisão e controle. Nesse sentido, levando em consideração o ataque ou a cortada do voleibol, por exemplo, podemos observar a realização de ações com alto nível de precisão e controle de movimentos fundamentais, como correr e saltar. Além disso, se pensarmos que o voleibol é uma modalidade esportiva coletiva, o jogador de alto nível precisa de um elevado *timing* antecipatório – ou seja, ele necessita de uma ação externa para responder de maneira satisfatória (Anfilo, 2003). Vamos pensar da seguinte maneira: para realizar um ataque efetivo no voleibol, é importante que o atacante que recebe a bola para a execução de uma cortada tenha uma boa percepção do deslocamento dos adversários que poderão executar o bloqueio e, também, do posicionamento dos jogadores que estão na linha de defesa.

Considerando esses aspectos, as ações ofensivas e defensivas do voleibol têm características imprevisíveis no tempo e no espaço, e, por exemplo, é muito difícil para um jogador na linha de defesa prever com sucesso as ações dos jogadores adversários e a trajetória da bola. Portanto, podemos afirmar que, durante o jogo, são executadas habilidades motoras abertas (ambiente instável, ou seja, o objeto manipulado ou o contexto modificam-se durante a execução da tarefa) e fechadas (ambiente estável, isto é, as alterações do ambiente não influenciam a execução do movimento). Como exemplo, durante uma partida, as ações ofensivas e defensivas podem ser consideradas abertas, ao passo que o saque pode ser considerado uma habilidade motora fechada. Tais características conferem ao voleibol grande complexidade, exigindo dos atletas uma constante adaptação (Costa et al., 2011). Nesse sentido, o treinamento técnico no alto rendimento deve expor os jogadores às mais variadas situações, proporcionando que eles vivenciem os problemas que deverão ser solucionados nos jogos.

4.3 Aspectos táticos do voleibol no alto rendimento

Durante uma partida de voleibol, os fundamentos técnicos estão relacionados às ações táticas. Nesse sentido, a **tática de jogo** pode ser definida como a forma como os jogadores e a equipe gerenciam os momentos vivenciados na partida. Assim, ela constitui o comportamento racional, relacionado ao desempenho individual e coletivo, tendo como principal objetivo auxiliar a tomada de decisão referente à ação que melhor solucione o problema enfrentado (Garganta, 2000).

Essas ações, mais precisamente as ações táticas, estão relacionadas ao nível técnico dos jogadores. Somente com excelente domínio dos fundamentos será possível realizá-las com efetividade. Em outras palavras, os fundamentos técnicos podem ser considerados como um dos elementos essenciais para a execução das ações táticas em equipes de alto rendimento, uma vez que a velocidade e a variedade das ações são dependentes da eficácia das ações técnicas (Costa et al., 2011). Além disso, essas ações não se repetem de maneira idêntica ao longo de um jogo. Dessa forma, um modelo de jogo estruturado, estabelecido pelo treinador, pode ser importante para a tomada de decisão dos jogadores durante a partida. No entanto, cabe aos jogadores realizar a tomada de decisão correta. Assim, a **formação inicial** de uma equipe é fundamental para a organização das ações táticas durante a partida, bem como para determinar o rendimento coletivo durante as ações de ataque e defesa (Marcelino et al., 2010). Sob essa ótica, o treinador deverá escolher qual **sistema de jogo** será utilizado, o qual corresponde às estratégias táticas definidas pelo treinador para buscar vencer a equipe adversária. Vale ressaltar que tais estratégias podem ser coletivas, com diferentes formas de sistemas de jogo, ou individuais, por meio de trocas e posições específicas dos jogadores (Anfilo, 2003).

Ao longo dos anos, as equipes passaram a reconhecer a importância da estratégia e do sistema de jogo para o desempenho. Surgiram, então, sistemas específicos que buscaram aprimorar a capacidade individual e a eficiência do jogo coletivo. Os sistemas de jogo constituem a forma como uma equipe posiciona os atacantes e levantador(es) entre os seis jogadores que estão em quadra. Essas formações ou sistemas de jogo são de característica ofensiva e têm como objetivo atacar a partir da recepção do saque (Bizzochi; 2016). Para exemplificar, vamos considerar que você seja o treinador de uma equipe de voleibol de alto rendimento: com relação ao sistema de jogo que você deve utilizar, ele dependerá das funções táticas que serão desempenhadas, das regras oficiais do esporte e da qualidade técnica de seus jogadores. A partir desses aspectos, a equipe terá mais chances de obter um bom aproveitamento ofensivo.

Mas quais são os sistemas de jogo que podemos utilizar? Os sistemas de jogo mais comumente utilizados em partidas de voleibol são os seguintes: 6-6, 5-1, 6-2 e 6-3. Assim, vamos agora aproveitar os próximos parágrafos para entender um pouco sobre a distribuição dos jogadores em cada um desses sistemas.

O **sistema 6-6**, mostrado na Figura 4.4, é o mais recomendado para a iniciação do esporte, uma vez que permite aos jogadores vivenciarem todas as funções – como defensores, atacantes e levantadores (Anfilo, 2003). Nesse sistema, são poucas as variações táticas tanto ofensivas quanto defensivas, pois o jogador deve executar a função referente à qual ele está posicionado no momento. No que diz respeito ao voleibol de alto rendimento, esse sistema tático é pouco usado, pois sua utilização só seria possível em uma equipe na qual os seis jogadores fossem capazes de executar todas as funções com extrema qualidade. No entanto, cada jogador apresenta uma qualidade específica para atacar, defender ou levantar.

Figura 4.4 Sistema de jogo 6-6

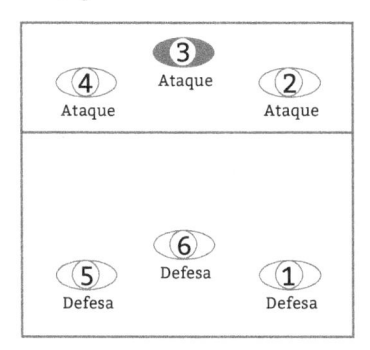

Já o **sistema** de jogo **6-3** utiliza três levantadores e três atacantes, posicionados em quadra geralmente de maneira alternada (Figura 4.5a), os quais dividem as funções de acordo com o rodízio. Esse sistema também é muito utilizado para a iniciação do voleibol (Bizzocchi, 2016). Portanto, nele, a bola é levantada para o ataque a partir da posição 3, e os ataques são executados geralmente nas posições 2 e 4. É importante saber que, com esse sistema, sempre haverá um levantador na rede para fazer os levantamentos. No momento em que houver dois levantadores na rede (Figura 4.5b), um deles deverá exercer a função de atacante.

Figura 4.5 Sistema de jogo 6-3: formação com um levantador na linha de ataque, à esquerda (a), e formação com dois levantadores na linha de ataque, à direita (b)

Por sua vez, o **sistema** de jogo **6-2** tem como característica a utilização de dois levantadores, distribuídos de maneira diagonal na quadra (Figura 4.6a), permitindo que um deles esteja posicionado na linha de frente (posições 2, 3 ou 4). Pode ser considerado um dos sistemas mais utilizados para o aprimoramento de aspectos táticos, tendo em vista que prioriza a especialização das funções dos jogadores (defesa, ataque e levantamento). Além disso, funções táticas específicas podem ser predeterminadas pelo treinador. De maneira geral, no sistema 6-2, o levantamento é realizado a partir da posição 3; porém, as equipes podem optar por realizar o levantamento a partir da posição 2 (Figura 4.6b), com a ideia de realizar ataques rápidos pelo centro de rede (Anfilo, 2003).

Figura 4.6 Sistema de jogo 6-2: posicionamento inicial à esquerda (a), posicionamento após rodízio à direita (b) com levantadores sempre em diagonal

④ Entrada de rede	③ Levantador	② Saída de rede		④ Defesa	③ Atacante	② Levantador
					Rodízio	
⑤ Defesa	⑥ Levantador	① Defesa		⑤ Levantador	⑥ Defesa	① Atacante

Por fim, o **sistema** de jogo **5-1** é caracterizado pela utilização de apenas um levantador (Figura 4.7). É recomendado que esse sistema seja adotado por equipes de alto rendimento, uma vez que os jogadores precisam ter alto nível técnico e tático para seu correto funcionamento. Além disso, nesse sistema, o levantador deve apresentar um nível técnico muito apurado, pois tem a função solitária de distribuir as jogadas de ataque, com alto aproveitamento das potencialidades dos atacantes da equipe. De maneira geral, esse sistema pode ser considerado o mais utilizado por equipes de alto rendimento de ambos os sexos. Sob essa ótica, da preferência por ele se deve à vantagem de contar apenas com um levantador, que deve organizar e dar ritmo ao jogo (Bizzochi; 2016).

Figura 4.7 Sistema de jogo 5-1

```
┌─────────────────────────────────┐
│              ③                  │
│     ④     Levantador    ②       │
│ Entrada de rede      Saída de rede │
│                                 │
│              ⑥                  │
│     ⑤     Defesa      ①        │
│   Defesa             Defesa     │
└─────────────────────────────────┘
```

O sistema de jogo 5-1 é complexo, pois apresenta constantes trocas de posições entre atacantes e o levantador. A infiltração do levantador envolve posicionamentos específicos para a recepção do saque e mudanças rápidas entre levantador, atacantes e defensores, com a equipe tendo ou não a posse de bola. Ainda, durante a partida, os outros jogadores executam funções de atacantes, defensores, passadores e bloqueadores. Assim, nesse sistema, os jogadores devem executar as funções em que são especialistas; para isso, são realizadas trocas constantes de posições (Anfilo, 2003).

As **trocas de posições** podem ocorrer durante um *rally* de voleibol e são fundamentais nas ações táticas. Em outras palavras, as posições determinadas após o rodízio devem ser mantidas até o momento da execução do saque de qualquer equipe. Após esse movimento, os atletas de defesa e ataque podem mudar de posição entre si. Tais trocas podem ser eficazes em aproveitar as qualidades técnicas individuais dos jogadores e, também, mascarar algumas deficiências técnicas. Além disso, as trocas podem ser eficientes em explorar os pontos fracos da equipe adversária.

Se as trocas de posições são importantes, como, de fato, podemos ganhar vantagem com elas? A resposta para essa pergunta pode ser elaborada de diversas formas, mas vamos pensar na seguinte situação: entre os seis jogadores da equipe que estão em quadra, apenas dois apresentam estatura e qualidade na ação técnica do bloqueio, porém, um deles está na posição 6 (defesa); assim, no momento em que se permite a troca de posição (após a execução do saque), esse jogador pode deslocar-se para a posição 2, 3 ou 4 (linha de frente), a fim de executar o bloqueio, caso seja necessário. Outro exemplo se refere ao levantador, uma vez que ele pode – e deve – deslocar-se geralmente para a posição 2 (as posições 3 e 4 também são opções de deslocamento), para que seja possível realizar o levantamento da bola para o atacante.

Na defesa, geralmente as trocas são realizadas para que o jogador com maior dificuldade técnica nessa posição não fique exposto. Por exemplo, o levantador pode ser colocado em um local específico, para que consiga executar a infiltração da defesa para o ataque. Nesse contexto, a infiltração do levantador caracteriza-se pela ação temporária do levantador que está na posição de defesa e penetra a zona de ataque para fazer o levantamento da bola ao atacante. Como ação tática, essa infiltração pode possibilitar à equipe mais variações de ataque, dificultando, assim, as ações de defesa da equipe adversária. De maneira mais clara, o levantador que está posicionado em algumas das posições de defesa (1, 5 e 6) vai realizar a infiltração para a zona de ataque entre as posições 2 e 3, aumentando as chances de sucesso ofensivo.

Além dos sistemas de jogo já discutidos, outro aspecto tático de fundamental importância do voleibol envolve os sistemas de defesa e de recepção. No que se refere aos **sistemas defensivos**, eles se caracterizam pelo posicionamento coletivo dos jogadores em quadra, tendo como objetivo anular o ataque adversário. Dito de outra forma, esses sistemas referem-se à maneira de uma equipe organizar-se para neutralizar as ações ofensivas do time adversário (Bizzocchi, 2016).

As variações do sistema de defesa de uma equipe podem ser diversas, a depender do nível técnico da equipe. Geralmente, esses sistemas usam o jogador da posição 6 como elemento condicionante, sendo ele a base para a definição da posição dos outros atletas da equipe. Considerando tais aspectos, quando o jogador da posição 6 atua adiantado, podemos nomear o sistema de defesa como *centro avançado*, sendo tal jogador responsável pela recuperação das bolas largadas pelo adversário.

Além da posição do jogador 6, os outros jogadores também devem conhecer suas funções, e o bloqueio será executado pelos jogadores das posições de ataque (2, 3 e 4). Esse fundamento, o bloqueio, podendo ocorrer de forma simples (um jogador), dupla (dois jogadores) e/ou tripla (três jogadores). Ainda, um jogador precisa ser o responsável pela cobertura do bloqueio (geralmente, o que está na posição 6), e os demais atletas devem preocupar-se com a defesa diagonal (maior e menor) e paralela (Figura 4.8). Em caso de bloqueio triplo, a defesa ficará sem a diagonal menor (o jogador 2 estará no bloqueio).

Figura 4.8 Posicionamento do sistema de defesa (centro avançado)

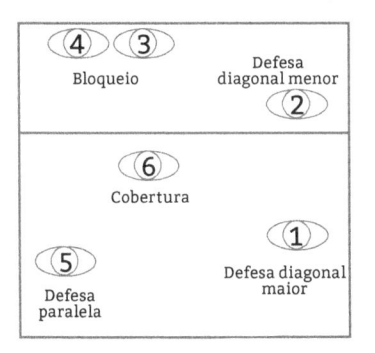

Outro sistema envolve o jogador 6 mais recuado, denominado como *centro recuado*. Esse sistema pode ser frequentemente visto em jogos de alto rendimento em razão do elevado número de ataques potentes (Bojikian; Bojikian, 2008). Ele conta com muitas variações de posicionamento dos jogadores. Diferentemente do sistema de defesa com centro avançado, no centro recuado o jogador da posição 6 é responsável por todo o fundo da quadra, enquanto os outros exercem suas funções, seja no bloqueio, seja na cobertura seja nas defesas (diagonais e paralela). Vale ressaltar que, para equipes de alto rendimento, um bloqueio bem executado é fundamental para não expor possíveis locais da quadra para a equipe adversária lançar a bola. Assim, na Figura 4.9, é possível observar um exemplo de posicionamento da equipe no sistema de defesa com centro recuado, com bloqueios simples, duplo e triplo.

Figura 4.9 Posicionamento sistema de defesa (centro recuado)

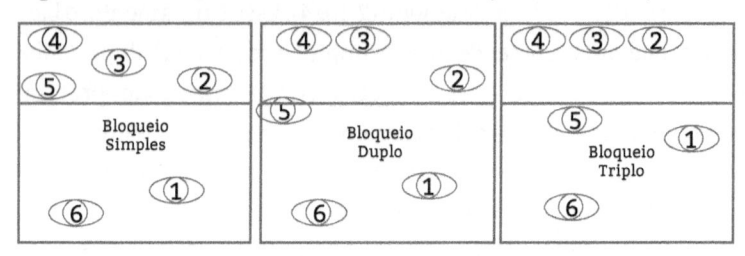

④ ③ ②	④ ③ ②	④ ③ ②
⑤	⑤	⑤
Bloqueio Simples	Bloqueio Duplo	Bloqueio Triplo
①	①	①
⑥	⑥	⑥

Vale ressaltar que o posicionamento ilustrado nas Figuras 4.8 e 4.9 são apenas exemplos para que você compreenda melhor esses sistemas de defesa. Assim, é importante reconhecer que muitas variações ocorrem em uma partida de voleibol de alto rendimento.

Agora, vamos considerar o seguinte: Se o sistema de defesa é executado com sucesso (por exemplo, o ataque da equipe adversária acaba sendo bloqueado), como deve ser o posicionamento dos jogadores da equipe que executou o ataque bloqueado? Para responder a essa pergunta, precisamos falar do **sistema de proteção do ataque**, que se caracteriza pelo posicionamento dos jogadores que não participam do ataque, buscando, assim, evitar que a bola bloqueada pelo adversário não toque a quadra.

Portanto, no momento do ataque, todos os jogadores da equipe, à exceção do atacante, devem buscar um posicionamento para recuperar a bola no caso de bloqueio da equipe adversária.

Podemos observar dois exemplos desse sistema de proteção ao ataque na Figura 4.10:

Figura 4.10 Sistema de proteção ao ataque (exemplo de posicionamento).

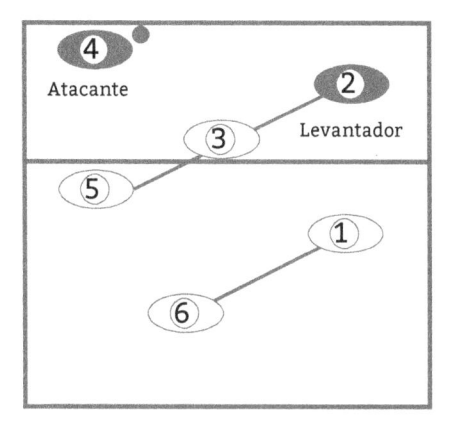

De maneira geral, já conseguimos explicar como funcionam os sistemas de defesa e proteção ao ataque. Agora, devemos entender que outros sistemas são fundamentais para equipes de alto rendimento, os quais sejam, os **sistemas de recepção** do saque executado pela equipe adversária. Dessa forma, eles se vinculam ao posicionamento coletivo da equipe para recepcionar o saque do time oponente com o objetivo de organizar as jogadas de ataque de maneira coordenada, eficiente e eficaz (Bizzocchi, 2016).

Os sistemas de recepção evoluíram principalmente após a inclusão da função do líbero no jogo de voleibol. Assim, um dos objetivos da criação dessa função foi melhorar a recepção de saques das equipes de alto rendimento, pois uma boa recepção é fundamental para um ataque de sucesso. Com os jogadores de alto rendimento se especializando na execução do saque em suspensão, a recepção da equipe adversária foi ficando prejudicada. Sob essa ótica, a criação do líbero ajudou a equilibrar saque e recepção.

É importante destacar que as variações desses sistemas envolvem a recepção do saque com cinco, quatro, três ou dois jogadores. O sistema de recepção com cinco jogadores é mais utilizado na iniciação, em que todos os jogadores, com exceção do levantador, devem ocupar os espaços da quadra para possivelmente realizar a recepção do saque. Em um sistema de recepção, o levantador é o único jogador que não se posiciona para executar a recepção, ou seja, é ele o responsável por receber a bola recepcionada pelo companheiro de equipe (Borsari, 2010). Na Figura 4.11, a seguir, podemos observar o sistema de recepção com cinco jogadores com formação em W, de acordo com o posicionamento do levantador (representado pelo círculo preto). Esse sistema também pode ser representado com formação dos jogadores em V, como mostra a Figura 4.12.

No sistema de recepção com quatro jogadores, dois jogadores – um levantador e outro atleta, que pode ser um atacante – não se posicionam para recepcionar o saque. Assim, os jogadores responsáveis pela recepção terão mais área da quadra para defender, o que demanda que tais atletas apresentem um bom nível técnico (Borsari, 2010). Um exemplo de posicionamento desse sistema está ilustrado na Figura 4.13.

Por fim, os sistemas de recepção com três ou dois jogadores podem ser considerados os mais utilizados no voleibol de alto rendimento. Geralmente, as equipes de alto rendimento utilizam um desses sistemas, sendo os passadores os ponteiros (um ou os dois) e o líbero, com o objetivo de melhorar o fundamento de recepção da equipe. Vale ressaltar que a utilização de dois ou três receptores no voleibol de alto rendimento se deve à especialização da modalidade na execução da recepção do saque. Da mesma forma que os outros sistemas, o posicionamento dos jogadores que executarão a recepção dependerá do posicionamento do levantador da equipe. Assim, as Figuras 4.14 e 4.15 ilustram exemplos de posicionamento nos sistemas com três e dois jogadores na recepção do saque, respectivamente.

Figura 4.11 **Sistema de recepção com cinco jogadores em W**

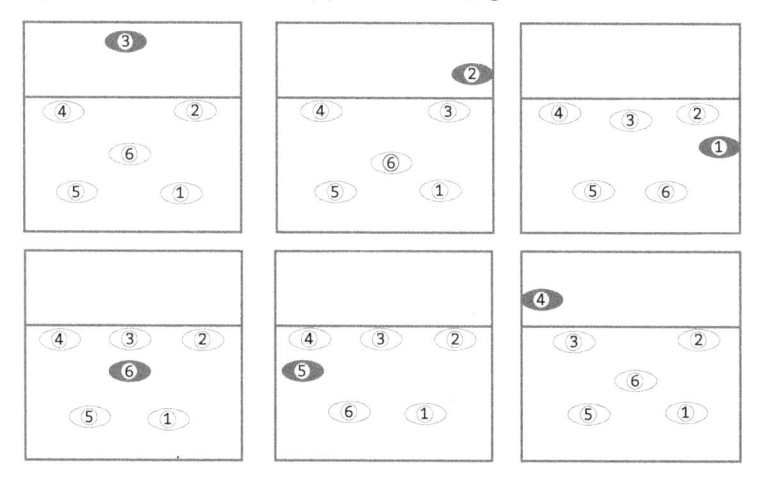

Figura 4.12 **Sistema de recepção com cinco jogadores em V**

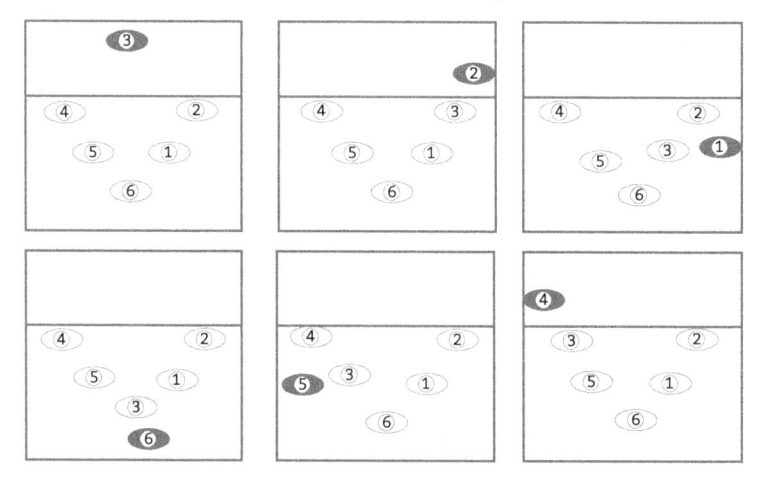

Figura 4.13 Sistema de recepção com quatro jogadores

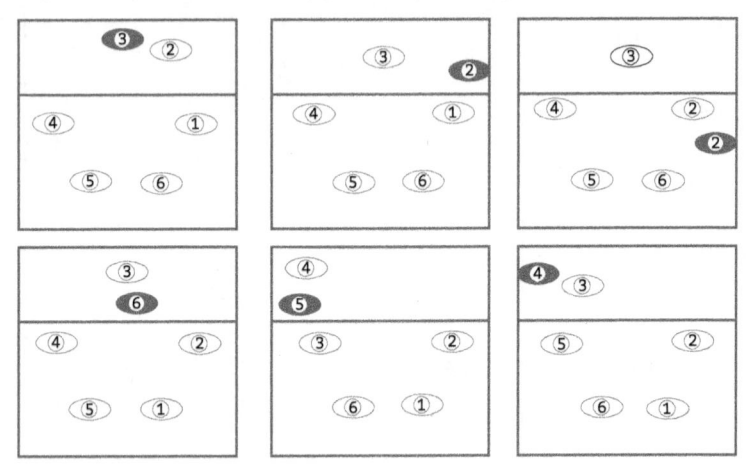

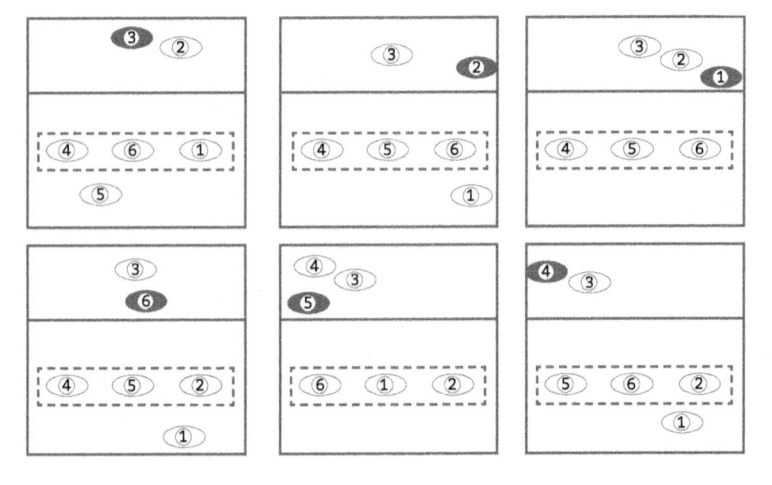

Figura 4.14 Sistema de recepção com três jogadores

Figura 4.15 Sistema de recepção com dois jogadores

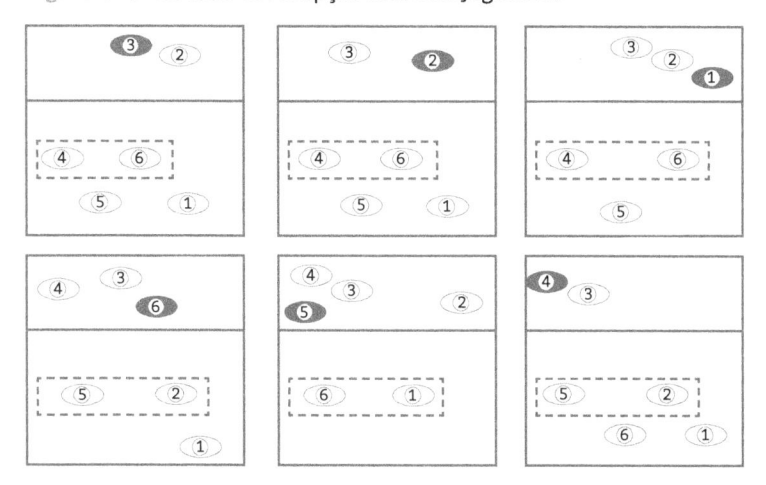

Com base no que discutimos até o momento, fica evidente a importância de um desempenho técnico-tático efetivo em equipes de voleibol de alto rendimento. Portanto, uma equipe dessa modalidade só terá sucesso em competições com elevado nível técnico, por meio de ações táticas bem definidas e treinadas.

4.4 Aspectos físicos do voleibol no alto rendimento

Para um atleta atingir níveis satisfatórios de rendimento físico, técnico e tático, é necessário ter um elevado **condicionamento físico**. Nesse sentido, os integrantes da comissão técnica, incluindo treinador, auxiliar técnico, preparador físico, fisioterapeutas, entre outros, são essenciais para o alcance de níveis satisfatórios de desempenho. Assim, informações podem e devem ser mensuradas e observadas durante o processo de treinamento de equipes de voleibol de alto rendimento, a exemplo de dados relativos a **atributos físicos e fisiológicos** (Figura 4.16) (Lidor; Ziv, 2010).

Figura 4.16 Parâmetros físicos e fisiológicos do voleibol

```
                    Desempenho no voleibol
                    /                    \
        Características físicas      Parâmetros fisiológicos
              |                              |
           Estatura                   Capacidade aeróbica
              |                              |
         Peso corporal                  Força musuclar
              |                              |
          Envergadura                  Potência muscular
              |                              |
       Massa livre de gordura         Velocidade e agilidade
```

Com relação aos **aspectos físicos**, o primeiro passo é identificar as características físicas dos atletas de voleibol da equipe, por exemplo: quais são a estatura e o peso corporal desses jogadores. Após obter essas informações, uma comparação das características físicas dos jogadores de equipes adversárias pode trazer informações importantes para o desenvolvimento do treinamento. Mas, de fato, como podemos usar tais informações? Por exemplo, sabendo que a equipe apresenta uma estatura média menor que as outras, é possível que ela tenha desvantagem na execução de bloqueios; assim, um treinamento específico para a defesa pode ser importante.

Ainda sobre as características físicas de jogadores de voleibol, estudos anteriores têm demonstrado que o **percentual de gordura** pode discriminar jogadores de elite e amadores, bem como que a **estatura elevada** está associada a um desempenho aprimorado em partidas de voleibol (Petroski et al., 2013). No entanto, faltam evidências para demonstrar que as características físicas realmente são fundamentais para o desempenho de atletas de voleibol de alto rendimento.

Entre os **parâmetros fisiológicos** relacionados ao desempenho de jogadores de voleibol de alto rendimento, podemos citar o perfil aeróbio, a força muscular, a capacidade de salto vertical, a agilidade e a velocidade (Lidor; Ziv, 2010).

Apesar de o voleibol ser caraterizado como uma modalidade esportiva intermitente, ou seja, com curtos esforços físicos intercalados por períodos de recuperação, uma alta capacidade aeróbia é fundamental, especialmente em partidas disputadas até o quinto *set*, de modo que a manutenção do alto nível de desempenho requer uma alta capacidade aeróbia. Portanto, jogadores profissionais devem ter bons valores de consumo máximo de oxigênio (**VO$_{2MAX}$**). O VO$_{2MAX}$ refere-se à capacidade de o corpo transportar e utilizar oxigênio durante o exercício físico e serve como indicador da aptidão cardiorrespiratória, útil para a prescrição do treinamento e, também, muito utilizado para observar os efeitos deste (Bassett; Howley, 2000).

A **força muscular** e suas manifestações são importantes em qualquer modalidade esportiva. No voleibol, evidentemente, não é diferente. Nesse sentido, estudos têm observado que níveis ótimos de força concêntrica (encurtamento muscular – os músculos geram tensão suficiente para vencer a resistência) e excêntrica (alongamento do músculo – este desenvolve tensão enquanto o comprimento muscular aumenta) dos músculos que envolvem as articulações do ombro e cotovelo são fundamentais para a execução do saque e da cortada no ataque (Lidor; Ziv, 2010).

Além da relação com o desempenho, altos níveis de força muscular podem ser considerados componentes-chave na **prevenção de lesões**. Avaliações de desequilíbrios musculares por meio de um dinamômetro isocinético podem ser valiosas em jogadores profissionais. Além dos desequilíbrios musculares, esse tipo de avaliação pode trazer informações relacionadas às forças musculares concêntrica, excêntrica e isométrica, bem como relativas à diferença bilateral de força muscular – isto é, à diferença entre os membros inferiores direito e esquerdo. Embora haja contradições na literatura sobre essa temática, a diferença de força entre músculos agonistas e antagonistas pode ser apresentada como um fator de risco de lesão durante um movimento esportivo. Em atletas de voleibol, alguns estudos propuseram uma avaliação da razão antagonista/agonista para os músculos que envolvem as articulações do joelho e do ombro (Dervišević; Hadžić, 2012).

O **salto vertical** é provavelmente o teste mais relevante para a avaliação da **potência muscular** de jogadores de voleibol, uma vez que a habilidade de saltar verticalmente é crucial durante o jogo para a realização de ações como bloqueio, saque e cortada no ataque. Além de ser uma habilidade fundamental durante a partida, o salto vertical pode ser uma ferramenta para discriminar atletas de elite e amadores. A esse respeito, alguns estudos têm observado que jogadores de voleibol profissional são capazes de saltar por volta de 15% (isto é, 7 cm) a mais que jogadores amadores (Lidor; Ziv, 2010).

Reforçando a importância da capacidade de saltar verticalmente, o sucesso de uma equipe em competições oficiais de voleibol depende de diversos fatores. Contudo, atletas das equipes que terminam nas primeiras posições apresentam maiores valores de altura do salto vertical. Por outro lado, alguns estudos observaram que atingir alturas elevadas no teste de salto vertical não indica sucesso em competições dessa modalidade (Lidor; Ziv, 2010).

Já a **velocidade** e a **agilidade** são capacidades físicas presentes em quase todas as manobras defensivas e ofensivas dos jogadores de voleibol. Tais capacidades são essenciais para a execução das ações técnicas, incluindo bloqueio, recepção, saque, cortada durante o ataque e defesa. Logo, elas precisam ser constantemente desenvolvidas e avaliadas. Além disso, algumas informações sobre ações e movimentos realizados pelos jogadores durante uma partida devem ser mensuradas. De que maneira podemos avaliar essas características? Com a tecnologia disponível nos dias de hoje, facilmente podemos realizar a filmagem dos jogos e, assim, promover uma análise técnico/tática. A partir desse instrumento, torna-se possível mensurar o número e os tipos de movimentos desempenhados pelos jogadores durante a partida, controlando os erros e os acertos. Também, podemos obter informações referentes à demanda física, pois a análise de vídeo permite a mensuração do tempo de esforço e pausa durante o jogo. Como exemplo, citamos que, durante uma partida de voleibol, o *rally* dura em média 12 segundos, com variação de três a 40 segundos e períodos de repouso de, em média, 12 segundos (Sheppard et al., 2007).

A avaliação das variáveis fisiológicas de frequência cardíaca e das concentrações de lactato sanguíneo pode trazer informações importantes com relação à demanda física de uma partida de voleibol. Quanto à frequência cardíaca, durante uma partida, estudos observaram que a frequência média foi de 139 bpm, variando de 116 a 172 bpm (Lidor; Ziv, 2010). Tais resultados indicam que o jogo apresenta um esforço moderado, correspondendo a aproximadamente 55-60% do VO_{2MAX}. Porém, outros estudos são necessários para confirmar esses valores. Similarmente, as concentrações de lactato sanguíneo após uma partida atingem valores que variam de 2 a 2,5 mmol/L, indicando, assim, que, para a execução das ações técnicas determinantes, o principal sistema de energia é o da fosfocreatina, com pequena contribuição do sistema anaeróbio pela via glicolítica (com produção de lactato) (Lidor; Ziv, 2010). Além disso, a contribuição do sistema aeróbio também é alta por conta das características intermitentes da modalidade. Apesar de essa explicação fazer sentido, também são necessários mais estudos para confirmar essa hipótese.

Vale ressaltar que, atualmente, para o monitoramento da demanda física de uma partida de jogadores de voleibol, tem sido utilizado um dispositivo que é capaz de monitorar a quantidade de saltos realizados durante o jogo (Skazalski et al., 2018). Assim, podemos considerar que a monitoração da frequência cardíaca e a concentração de lactato sanguíneo, em conjunto com o número de saltos executados durante a partida, podem ser fundamentais para a preparação de atletas de alto rendimento.

Agora, como já sabemos ser possível monitorar algumas variáveis físicas e fisiológicas dos jogadores de voleibol de alto rendimento, podemos sugerir a treinadores e preparadores físicos **três implicações para o treinamento**:

1. O volume de treinamento deve ser cuidadosamente monitorado, especialmente quando o treinamento de força ocorrer paralelamente ao treinamento em quadra. Assim, para alcançar um alto desempenho físico, é preciso haver equilíbrio entre volume e intensidade de treinamento, bem como fornecer aos jogadores períodos adequados de repouso e recuperação. Em contrapartida, se não existir o equilíbrio entre volume, intensidade e frequência de treino, adaptações negativas, como o *overreaching* e o *overtraining*, poderão ocorrer. Vale ressaltar que o *overreaching* é caracterizado pelo decréscimo do desempenho em curto prazo, em razão do aumento do volume e/ou da intensidade sem equilíbrio. Já o *overtraining* é caracterizado por diminuição do desempenho, aumento da fadiga e estresse em longo prazo, e também se deve ao aumento do volume e/ou da intensidade sem equilíbrio. No entanto, os diagnósticos de *overreaching* e *overtraining* são complexos e de difícil realização. Assim, é evidente a importância de uma boa prescrição do treinamento para evitar a ocorrência dessas adaptações negativas, especialmente em atletas de alto rendimento, os quais são expostos a altas cargas de treino semanalmente.

2. O programa de treinamento do voleibol de alto rendimento deve incluir exercícios balísticos ou pliométricos (saltos) para o aprimoramento da potência muscular. Considerando o princípio da especificidade do treinamento, o treinamento de força tradicional com pesos, por exemplo, não é suficiente para aprimorar o desempenho físico durante uma partida de voleibol, uma vez que as ações realizadas na academia com equipamentos específicos ou pesos livres não são as mesmas realizadas dentro de quadra em uma partida de alto rendimento.
3. Outro aspecto que vem ganhando destaque em estudos com atletas de alto rendimento é a prevenção de lesões. Dessa forma, esse aspecto deve ser incluído dentro do programa de treinamento de uma equipe de voleibol de alto rendimento, visto que atletas de ponta apresentam elevadas chances de sofrer lesões. Por exemplo, uma alta incidência de tendinopatia patelar é evidenciada em jogadores de voleibol profissionais. Essa lesão ocorre por *overuse* (excesso de impacto sobre a articulação do joelho) e pode ser causada pelo aumento no volume de saltos durante a sessão de treino. Costumeiramente, ela ocorre em jogadores que praticam várias sessões de treino por semana – isto é, jogadores de alto rendimento. Portanto, o preparador físico deve estar atento às condições da superfície em que serão realizados os saltos, ao volume de saltos realizados durante o treino e ao intervalo entre cada salto realizado (isto é, à frequência de saltos por treinamento).

Após o exposto, conhecemos as características físicas, técnicas e táticas de jogadores de voleibol de alto rendimento, bem como de que maneira podemos monitorar essas variáveis. Nosso próximo passo será aprender sobre o treinamento de jogadores de voleibol ou, pelo menos, compreender alguns de seus aspectos gerais.

4.5 Aspectos gerais do treinamento do voleibol

Com o intuito de facilitar a leitura, os treinamentos dos aspectos físicos, técnicos e táticos serão abordados separadamente. No entanto, é importante destacarmos que, na prática, esses três aspectos podem ser trabalhados simultaneamente. Além disso, nesta seção, buscamos abordar alguns exemplos para que você reflita sobre sua atuação prática, pois, quando falamos em treinamento – físico, técnico ou tático –, não há uma "receita" pronta; pelo contrário, o que existe é o conhecimento e a experiência do treinador.

No que se refere ao treinamento do voleibol, é possível encontrar algumas informações sobre o **treinamento físico** de jogadores de alto rendimento. Assim, os programas de treinamento físico para esses atletas devem apresentar características de especificidade. Nesse sentido, os exercícios devem ser baseados nos movimentos que serão executados durante a partida. Para exemplificar, considere a seguinte situação: você é o preparador físico de uma equipe de alto rendimento de voleibol e, nessa condição, necessita realizar, conforme seu planejamento, uma sessão de treinamento de força. Como você planejaria essa sessão?

Para responder a essa pergunta, em primeiro lugar, devemos analisar os movimentos realizados durante uma partida de voleibol. Sabemos que os **movimentos laterais** são frequentemente realizados durante as partidas; no entanto, a maioria dos exercícios resistidos é realizada no plano sagital, isto é, com movimentos de flexão e extensão. Dessa forma, cabe ao preparador físico incluir exercícios como agachamentos laterais em seu programa de treino, por exemplo.

Por sua vez, **exercícios pliométricos** para jogadores de voleibol são importantes pelo ganho de potência muscular e pela especificidade com o esporte, visto que a pliometria envolve exercícios que utilizam o acúmulo de energia elástica dos tendões com o uso do ciclo alongamento-encurtamento, em uma sequência de ações musculares excêntricas e concêntricas e com movimentos rápidos e explosivos, geralmente executados por meio de saltos. Adicionalmente, o **fortalecimento dos músculos do tronco** também deve ser uma opção para o treinamento de jogadores de voleibol, uma vez que, durante a partida, são realizados movimentos de corridas, giros e saltos que podem gerar forças extenuantes para os músculos do tronco, especialmente na parte posterior do corpo. Além disso, o fortalecimento dos músculos do tronco em conjunto com os músculos fortes dos membros superiores pode permitir a execução de ações motoras específicas do jogo de voleibol em alta velocidade e potência, bem como auxiliar na prevenção de lesões, especialmente na articulação do ombro, que sofre elevado estresse durante a partida. Sob essa ótica, geralmente, os exercícios para fortalecimento dos músculos do tronco são realizados em decúbito ventral. No entanto, considerando o princípio da especificidade, alguns exercícios para os músculos do tronco devem ser executados em pé.

O alto rendimento em esportes coletivos – especialmente no voleibol – depende de diversos fatores. Isto é, uma equipe apenas bem preparada fisicamente provavelmente não terá espaço entre as melhores de determinada competição. Portanto, resultados positivos só serão alcançados com a combinação de aspectos físicos, técnicos, táticos, psicológicos e sociais. Levando-os em consideração, os fatores de treino apresentados a seguir podem ser considerados pelo treinador para um treinamento de sucesso (Anfilo, 2003):

- grau de entrosamento coletivo da equipe;
- nível técnico individual dos jogadores da equipe em relação aos atletas das equipes adversárias;
- condições morfológicas, como a estatura dos jogadores da equipe em comparação com os atletas dos times adversários;

- tempo dedicado aos treinamentos;
- espírito de equipe (solidariedade entre os jogadores e vontade de vencer);
- experiência de jogo dos atletas;
- disciplina técnica dos jogadores – obediência à orientação do treinador da equipe;
- grau de responsabilidade e dedicação dos jogadores;
- assiduidade e pontualidade dos jogadores nos treinamentos;
- condições materiais e apoio proporcionado pelos dirigentes.

Já com relação ao **treinamento técnico**, o treinador deve procurar desenvolver as ações técnicas de acordo com o padrão motor que os jogadores apresentam. Dessa forma, o treinamento deve, inicialmente, estabelecer um grau de regularidade na execução de uma ação técnica ou de um gesto motor específico, para, em seguida, trabalhar com variações. A seguir, veremos alguns exemplos de treinamento das ações técnicas realizadas no voleibol. É importante destacar que os exemplos expostos são apenas uma tentativa de ajudá-lo a entender o processo de treinamento técnico, para que, na prática, você possa utilizar a criatividade e formular outros meios de treinamento.

Vamos exemplificar a **melhora de precisão de um saque**. Assim, podemos trabalhar com alvos na quadra contrária, sem oponentes, para que o jogador execute o saque de acordo com sua especificidade e tente acertar os alvos determinados pelo treinador. Após isso, a fim de melhorar a precisão, podemos pensar em um trabalho para aprimorar a velocidade e a altura do saque; logo, uma boa estratégia para isso pode ser colocar elásticos sobre a rede, forçando o jogador a acertar a bola em diferentes alturas, a depender da posição do elástico. Por fim, podemos realizar os treinos em conjunto, ou seja, com velocidade e altura de acordo com a recomendação do treinador, com a máxima precisão (acertando os alvos determinados).

A partir da execução do saque, também podemos considerar o treinamento da **recepção**, por meio do qual o jogador deve compreender a trajetória e a velocidade da bola. Assim, saques com distâncias e velocidades alternadas devem ser executados para aprimorar esse fundamento técnico. Salientamos, no entanto, que devemos considerar a individualidade de cada jogador, realizando o treinamento da recepção em diferentes graus de dificuldade.

Além de treinamentos técnicos específicos, é possível realizar treinamentos técnicos em conjunto com o físico. Por exemplo, o treinamento para os levantadores da equipe pode ser feito utilizando *medicine ball* com peso variando de 3 a 5 kg. Esse tipo de treino pode ajudar o levantador a fortalecer os músculos envolvidos na ação técnica, além de auxiliar o aprimoramento da coordenação e a precisão do levantamento.

Em conjunto com o aprimoramento do levantamento por parte dos levantadores, também é fundamental treinar o ataque, que pode ser trabalhado de maneira fragmentada, com ênfase para corrida de aproximação e salto, cortada e aterrissagem. Desse modo, para a corrida de aproximação e salto, o jogador pode executar várias vezes um autolevantamento (levantar a bola para si mesmo) com alturas variadas e em diferentes posições da quadra. Já na fase de cortada, é importante trabalhar respeitando a individualidade do jogador; assim, é possível trabalhar o movimento sem salto e, depois, com a corrida de aproximação e salto. Por fim, a fase de aterrissagem deve ser treinada para a retomada ao jogo após o ataque; para tanto, saltos de caixotes podem ser uma alternativa.

Já o treinamento do **bloqueio** apresenta, atualmente, grande complexidade. Nesse sentido, devemos considerar uma série de funções individuais, como a escolha do sistema tático do treinador, a comunicação com a defesa, o posicionamento, o tempo de salto e a movimentação de braços e mãos. Por sua vez, para a defesa, é necessário que o jogador apresente alto nível de atenção e seja capaz de executar essa ação técnica em qualquer zona de defesa da quadra. Até esse momento, sabemos que a defesa é realizada a partir de bolas com elevada força de ataque e velocidade que podem ser direcionadas no corpo do defensor e/ou em regiões próximas ao defensor (geralmente, na lateral). Dessa forma, o treinamento com gestos técnicos de manchete e rolamentos para defesa deve ser exaustivamente executado.

Por fim, com relação ao **treinamento tático**, vamos abordar apenas alguns aspectos que podem ser importantes na formulação do treino, uma vez que esse treinamento depende de diversos elementos, como a escolha dos sistemas de jogo que serão utilizados na partida, o conhecimento tático dos jogadores que compõem a equipe e a motivação deles em conhecer os aspectos táticos.

De maneira geral, o treinamento tático tem a característica de criar situações-problema de jogo, para que, de maneira individual e coletiva, elas sejam solucionadas. Tais situações devem ser totalmente **imprevisíveis** para os jogadores, pois, durante uma partida oficial, não é possível prever várias das ações da equipe adversária. Após trabalhar com essas situações-problema, o treinador e os atletas podem entrar em discussão para argumentar se as soluções foram corretas ou se outras ações deveriam ser tomadas.

Uma forma de avaliar as ações táticas de uma equipe é por meio da **filmagem** durante o treinamento ou, principalmente, ao longo de uma partida oficial. Por meio desse recurso, torna-se possível promover uma avaliação técnico-tática da equipe, bem como das relações entre esforço e pausa do jogo. Ainda com relação à filmagem, é possível separar e observar movimentações táticas durante a recepção do saque, bem como nas fases de ataque, bloqueio, defesa e contra-ataque.

Síntese

Desenvolvemos os conteúdos deste capítulo com a intenção de auxiliá-lo a compreender de maneira geral como se perfaz o alto rendimento no voleibol. Para isso, abordamos os aspectos físicos, técnicos e táticos dessa modalidade, os quais, em interação, resultam na complexidade desse esporte. Esperamos que, a partir das informações apresentadas, você seja capaz de identificar os fundamentos técnicos, os sistemas de jogo e as capacidades físicas determinantes para o alto desempenho nessa modalidade.

Atividades de autoavaliação

1. Com relação às características do voleibol, leia as assertivas a seguir e assinale V para as verdadeiras e F para as falsas.

    ( ) Podemos considerar o voleibol uma modalidade esportiva coletiva na qual a participação das equipes no jogo é alternada, diferente de outras modalidades como futsal e handebol, em que a participação é simultânea.

    ( ) Os seis jogadores de voleibol que estão em quadra devem fazer a rotação de posições, porém, sem necessariamente apresentar uma ordem específica durante o *set*.

    ( ) O *rally* ocorre desde a execução do saque até o momento em que a bola fica fora de jogo.

    ( ) Podemos considerar o voleibol uma modalidade esportiva acíclica, ou seja, com movimentos sem repetição contínua.

    Agora, assinale a alternativa que apresenta a sequência correta:

    a) V, V, F, F.
    b) F, V, V, V.
    c) V, F, V, V.
    d) V, F, V, F.
    e) F, F, V, V.

2. Durante um *rally*, a bola inicia com o saque de uma das equipes, e o adversário, após a realização de três toques na bola, marca o ponto. De acordo com essa situação, organize os fundamentos técnicos a seguir:

   I. Saque
   II. Levantamento
   III. Cortada
   IV. Recepção

   Agora, selecione a sequência que apresenta essas opções na ordem correta em um *rally*:

   a) I, II, III, IV.
   b) I, IV, II, III.
   c) II, III, I, IV.
   d) I, III, IV, II.
   e) II, IV, I, III.

3. O sistema de jogo 5-1 é recomendado para equipes de alto rendimento. Assinale a alternativa que apresenta as principais características desse sistema:

   a) O sistema de jogo 5-1 utiliza apenas um levantador, fazendo com que, durante o jogo, ocorram mudanças rápidas entre levantador, atacantes e defensores, com ou sem a posse de bola.
   b) O sistema de jogo 5-1 é caracterizado por utilizar dois levantadores, que serão distribuídos de maneira diagonal na quadra: um levantador permanecerá na linha de frente, e o outro, na linha de defesa.
   c) O sistema de jogo 5-1 utiliza três levantadores, que são posicionados de maneira alternada na quadra.
   d) O sistema 5-1 permite que os jogadores vivenciem todas as posições de jogo, ou seja, como defensores, atacantes e levantadores.
   e) Entre os pontos negativos desse sistema é possível citar a incapacidade de utilizar a infiltração do levantador.

4. Com relação aos aspectos físicos do voleibol, leia as assertivas a seguir e marque V para as verdadeiras e F para as falsas.

( ) Jogadores de alto rendimento, em geral, apresentam elevada estatura. Esta, por sua vez, está relacionada ao desempenho durante uma partida de voleibol.

( ) É possível considerar aptidão aeróbia, força muscular, salto vertical, agilidade e velocidade como variáveis importantes para o desempenho do jogador de voleibol.

( ) O salto vertical está relacionado à capacidade de saltar para o alto e pode ser considerado a capacidade com maior especificidade entre as capacidades envolvidas para o aprimoramento do desempenho.

( ) Durante uma partida de voleibol, a participação do sistema aeróbio de energia é baixa, sendo o sistema anaeróbio predominante durante quase toda a partida.

Agora, selecione a alternativa que apresenta a sequência correta:

a) V, F, V, V.
b) V, V, V, F.
c) V, V, F, V.
d) V, V, F, F.
e) F, V, V, F.

5. Com relação ao treinamento de jogadores de voleibol, analise as afirmações a seguir.

I. O treinamento físico deve respeitar a especificidade da modalidade, ou seja, os movimentos devem ser semelhantes aos realizados durante as partidas.

II. O treinamento técnico não precisa ser enfatizado, uma vez que os jogadores de alto rendimento executam com perfeição todos os fundamentos.

III. Para treinar a parte tática, é importante buscar situações-problema que podem ocorrer durante a partida.
IV. Durante as partidas de voleibol, não é possível realizar uma avaliação técnico-tática.

Agora, assinale a alternativa que apresenta apenas as assertivas corretas:

a) I e III.
b) I e II.
c) I, II e III.
d) II e III.
e) III e IV.

Atividades de aprendizagem

Questões para reflexão

1. Pense no treinamento técnico-tático do voleibol e reflita: Como você faria para avaliar o desempenho e, em seguida, planejar o treinamento?

2. Considere a hipótese de que você precisa selecionar jogadores de voleibol. Quais características físicas são necessárias para que o indivíduo se encaixe em sua equipe? Comente o motivo de cada característica selecionada.

Atividade aplicada: prática

1. Elabore uma planilha contendo aspectos físicos, técnicos e táticos que serão avaliados durante um jogo de voleibol. Procure aplicá-la durante uma partida.

Capítulo 5

Esportes de alto rendimento: basquetebol

Neste capítulo, discutiremos as principais características do basquetebol. Apresentaremos os fundamentos técnicos e os sistemas táticos (ofensivos e defensivos) mais utilizados no alto rendimento. Além disso, comentaremos sobre as exigências físicas da modalidade. Ao final, certamente você terá subsídios para a elaboração de um programa de treinamento destinado ao aperfeiçoamento das necessidades desse esporte.

5.1 Características do basquetebol

O basquetebol foi praticado pela primeira vez na Young Men Christian Association (YMCA) de Springfield, em Massachusetts, em 1891. Essa modalidade foi criada pelo Professor James Naismith, em virtude da necessidade de um exercício completo que despertasse o interesse de um grande número de participantes e pudesse ser praticado em um local fechado, em razão do rigoroso inverno. Além disso, deveria ser de fácil aprendizagem e entendimento (Paes; Montagner; Ferreira, 2009). Assim surgiu essa modalidade coletiva de cooperação e oposição, envolvendo diversos movimentos com e sem bola, em que o trabalho coletivo é fundamental para o sucesso.

De maneira mais específica, o jogo de basquetebol é disputado por duas equipes com cinco jogadores cada, durante quatro quartos de 10 minutos cronometrados, mas o cronômetro é acionado apenas quando a bola está em jogo (bola viva). Quando a bola não está em disputa, ele é parado (bola morta). Os intervalos entre o primeiro e o segundo quartos, bem como entre o terceiro e o quarto quartos, são de 2 minutos, ao passo que o intervalo entre o segundo e o terceiro quartos é de 15 minutos. Além desses intervalos, o treinador tem o direito de solicitar cinco paralisações (pedidos de tempo) para orientar sua equipe, sendo dois pedidos de tempo durante o primeiro e segundo quartos e três ao longo dos outros dois quartos (CBB, 2020). Dessa forma, uma partida oficial de basquetebol pode durar mais do que 60 minutos.

Com relação ao **espaço de jogo**, a disputa ocorre em uma quadra que mede 28 × 15 m (Figura 5.1), a qual é dividida em duas metades iguais por uma linha central que configura a zona de ataque e de defesa de uma equipe. As tabelas têm 1,80 × 1,05 m, com a borda inferior distante 2,90 m do solo. Já o aro fica distante 15 cm da tabela e 3,05 m do solo. Em competições oficiais, a rede do aro é um equipamento indispensável. Além disso, nas duas extremidades da quadra estão os dois garrafões, sendo que a área retangular chamada de *área restrita*, na qual um jogador sem a posse de bola não pode permanecer por mais de três segundos (regra dos três segundos).

Figura 5.1 Quadra de basquetebol

Com relação às funções desempenhadas pelos atletas em quadra, uma equipe pode ser composta por armadores, alas e pivôs. Os **armadores** são os responsáveis por organizar a equipe tanto em situações de ataque quanto de defesa. Nesse sentido, devem apresentar total domínio dos fundamentos técnicos para alcançar maior efetividade das ações coletivas. Os **alas ou laterais**, como o próprio nome sugere, atuam pelos lados da quadra, sendo os responsáveis por iniciar o contra-ataque e realizar infiltrações no garrafão adversário. Além disso, devem ser bons arremessadores, pois constantemente estão em posição de realizar um chute de três pontos. Por fim, os **pivôs** são responsáveis pelos rebotes ofensivos e defensivos, de maneira geral, e atuam próximos da tabela na área restritiva, devendo arremessar com precisão de curta e média distâncias.

Por sua vez, a partida de basquetebol inicia-se com uma disputa de bola ao alto envolvendo dois jogadores, um de cada equipe, para verificar quem deterá a primeira posse de bola. O **objetivo do jogo** é realizar mais pontos que o adversário. Você sabe como os pontos são computados nessa modalidade? Diferentemente dos outros esportes coletivos, a contagem não apresenta sempre o mesmo valor. As cestas convertidas podem resultar em 1, 2 ou 3 pontos, dependendo da forma como foram realizadas. Como exemplo, durante a conversão de um lance livre (resultante de uma falta sofrida no ato do arremesso ou de uma falta em qualquer local da quadra após o adversário ter excedido o limite de faltas – quatro), a cesta convertida vale 1 ponto. Cabe ressaltarmos que no momento do lance livre a bola estará morta (cronômetro parado). Nos momentos em que a bola está viva, é possível que sejam convertidas cestas de 2 ou 3 pontos, a depender da área em que o arremesso foi realizado. Outro detalhe que merece atenção é o fato de uma partida de basquetebol nunca terminar empatada. Caso isso aconteça ao final do tempo normal, os árbitros deverão acrescentar períodos extras de cinco minutos, quantas vezes forem necessários, até que uma das equipes obtenha o maior número de pontos.

Para compreender melhor as exigências da modalidade, outro aspecto que precisa ser destacado refere-se às **violações de tempo**. Podemos citar, por exemplo, a regra dos 5 segundos: o jogador que está com a posse de bola e apresenta seu marcador a pelo menos um passo de distância deve realizar um passe, arremesso ou drible dentro de 5 segundos. Outra infração cronometrada diz respeito à transição do campo de defesa para o campo de ataque: quando a equipe tem a posse de bola em sua quadra de defesa, o tempo para chegar à quadra de ataque é de 8 segundos (regra dos 8 segundos). Além disso, com a posse de bola, a equipe terá 24 segundos para o arremesso. No caso do não cumprimento desses tempos determinados, assinala-se uma falta, e a posse de bola passa a ser da equipe adversária. A Figura 5.2, a seguir, demonstra a divisão entre os campos de defesa e de ataque, servindo de parâmetro para essas ações.

Figura 5.2 Campos de defesa e de ataque

Campo de ataque	Campo de defesa
3 s sem a posse de bola	
Total de 24 s com a posse de bola	8 s com a posse de bola

← A equipe ataca nesta direção

Após observarmos as divisões dos campos de defesa e de ataque, devemos lembrar que uma equipe com a posse de bola no campo de ataque não poderá retorná-la ao campo de defesa. Além dessa ação, o jogador em posse de bola **não** poderá:

- caminhar sem fazer o drible;
- driblar com as duas mãos simultaneamente;
- tocar o pé na bola;
- tocar com o pé nas linhas demarcatórias enquanto em posse de bola;
- conduzir a bola, isto é, driblar realizando um movimento de baixo para cima ou iniciar o drible com a mão embaixo da bola;
- realizar o drible, interrompê-lo e driblar novamente (dois dribles).

Embora de maneira resumida, até o momento conseguimos ter uma boa ideia das principais características e regras do basquetebol. Caso você queira aprofundar esse conhecimento, sugerimos a leitura do livro de regras do Basquetebol (CBB, 2020). A Figura 5.3, a seguir, apresenta um resumo dos principais fatores que devem ser observados em atletas de basquetebol, contribuindo para a formação dessa visão geral.

Figura 5.3 Fatores de identificação do jogador de basquetebol

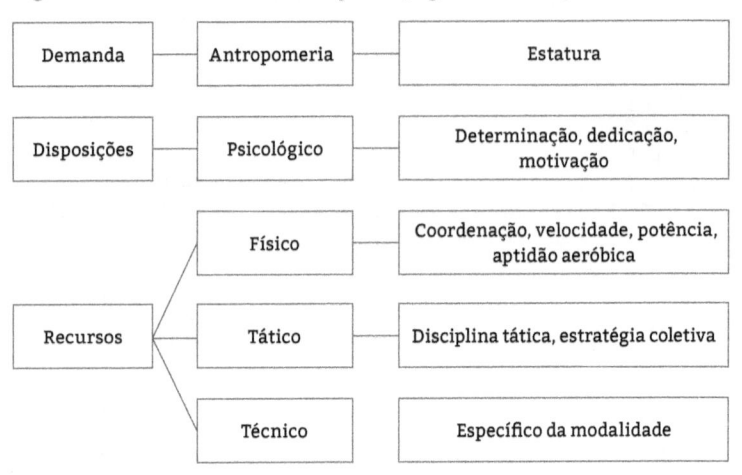

Demanda	Antropomeria	Estatura
Disposições	Psicológico	Determinação, dedicação, motivação
Recursos	Físico	Coordenação, velocidade, potência, aptidão aeróbica
	Tático	Disciplina tática, estratégia coletiva
	Técnico	Específico da modalidade

Nas próximas seções, aprofundaremos a discussão referente aos principais aspectos relacionados ao alto rendimento dessa modalidade.

5.2 Aspectos técnicos do basquetebol no alto rendimento

O basquetebol apresenta os seguintes fundamentos técnicos: controle do corpo; controle da bola; passe; drible; arremesso; rebote. O **controle do corpo** envolve o domínio de todos os movimentos e gestos motores exigidos durante uma partida: por exemplo, corridas, saltos e giros. Nesse sentido, devem ser totalmente dominados no alto rendimento, pois originam os demais fundamentos. Além do controle do corpo, o **controle da bola** é vital para o desenvolvimento do jogo. A partir do domínio dessas ações, a partida adquire fluidez. Como consequência, podemos verificar mais um fundamento essencial: o **passe**, caracterizado pela transferência da bola para as mãos de outro companheiro. Tal fundamento influencia diretamente o sucesso de uma equipe, uma vez que a qualidade define as possibilidades de sequência das ações de ataque. Ainda, o passe é a forma mais rápida de efetivar ações coletivas de ataque e, também, de evitar algumas infrações. Por exemplo: uma equipe sempre necessitará passar para a quadra de ataque antes que se passem 8 segundos, certo? Dessa forma, uma estratégia efetiva para evitar que o cronômetro seja "estourado" é transferir a bola para o campo de ataque por meio da troca de passes. Podemos imaginar, também, a situação em que um jogador que está com posse de bola interrompe o drible – nesse momento, o passe torna-se o principal fundamento, a depender da distância de que o atleta se encontra com relação ao garrafão (Paes; Montagner; Ferreira, 2009).

Quanto ao **drible**, podemos defini-lo como o ato de empurrar (bater/quicar) a bola contra o chão. Esse fundamento foi inserido para evitar que os jogadores se movimentassem com a bola nas mãos (algo parecido com o *rugby*), diminuindo, assim, a agressividade do contato físico. Sua execução exige a coordenação de membros superiores e inferiores, e tal ação pode ser realizada na altura do joelho (drible baixo), na altura da cintura (drible alto) e com mudança de direção, situação que exige maior aprimoramento técnico por parte do jogador, o que é constantemente visualizado no alto rendimento (Paes; Montagner; Ferreira, 2009).

O **arremesso** é o fundamento utilizado para finalizar as ações ofensivas, sendo de suma importância para o resultado final da partida (Rose Junior; Lamas, 2006). Todos os jogadores devem dominar sua execução, uma vez que a dinâmica do jogo permite sua realização por qualquer jogador que esteja participando da partida. De maneira geral, os arremessos mais comuns são o arremesso parado, em movimento ou bandeja e com salto

(Paes; Montagner; Ferreira, 2009). Como resultado dessa ação, ocorre o ponto ou o **rebote**. Ele representa a ação adotada para recuperar ou manter a posse de bola após um arremesso não convertido. Portanto, uma equipe com um bom rebote permanece com a posse de bola por mais tempo, apresentando mais chances de converter os arremessos em pontos para vencer a partida. Para o jogador apresentar um bom rebote, é necessário acompanhar a trajetória da bola, bloquear o adversário com o corpo – ganhando vantagem no posicionamento – e ter um bom nível de potência nos membros inferiores para realizar o salto e recuperar a bola (Paes; Montagner; Ferreira, 2009).

No alto rendimento, espera-se que todos esses fundamentos técnicos sejam dominados pelos jogadores. Contudo, essas ações devem ser constantemente aprimoradas. Nesse sentido, o aperfeiçoamento técnico deve envolver situações que exijam soluções rápidas para os mais variados problemas enfrentados no jogo. Uma ferramenta útil para auxiliar nesse processo é a análise de desempenho. A partir dela, a comissão técnica adquire subsídios para identificar as deficiências técnicas passíveis de correção, aumentando, assim, a eficiência individual e coletiva. Sob essa ótica, perguntamos a você: Como podemos analisar o desempenho técnico de uma equipe de basquetebol?

Geralmente, podemos dividir os métodos de análise em manual e computadorizada. As duas análises podem ser realizadas em tempo real, bem como após o jogo, por meio de registros de vídeos. No que se refere à análise do desempenho técnico de forma manual, os instrumentos utilizados são caneta e papel. Então, deve-se enfatizar as ações que o técnico considera essenciais para o desempenho, como o número de arremessos, lances livres, faltas e tempos técnicos. Essa análise é de fácil aplicação, no entanto, conta com um número reduzido de variáveis, impossibilitando uma investigação mais detalhada e a construção de um banco de dados. Já os métodos computadorizados são mais vantajosos, pois possibilitam a aquisição de um maior volume de dados. Além disso, caso o registro tenha ocorrido em vídeo, o avaliador será capaz de avançar e voltar a filmagem quantas vezes for necessário. Entre as desvantagens desses métodos, citamos o tempo destinado para a análise, caso o volume de informações seja muito grande. Dessa forma, o foco deverá sempre estar nas ações mais relevantes para o resultado da partida. Mas quais são elas?

Para responder a essa pergunta, vamos nos colocar no lugar de um analista de desempenho de uma equipe de basquetebol. Esse profissional é o responsável por analisar os arremessos de 2 e 3 pontos (certos/errados), além de lances livres (certos/errados), número de rebotes (ofensivos/defensivos), assistências efetivas, roubos de bola (da equipe e do jogador), faltas cometidas e bloqueios de arremessos. Tais ações possibilitam a identificação de deficiências técnicas e, por meio delas, torna-se possível promover ajustes no treinamento e durante o próprio jogo. Você saberia dizer por que priorizamos esses indicadores em detrimento de outros? A resposta está nos resultados encontrados em alguns artigos científicos.

Por exemplo, um estudo com jogadores de basquetebol da Liga Espanhola buscou discriminar, por meio da análise de desempenho técnico, equipes vencedoras e perdedoras durante seis temporadas. Os resultados indicaram que as equipes vencedoras apresentaram maior número de assistências e roubadas de bola (Ibáñez et al., 2008). De maneira similar, outro estudo que também analisou equipes da Liga Espanhola demonstrou que, além das assistências, os rebotes defensivos também são determinantes para a vitória (García et al., 2013). Reforçando essas informações, Santos (2015) promoveu uma revisão da literatura com estudos que discriminaram equipes de basquetebol vencedoras e perdedoras. Alguns resultados desse trabalho estão presentes no Quadro 5.1, a seguir. Com base nesses dados, podemos verificar como o total de pontos marcados, os rebotes defensivos, os arremessos convertidos e as assistências são fatores determinantes para uma equipe alcançar a vitória em uma partida oficial de basquetebol (Santos, 2015).

Quadro 5.1 Comparativo de desempenho técnico entre equipes vencedoras e perdedoras

Equipes vencedoras	Equipes perdedoras
- maior número de rebotes defensivos; - acertos de lances livres; - acerto nos arremessos de 3 pontos; - maior número de assistências; - acerto nos arremessos de 2 pontos; - jogadores reservas com maior pontuação.	- arremessos de 3 pontos errados; - arremessos de 2 pontos errados; - maior número de faltas cometidas.

Fonte: Elaborado com base em Santos, 2015.

Essas informações deixam claro que a análise do desempenho técnico é fundamental para auxiliar a comissão técnica no planejando do treinamento. Cabe ressaltar que, além do número total de ações que ocorrem durante uma disputa, devemos analisá-las em períodos fracionados, o que possibilita a identificação de oscilações do rendimento e a observação do comportamento em momentos adversos, a exemplo de quando uma equipe está em desvantagem no número de pontos.

5.3 Aspectos táticos do basquetebol no alto rendimento

O basquetebol é caracterizado por uma estrutura de colaboração/oposição estabelecida entre os jogadores de uma mesma equipe e seus adversários. Nesse sentido, ao longo do jogo, evidenciamos uma série de ações defensivas e ofensivas, que envolvem aspectos técnicos e táticos e alternam-se de maneira dinâmica em virtude da posse de bola. Por questões didáticas, discutiremos cada uma delas separadamente.

Iniciaremos nossa conversa com as **ações defensivas**. Nelas, os atletas da equipe sem a posse de bola devem estar atentos à movimentação de seus adversários, fazendo uma "leitura" das ações de seus oponentes. Como exemplo, podemos citar a situação de um defensor que enfrentará um atleta veloz. Nesse caso, a marcação adotada não deve ser de muita pressão, pois as características do adversário o conduzem à realização de infiltrações. Além dessa "leitura", durante as ações defensivas todos devem agir de maneira coletiva, posicionando-se rapidamente para impedir que o adversário tenha vantagem espacial e numérica.

Sob essa ótica, as ações individuais devem ser executadas em virtude da situação em que a equipe se encontra, as quais podem se destinar a:

- marcar o jogador que está com a posse de bola: nessa situação, o defensor deve estar entre o jogador e a cesta, pressionando-o e reduzindo as possibilidades de ação ofensivas;
- marcar o jogador sem a posse de bola: nesse caso, o defensor deve estar mais uma vez entre o adversário e a cesta, sendo sua distância e a do oponente direcionada por onde se encontra a bola e pela possibilidade de seu adversário recebê-la;
- marcar o pivô: essa ação envolve vigilância constante, individual e coletiva, na intenção de evitar que o pivô receba a bola em condições de arremesso. Cabe ressaltar que o atleta na posição de pivô é um dos jogadores mais difíceis de ser marcado, em razão de sua elevada força muscular e estatura.

- rebote: fundamento técnico de grande importância para as ações defensivas, visto que, a partir dele, a equipe adquire grandes chances de desenvolver um contra-ataque.

Agora, analisaremos as ações coletivas de defesa, as quais devem ser determinadas respeitando-se as características dos jogadores, principalmente a estatura, a habilidade individual, a criatividade e o trabalho em conjunto. Além disso, as situações de jogo servem de balizadoras para o comportamento. Podemos citar o exemplo de uma equipe que está perdendo o jogo e resolve marcar por pressão, buscando recuperar rapidamente a posse de bola. Nesse sentido, a efetividade dos sistemas de defesa em conjunto com os fundamentos defensivos individuais é determinante para o sucesso da equipe durante uma partida (García et al., 2013). Considerando o exposto, apresentamos, no Quadro 5.2, os principais sistemas defensivos utilizados no basquetebol.

Quadro 5.2 Principais sistemas defensivos do basquetebol

Sistemas defensivos				
Individual		Por zona	Misto	Pressão
Com relação à quadra	Com relação ao adversário	2-1-2	Utilização conjunta dos sistemas defensivos individual e por zona.	Pode ser individual ou por zona.
- Quadra toda - Meia quadra - Misto	- Adversário definido - Adversário mais próximo - Sem troca de marcação - Com troca de marcação	2-3 2-2-1 1-3-1 3-2 1-2-2		

A seguir, discutiremos a respeito do sistema defensivo individual, também conhecido como *marcação homem a homem*. A Figura 5.4, a seguir, mostra uma representação esquemática desse sistema.

Figura 5.4 Exemplo de defesa individual no basquetebol

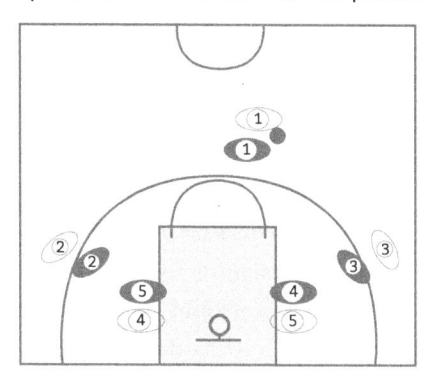

De maneira geral, o sistema de defesa individual tem por objetivo anular e/ou bloquear as ações ofensivas do adversário. Esse sistema apresenta vantagens e desvantagens. Entre as primeiras está a possibilidade de promover um equilíbrio entre as habilidades e as características dos jogadores e seus adversários. Além disso, tal sistema permite uma rápida adaptação a qualquer tipo de ação ofensiva. Já entre as desvantagens, podemos citar que uma defesa tecnicamente inferior pode elevar o número de faltas, aumentando a possibilidade de o adversário pontuar em lances livres. Ainda, esse sistema gera grande desgaste físico nos jogadores e, se for mal executado, facilitará a chegada do adversário até a cesta (Paes; Montagner; Ferreira, 2009).

Por sua vez, o sistema defensivo por zona envolve a marcação de uma área específica, ao contrário do sistema individual, em que a definição é baseada em um jogador. Nesse sentido, no sistema de defesa por zona, o jogador deve ser orientado a se posicionar em uma área de defesa, marcando o adversário em seu espaço, estando este ou não com a posse da bola. Assim, a atuação desse jogador compreende as áreas próximas à cesta. Geralmente, atletas de menor estatura e maior agilidade são posicionados à frente da defesa, ao passo que jogadores mais altos e com menor agilidade ficam mais próximos ao garrafão. Na Figura 5.5, a seguir, podemos observar algumas variações do sistema de defesa por zona que podem ser executadas de acordo com as características dos jogadores da equipe. Independentemente do desenho adotado, o jogador de defesa, nesse sistema, deve concentrar-se predominantemente na movimentação da bola, pois é ela que determina seu deslocamento. No entanto, vale ressaltar que, durante sua execução, é possível que o jogador retire-se da área de defesa para auxiliar um companheiro de equipe.

O treinamento para os sistemas por zona precisa levar em conta que os marcadores da linha de frente (os dois jogadores posicionados à frente no sistema de defesa 2-3, por exemplo) e da linha de trás (os três jogadores posicionados atrás no sistema de defesa 2-3) devem apresentar diferentes especificidades durante o jogo. Os marcadores da linha de frente necessitam pressionar os atacantes com a posse de bola, tentando interceptar passes, dribles e arremessos. Além disso, precisam estar preparados para sair rapidamente para o contra-ataque depois da recuperação da posse de bola. Por sua vez, os marcadores da linha de trás devem evitar arremessos de curta distância e bandejas, estando preparados para aproveitar os rebotes e recuperar a posse de bola. Por fim, é importante que saibam orientar os marcadores da linha de frente (Daniel, 2014).

Com relação à forma de atuação dos jogadores na fase de defesa, podemos verificar a utilização do sistema de pressão no adversário na marcação tanto individual quanto por zona. Essa pressão consiste na redução do espaço de ação dos atacantes, dificultando a tomada de decisão e a possibilidade de atuação deles (Paes; Montagner; Ferreira, 2009).

Figura 5.5 Sistemas de defesa por zona

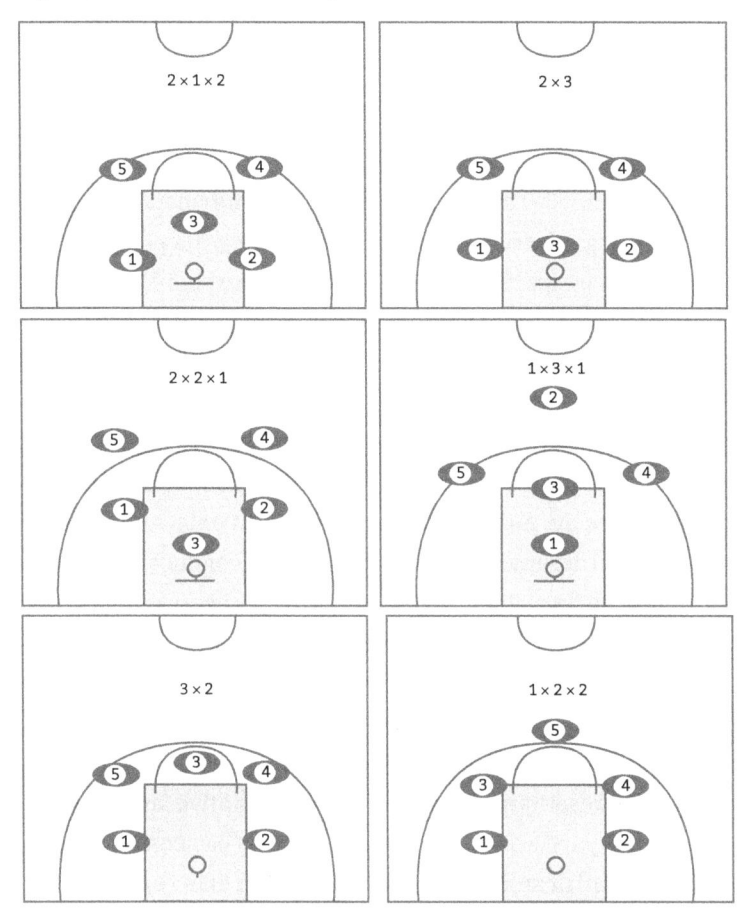

2 x 1 x 2

2 x 3

2 x 2 x 1

1 x 3 x 1

3 x 2

1 x 2 x 2

Após a apresentação dos sistemas defensivos do basquetebol, vamos analisar os principais aspectos relacionados ao sistema ofensivo. Iniciaremos ressaltando a importância das percepções individuais para a sequência das **ações ofensivas** (Paes; Montagner; Ferreira, 2009). Nesse sentido, os jogadores, durante a fase de ataque, devem:

- ser capazes de identificar as fragilidades do sistema defensivo adversário;
- evitar dribles desnecessários;

- trocar passes rápidos;
- gastar o tempo de ataque (24 segundos) buscando a melhor situação para o arremesso;
- executar com frequência corta-luzes.

Nos sistemas ofensivos, os jogadores de cada posição podem apresentar funções diferentes. Por exemplo, o armador é responsável pela organização e liderança do ataque, o ala pode ser considerado o principal finalizador, ao passo que o pivô é o principal responsável pelos rebotes. Além dessas funções, outras devem ser executadas com sucesso para a efetividade do ataque. Entre elas a transição defesa-ataque tem um papel de destaque. Ela pode ser dividida em três fases: (1) início da transição: considerada a partir da reposição de bola a partir da linha de fundo ou da lateral da quadra ou, então, da interceptação da bola ou do rebote defensivo; (2) desenvolvimento da transição: condução rápida da bola por meio de dribles e passes em direção à cesta adversária; (3) finalização da transição: conversão da cesta. Todos os atletas de uma equipe de basquetebol precisam estar aptos a desempenhar essas ações (Paes; Montagner; Ferreira, 2009).

Diferentemente dos sistemas de defesa, os sistemas ofensivos não apresentam um padrão. Por esse motivo, as ações são realizadas a partir de fundamentos técnicos básicos, como passes, fintas, infiltrações e corta-luzes. Todas elas representam ações táticas estratégicas que buscam superar a defesa adversária, explorando sua organização. Dessa forma, quando o adversário tem um sistema de defesa individual, a movimentação do ataque deve ser constante, com utilização de corta-luzes e fintas. Por sua vez, contra uma defesa de marcação por zona, recomenda-se uma movimentação rápida, com deslocamento dos atacantes pelas linhas de fundo, o que permite a execução de jogadas treinadas previamente (Daniel, 2014). Sob essa ótica, fica evidente que os sistemas ofensivos podem apresentar infinitas possibilidades, a depender da habilidade e das características dos jogadores, bem como das características dos adversários e do sistema de defesa utilizado. Dessa forma, torna-se possível identificar os melhores caminhos para a execução de um ataque efetivo.

5.4 Aspectos físicos do basquetebol no alto rendimento

Nesta seção, abordaremos as exigências físicas de uma partida de basquetebol. Porém, antes de nos aprofundarmos nessa discussão, traçaremos um perfil antropométrico dos jogadores dessa modalidade em virtude das particularidades desses atletas, que têm elevada estatura e envergadura. Além disso, no que se refere ao somatotipo de jogadores de alto rendimento, a grande maioria apresenta maior quantidade de massa muscular e baixo percentual de gordura (somatotipo mesomorfo) (Ziv; Lidor, 2009).

Tendo em vista as exigências físicas, de maneira similar ao que ocorre em outras modalidades esportivas coletivas, o basquetebol apresenta alternância de períodos de alta intensidade com outros de média e baixa intensidades, sendo, por isso, considerado um esporte intermitente. Essa característica permite classificá-lo também como uma atividade acíclica, pois os estímulos variam em intensidade e duração. A intensidade, inclusive, varia do repouso completo, nos momentos em que o atleta está no banco de reservas, a ações de alta intensidade, como no contra-ataque (Stojanović et al., 2018).

Embora não seja considerado um esporte de *endurance*, um atleta de basquetebol de alto rendimento deve apresentar elevados níveis de **aptidão aeróbia**, uma vez que essa capacidade é determinante para a manutenção da alta intensidade durante uma partida. A esse respeito, diversos estudos envolvendo jogadores de ambos os sexos demonstram que atletas de alto nível apresentam maior VO_{2MAX} que amadores (Ziv; Lidor, 2009; Ferioli et al., 2018b). Outro ponto relacionado à aptidão aeróbia que merece atenção é o fato de os jogadores revelarem grande variação no tempo em que permanecem em quadra, recebendo cargas diferentes. Nesse contexto, podemos verificar que jogadores titulares conseguem manter elevados valores de VO_{2MAX} ao longo de uma temporada, ao passo que os reservas não têm tal capacidade (Narazaki et al., 2009).

E como resolver esse problema? Uma possível alternativa pode ser a manipulação da carga do treinamento pós-jogo oficial. Nesse momento, os titulares geralmente fazem um treinamento regenerativo, e os reservas vão para a quadra realizar o treinamento com a comissão técnica. Dessa forma, é possível promover um jogo-treino entre os reservas e outra equipe, buscando submetê-los a estímulos semelhantes aos evidenciados pelos titulares. Tal estratégia é útil quando o calendário da equipe não prescreve jogos sequenciais.

Quanto às exigências específicas de cada posição, os armadores fazem mais esforços de alta intensidade quando comparados a alas e pivôs (Ferioli et al., 2018b). Corroborando com essa afirmação, armadores apresentam maior VO_{2MAX} em relação aos alas e pivôs (Ziv; Lidor, 2009). Quando comparados a atletas de outros esportes coletivos, os jogadores de basquetebol têm menor VO_{2MAX} em relação a jogadores de *hockey* e futebol; por outro lado, valores similares de VO podem ser obtidos entre jogadores de basquetebol e voleibol (Ziv; Lidor, 2009).

Outra capacidade física de grande interesse para pesquisadores e profissionais envolvidos com o treinamento do basquetebol é a **força muscular** e suas manifestações. Níveis satisfatórios dessa capacidade são importantes para a execução de alguns fundamentos técnicos e táticos, além de apresentarem efeito protetor contra lesões musculares (Ferioli et al., 2018a). Acredita-se, nesse sentido, que a manutenção do equilíbrio de produção de força entre músculos agonistas e antagonistas (por exemplo, no movimento de extensão do joelho o grupo muscular agonista é o quadríceps, ao passo que no grupo muscular antagonista são os isquiotibiais) pode ser importante para evitar lesões musculares (Dervišević; Hadžić, 2012).

De maneira similar à aptidão aeróbia, alguns estudos demonstraram que, em comparação com os reservas, atletas titulares apresentam maior nível de força muscular máxima avaliada pelo teste de uma repetição máxima (1RM) no exercício de supino. Por outro lado, tanto titulares quanto reservas não conseguem manter os níveis de força muscular ao longo de uma temporada, e, ao final desta, os níveis são menores que no início (Narazaki et al., 2009). Você sabe explicar por que isso ocorre? Provavelmente, pelo limitado tempo destinado para treinamentos específicos de força durante a temporada.

Quando comparamos as posições de jogo, observamos que os pivôs apresentam maior força muscular que armadores e alas. No entanto, quando dividimos a força pela massa corporal, os armadores apresentam maiores níveis de força muscular em comparação com os atletas das outras posições (Ferioli et al., 2018b). Essas informações, somadas ao comportamento da força ao longo de uma temporada, auxiliam na estruturação de um treinamento adequado.

Nos esportes acíclicos, como o basquetebol, os movimentos envolvem a produção de grande trabalho muscular por curtos períodos de tempo, exigindo uma elevada potência anaeróbia, a qual é determinada pela capacidade dos sistemas de produção de energia envolvidos (sistema anaeróbio), cuja produção de energia ocorre sem a presença de oxigênio. Portanto, a potência anaeróbia está relacionada à quantidade de energia que pode ser produzida durante um exercício máximo por unidade de tempo. Sua avaliação pode ser realizada por meio do salto vertical e do teste de *wingate* (Ziv; Lidor, 2009).

O salto vertical é o mais utilizado, pois está atrelado às ações executadas pelos jogadores na defesa (rebotes e bloqueios de arremessos) e no ataque (rebotes e arremessos). Ele tem o objetivo de mensurar a potência muscular de membros inferiores, geralmente avaliada pela altura do salto. Entretanto, tais valores também podem ser convertidos em potência. Além disso, o teste do salto vertical pode ser feito de maneira contínua. Isto é, pode-se solicitar ao avaliado que salte diversas vezes, o mais alto possível, durante 20 ou 30 segundos.

E qual é, em geral, a **altura do salto** de um jogador de basquetebol de alto rendimento? Alguns estudos demonstram que, em média, os jogadores dessa modalidade são capazes de atingir alturas de salto superiores a 40 centímetros. Com relação às posições de jogo, a maioria das investigações não encontra diferenças entre armadores, alas e pivôs. Contudo, quando a altura do salto é convertida em potência anaeróbia, os pivôs apresentam maiores valores que os armadores (Ziv; Lidor, 2009).

Para reforçar a importância de atingir elevadas alturas de salto vertical, Hoare (2000) fez uma pesquisa com jogadores do campeonato australiano de 1998. No estudo, comparou os melhores jogadores em cada posição com outros atletas das mesmas posições, mas que não obtiveram tanto sucesso. A pesquisa de Hoare (2000) demonstrou que os melhores jogadores do campeonato, em suas posições específicas (pivô, ala ou armador), apresentaram maiores valores de altura de salto em comparação com outros atletas em suas respectivas posições. Esse resultado indica a importância da avaliação da altura do salto vertical para o alto desempenho.

As capacidades físicas de velocidade e agilidade são exigidas durante quase toda uma partida de basquetebol, em manobras defensivas e ofensivas. A velocidade refere-se à capacidade de executar ações motoras em curtos intervalos de tempo, a partir de aptidões disponíveis do condicionamento físico do atleta. Por sua vez, a agilidade diz respeito à capacidade de realizar trocas rápidas de direção e sentido com todo o corpo ou parte dele. Vale ressaltar que testes de velocidade e agilidade devem levar em consideração o princípio da especificidade. Isto é, sabemos que jogadores de basquetebol de alto rendimento executam tiros de alta velocidade (*sprints*) de, no máximo, 27 m durante uma partida.

Assim, esses testes não precisam ser executados em distâncias maiores que 30 m (Stojanović et al., 2018).

Geralmente, os armadores são mais rápidos que os pivôs. Em contrapartida, em alguns estudos, resultados conflitantes foram observados para jogadores do sexo masculino. Tais pesquisas não encontraram diferenças na agilidade entre posições de jogo. No entanto, outras demonstraram que armadores são mais ágeis do que alas e pivôs. Todavia, para jogadoras do sexo feminino, as armadoras são mais ágeis em relação a alas e pivôs (Ziv; Lidor, 2009). Mas será que ser rápido e ágil em um teste é importante para o desempenho? Para responder a esse questionamento, vamos pensar da seguinte forma: o basquetebol é um esporte intermitente, no qual os jogadores realizam repetidas vezes ações de alta intensidade; dessa forma, apenas um teste de velocidade e agilidade pode não ser suficiente para representar os esforços durante uma partida. Logo, por meio da execução de testes como *sprints* repetidos, torna-se possível obter o índice de fadiga (ou seja, a capacidade de recuperação) dos jogadores, o qual fornece parâmetros referentes a quanto eles toleram o jogo em alta intensidade, auxiliando a comissão técnica a realizar as substituições nos momentos ideais.

Levando em consideração os aspectos físicos, algumas ações que merecem destaque:

- os programas de treinamento devem ser realizados de acordo com a posição de jogo, uma vez que armadores, alas e pivôs apresentam diferentes características físicas e fisiológicas;
- a avaliação das capacidades físicas e dos programas de treinamento deve ser desenvolvida conforme a especificidade da modalidade – no caso deste capítulo, o basquetebol;
- a seleção de variáveis físicas e fisiológicas precisa ser feita com cautela, considerando as variáveis que realmente são importantes para o desempenho no alto rendimento.

Na sequência, realizaremos algumas reflexões referentes às formas de monitorar a intensidade do jogo, possibilitando, assim, a elaboração de um planejamento de treino adequado às exigências do basquetebol.

5.5 Aspectos gerais do treinamento do basquetebol

Conforme já afirmamos em outras ocasiões, o treinamento deve ser prescrito com base nas exigências do jogo. Dessa forma, ao analisarmos uma partida de basquetebol, verificamos que os esforços intensos apresentam, aproximadamente, três segundos de duração e ocorrem a cada 21 segundos. Portanto, as ações que envolvem esses esforços podem ser observadas em praticamente 15% do tempo de bola viva. Nos casos em que a alta intensidade ultrapassa esses valores, sua duração atinge, no máximo, 13 segundos (Stojanović et al., 2018). Essas informações nos fazem refletir sobre os sistemas de energia envolvidos durante uma partida. Em virtude dessas características, o sistema dos fosfagênios (ATP-CP) é o principal responsável pela produção de energia durante as ações (esforços de três segundos), ao passo que o sistema oxidativo ou aeróbio é predominante durante as pausas entre as ações intensas (21 segundos). Além disso, quanto maior for o tempo do esforço intenso (que poderá chegar a até 13 segundos), maior será a predominância do sistema glicolítico de produção de energia (Ferioli et al., 2018a).

Assim, o **controle da carga interna** merece destaque. Esse controle pode ser realizado por meio da frequência cardíaca, do lactato sanguíneo e da percepção de esforço (Aoki et al., 2017). Além disso, a análise dos desempenhos técnicos e táticos (carga externa) por meio do registro de vídeo pode ser útil para os profissionais envolvidos na preparação dos atletas de basquetebol (Fox; Scanlan; Stanton, 2017). Neste momento, exemplificaremos como um treinamento pode ser monitorado a partir das variáveis que acabamos de citar. Cabe ressaltar que utilizaremos as ações com maior aplicabilidade prática, como a frequência cardíaca, a percepção de esforço e os registros de vídeo.

Durante uma partida, os jogadores atingem, em média, 80-95% da frequência cardíaca máxima (FC_{MAX}). Dessa forma, a intensidade das sessões de treinamento deve aproximar-se desse valor. No entanto, vale a pena salientar que a intensidade deve ser atingida de acordo com o objetivo do treinamento. Nas sessões destinadas a acelerar a recuperação do atleta (pós-jogo), não será necessariamente preciso atingir esses valores. O mesmo ocorre quanto à utilização das escalas de percepção de esforço (PSE) – por exemplo, se utilizarmos uma escala com numeração de 0 a 10 (escalas de Borg ou OMNI). Supondo que, após uma partida, a PSE média dos jogadores tenha sido 7, com base nessa informação poderemos manipular a carga dos treinamentos seguintes.

Agora, vamos refletir a respeito dos registros de vídeo realizados durante uma partida. A esse respeito, alguns estudos demonstram que os jogadores de alto rendimento realizam aproximadamente 1.050 movimentos (entre caminhada, corrida leve, moderada e de alta intensidade) durante uma partida, e a duração destes é, em média, menor do que três segundos. Além disso, os jogadores permanecem por volta de 1,7 minutos parados em pé, 10,4 minutos caminhando, 5,8 minutos correndo e 0,3 minutos saltando. Portanto, durante 34% do tempo de uma disputa, os atletas realizam movimentos de corrida e saltos. Analisando essas ações segundo as posições de jogo, verificamos que os armadores, alas e pivôs realizam, em média, 1.103, 1.022 e 1.026 movimentos, respectivamente (Ziv; Lidor, 2009).

E o que fazer com essas informações? Elas podem ser utilizadas como base para o planejamento de uma sessão de treinamento. Por exemplo: se sabemos que os jogadores, durante uma partida inteira, executam aproximadamente 5,8 minutos de corridas, não é necessário que, durante o treinamento, os atletas façam corridas de alta intensidade por um tempo maior que 10 minutos e com distâncias muito longas. Além disso, podemos planejar o tempo de recuperação entre os esforços. Sabemos que os atletas permanecem parados e caminhando por volta de 1,7 minutos e 10,4 minutos, respectivamente. E é com base nessas informações que os exercícios devem ser estruturados.

Cabe ressaltar, novamente, que o desempenho é resultado da interação entre aspectos físicos, técnicos e táticos. Assim, para aprimorar o desempenho dos jogadores, é possível recorrer a uma série de exercícios que variem no número de atletas envolvidos e, também, em relação ao espaço da quadra. Esses exercícios recebem o nome de *court drills*, e sua eficácia é comprovada cientificamente (Castagna et al., 2011). Como exemplo, citamos uma investigação que manipulou a quantidade de jogadores envolvidos em exercícios dessa natureza e estabeleceu uma comparação entre eles: exercícios de 2 contra 2, 3 contra 3 e 5 contra 5. Os autores demonstraram que, nos exercícios de 2 contra 2, a intensidade foi maior em comparação com os exercícios de 3 contra 3 e de 5 contra 5. Além disso, os exercícios de 3 contra 3 apresentaram maiores valores de frequência cardíaca e consumo de oxigênio em relação aos exercícios de 5 contra 5 (Castagna et al., 2011).

Portanto, concluímos que exercícios com número reduzido de atletas podem ser realizados para aprimorar a capacidade aeróbia no alto rendimento, ao mesmo tempo em que desenvolvem os aspectos técnicos e táticos. Além da capacidade aeróbia, como discutido na seção anterior, a altura do salto vertical apresenta forte relação com o desempenho. Nesse sentido, a utilização de um treinamento pliométrico é uma estratégia interessante para o aprimoramento da potência muscular e anaeróbia dos jogadores de basquetebol.

Por fim, considerando a ampla possibilidade de treinamentos que podem ser aplicados aos atletas dessa modalidade, cabe ao treinador e à sua comissão elaborar as atividades que melhor se enquadrem às necessidades da equipe. Lembre-se de que os princípios do treinamento discutidos no Capítulo 1 deverão estar sempre presentes para auxiliar nessa tomada de decisão.

Síntese

Neste capítulo, analisamos os principais aspectos atrelados ao basquetebol praticado em alto rendimento. Assim, discutimos que um treinamento de qualidade necessita ser baseado nas exigências da modalidade e ajustado à realidade de cada equipe. Dessa forma, as regras, os fundamentos técnicos, os sistemas táticos e os esforços físicos compõem a base de um programa de treinamento bem-sucedido.

Atividades de autoavaliação

1. Com relação às características do basquetebol, leia as assertivas a seguir e marque V para as verdadeiras e F para as falsas.
   - ( ) Todos os tempos entre os quartos do basquetebol são iguais, ou seja, de dois minutos.
   - ( ) A área retangular do garrafão é chamada de *área restrita*, pois um jogador sem a posse de bola pode permanecer apenas três segundos dentro dela.
   - ( ) Em geral, os jogadores de basquetebol podem jogar como armadores, alas ou pivôs. Sendo os armadores os organizadores da equipe, os alas devem ser bons em arremessos, e os pivôs, em rebotes defensivos e ofensivos.

( ) As cestas convertidas em lances livres e dentro da área de dois pontos com bola viva computam dois pontos para a equipe.

( ) Uma equipe de basquetebol com a posse de bola deve finalizar a ação de ataque em 24 segundos.

Agora, assinale a alternativa que apresenta a sequência correta:

a) F, V, V, V, F.
b) V, V, V, F, V.
c) F, V, F, V, V.
d) F, V, V, F, V.
e) V, V, V, V, F.

2. No que se refere à avaliação do desempenho técnico, analise as assertivas a seguir.

I. O desempenho técnico pode ser avaliado apenas com método de análise computadorizada.

II. No método manual, são utilizados caneta e papel, por meio do qual podemos avaliar variáveis como número de arremessos realizados, faltas, entre outras.

III. O método computadorizado apresenta a característica de observar um volume maior de dados, em comparação ao método manual.

IV. Por meio da análise de desempenho técnico, é possível buscar indicadores que classificam equipes em vencedoras e perdedoras.

A seguir, assinale a alternativa que apresenta apenas as assertivas corretas:

a) II, III e IV.
b) I, III e IV.
c) I, II e III.
d) III e IV.
e) IV.

3. Com relação às características do basquetebol, leia as afirmações a seguir e marque V para as verdadeiras e F para as falsas.

   ( ) Os sistemas táticos do basquetebol podem ser caracterizados em sistemas defensivos e ofensivos.
   ( ) Os sistemas defensivos podem ser caracterizados em sistemas individual, por zona, misto e pressão.
   ( ) Os sistemas ofensivos são caracterizados em ações individuais e por zona.
   ( ) Para determinar o sistema defensivo da equipe, é importante conhecer as características da equipe adversária.

   Agora, assinale a alternativa que apresenta a sequência correta:

   a) V, V, F, V.
   b) V, F, F, V.
   c) V, V, F, F.
   d) F, V, V, V.
   e) V, V, V, F.

4. Considerando as características físicas de cada posição de jogo, assinale a alternativa correta:

   a) Armadores realizam menos esforços de alta intensidade em comparação com os alas.
   b) O pivô é o jogador com maior aptidão aeróbia entre as posições de jogo do basquetebol.
   c) Armadores apresentam maior força muscular em comparação com os alas e os pivôs, quando essa variável é corrigida pela massa corporal.
   d) Alas apresentam maior altura no salto vertical em comparação com pivôs e armadores.
   e) Independentemente da posição, tanto jogadores de basquetebol titulares quanto reservas são capazes de manter o nível de força muscular ao longo de uma temporada.

5. Com relação ao treinamento no basquetebol, leia as afirmações a seguir e marque V para as verdadeiras e F para as falsas.

( ) É possível utilizar registros de vídeo da partida para obter informações úteis para o treinamento.

( ) Jogos com número reduzido de jogadores – por exemplo, 2 contra 2 – podem apresentar menor intensidade do que um jogo 5 contra 5.

( ) O salto vertical é um teste importante para jogadores de basquetebol, uma vez que se trata de um movimento frequentemente executado durante o jogo.

( ) Uma das formas de alterar a carga do treinamento é manipular o número de jogadores envolvidos no exercício e o espaço da quadra.

A seguir, assinale a alternativa que apresenta a sequência correta:

a) V, V, V, F.
b) V, F, V, V.
c) V, V, F, V.
d) F, V, V, F.
e) F, F, V, V.

Atividades de aprendizagem

Questões para reflexão

1. Jogadores com mais tempo em quadra (titulares) podem apresentar maior condicionamento físico do que jogadores com menos tempo em quadra (reservas). Qual estratégia você utilizaria para equilibrar esse quadro? Reflita sobre isso sem recorrer a exemplos já abordados no capítulo.

2. Pense nas características de esforço do jogo de basquetebol. Em seguida, indique três capacidades físicas que você buscaria aprimorar em seu treinamento.

Atividade aplicada: prática

1. Elabore uma ficha de avaliação do desempenho técnico e aplique-a em um jogo de basquetebol (pode ser em uma partida oficial transmitida pela televisão/internet). Por fim, descreva dois exercícios para aprimorar alguma deficiência técnica observada durante o jogo.

Capítulo 6

Esportes de alto rendimento:
handebol

Neste capítulo, abordaremos as principais questões relacionadas ao rendimento no handebol. Para isso, discutiremos os fundamentos técnicos, os sistemas táticos e as exigências físicas. Esperamos que você aproveite ao máximo essas informações.

6.1 Características do handebol

O handebol é uma modalidade coletiva complexa, composta por ações de alta intensidade intercaladas por períodos de recuperação ativa. Nesse sentido, estamos diante de mais um esporte com característica intermitente. O objetivo do jogo é marcar um maior número de gols que o adversário. Para tanto, diversas estratégias táticas são aplicadas por meio de fundamentos técnicos e de ações físicas. Novamente, o desempenho será resultado da interação entre esses elementos (Menezes, 2011).

Antes de aprofundarmos a discussão referente a esses elementos, faremos uma breve apresentação dos aspectos gerais que envolvem o handebol. Iniciaremos pela **quadra** de jogo, que tem 40 m de comprimento por 20 m de largura (Figura 6.1). Em cada lado existe uma baliza (gol) posicionada ao centro da linha de fundo, medindo 3 m de largura por 2 m de altura. Aqui, presenciamos a seguinte particularidade: as traves devem ser pintadas em cores alternadas para contrastar com o fundo da quadra. Em frente à baliza, há uma linha de 6 m que limita o campo de atuação dos jogadores. O contato com esse local só é permitido nos casos em que o atleta executa um arremesso e a bola é lançada antes de ele entrar nessa área. Um pouco mais adiante, consta a linha de 7 m, utilizada para a cobrança de faltas cometidas quando um atacante está em clara chance de fazer o gol. Durante a cobrança dessa penalidade, o goleiro pode afastar-se da linha de fundo até uma distância de 4 m, também demarcada na quadra. Seguindo em direção ao meio da quadra, há, ainda, uma linha pontilhada, demarcada a 9 m de distância da linha de fundo. Ela constitui o local de onde o tiro livre é cobrado após uma falta de jogo (CBHb, 2016).

A partida é disputada por duas **equipes** com sete jogadores cada, sendo que um deles é o goleiro. Cabe ressaltar que número de substituições é ilimitado, contribuindo para a manutenção da intensidade do jogo e para as variações estratégicas. O jogo é composto por dois **tempos** com duração de 30 minutos cada, separados por 10 minutos de intervalo. Semelhante ao basquetebol, uma partida de handebol nunca termina empatada. Caso isso aconteça, será realizada uma prorrogação contendo dois tempos de 5 minutos separados por 1 minuto de intervalo. Essa prorrogação é realizada, no máximo, por duas vezes. Caso o empate permaneça, o vencedor será determinado de acordo com o regulamento da competição, que pode ser por meio de tiros de 7 metros, por exemplo (CBHb, 2016).

Figura 6.1 Quadra de jogo de handebol

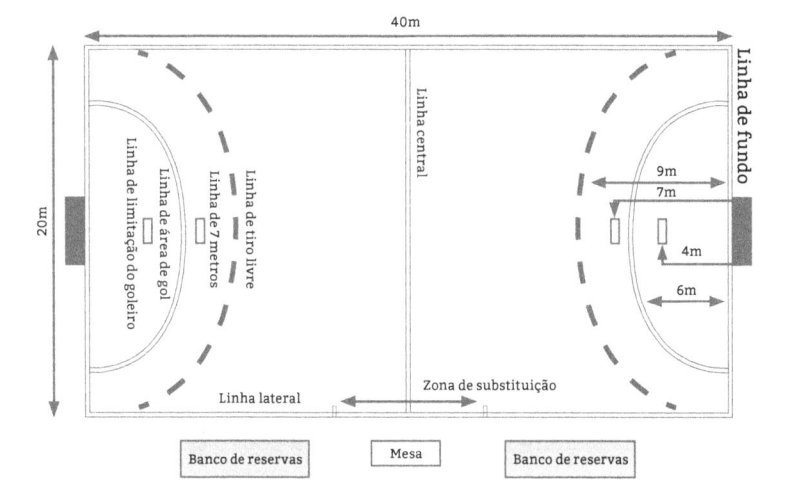

Com relação ao manejo da **bola**, no handebol é permitido que o jogador permaneça com ela sem estar driblando por, no máximo, três segundos. Além disso, só é permitida a realização de três passos com a bola nas mãos sem estar driblando. Essas regras visam estimular a dinâmica do jogo. Ainda nesse sentido, a regra prevê punição para a equipe que não busca a criação de situações para finalizar ou após a criação de uma jogada não finaliza a gol[1].

Nas próximas seções, aprofundaremos os aspectos relacionados ao alto rendimento nessa modalidade esportiva.

---

[1] Caso você queira aprofundar os conhecimentos referentes às regras do handebol, indicamos a leitura do livro de regras da modalidade: CBHb (2016).

6.2 Aspectos técnicos do handebol no alto rendimento

A técnica nos esportes coletivos pode influenciar na solução das situações complexas enfrentadas durante o jogo. Assim, para modalidades como o handebol, caracterizadas pela pressão temporal e pela imprevisibilidade das ações, o treinamento deve ser conduzido nas mais variadas situações e condições (Clemente; Rocha; Mendes, 2014).

De maneira geral, os fundamentos técnicos do handebol são os seguintes: drible; passe e recepção; arremesso; fintas; situações especiais. O **drible** é o fundamento que permite ao jogador deslocar-se por mais de três passos com a posse de bola. Sua execução é simples e consiste em quicar a bola contra o solo, parado ou em movimento. Conforme citado anteriormente, o jogador não pode ficar com a posse de bola por mais de três segundos; nesse sentido, o drible é fundamental para a manutenção da posse de bola.

Caso o atleta opte por transferi-la em vez de quicá-la no solo, será executado um **passe**, ação que demanda um companheiro para realizar a recepção da bola. Dessa forma, passe e recepção constituem os elementos básicos para a construção do jogo e necessitam ser precisos para que as possibilidades de arremessos sejam ampliadas (Hespanhol Junior et al., 2012).

Assim, ao longo dos anos, o passe foi sendo aprimorado e passou a apresentar as seguintes características baseadas na trajetória da bola:

- direto: estilo de passe mais utilizado, que percorre o caminho mais curto e tem maior precisão;
- picado: caracteriza-se pela bola tocando o solo, ou seja, esta é lançada ao solo antes de chegar a um companheiro de equipe, visando impedir a interceptação do adversário;
- parabólico: caracterizado pela parábola que a bola forma em seu percurso; sua execução visa impedir a interceptação

do adversário, entretanto, é comumente realizado para acelerar um contra-ataque e percorrer uma distância maior.

Além da trajetória, os passes podem ser classificados de acordo com a distância de sua execução em passe curtos, médios e longos, realizados de acordo com a necessidade do jogo. Nesse sentido, o passe pode ser feito em preparação (com o jogador parado ou com pequeno deslocamento) ou em progressão (realizado quando a equipe se aproxima do gol adversário). Por fim, quanto à movimentação de execução, ele pode ser feito com o jogador parado, em deslocamento, em suspensão, com uma ou com as duas mãos, de frente, de lado ou de costas (Menezes, 2011).

No alto rendimento, o atleta necessita de algumas ações específicas para executar um bom passe, como o oportunismo (passe para um companheiro que possa receber a bola em uma situação vantajosa), a precisão (a bola deve chegar ao companheiro sem a necessidade de este alterar sua posição), a imprevisibilidade (o passe deve surpreender o adversário, no sentido de que ele não consiga interceptá-lo), a rapidez na execução (passes rápidos, dificultando as movimentações do adversário) e a segurança na execução (realizar o passe com a garantia de que o adversário não proceda à interceptação) (Menezes, 2011).

Ainda com relação aos fundamentos técnicos, o **arremesso** pode ser considerado o objetivo final das ações de ataque. Antes de sua execução, o jogador deve realizar uma progressão, deslocando-se com a posse de bola (geralmente, três passos, permitidos pela regra) para auxiliar nessa realização. Além disso, a eficácia de um arremesso está associada a um bom nível de potência muscular. Já quanto às formas de execução, o arremesso pode ser classificado em:

- simples: caracterizado pela elevação do braço à frente do corpo, com o cotovelo flexionado acima da linha do ombro; pode ser realizado parado ou em progressão;

- especiais: realizados de acordo com as situações do jogo; podem ser feitos em suspensão ou com queda após sua realização.

Por seu turno, as **fintas** são movimentos realizados com o corpo todo, a fim de dificultar a marcação adversária. Podem ocorrer com o jogador sob a posse de bola ou não. Portanto, estão associadas ao drible, ao passe e ao arremesso, por meio da utilização de giros e de mudanças de direção. Em virtude dessa vasta possibilidade de execução, são classificadas da seguinte forma:

- com mudança de direção: o jogador ameaça deslocar-se para um lado e efetua o deslocamento para o lado contrário, por exemplo;
- com giro: o jogador realiza um giro total (360°) ou parcial (menos que 360°) quando estiver próximo ao defensor;
- com sete passos: o jogador executa três passos com a posse de bola, realiza um salto e, antes de retornar ao solo, executa o drible, para depois realizar novamente três passos com posse de bola.

E, considerando as **situações especiais de jogo**, podemos caracterizá-las dessa forma por compreenderem uma combinação de fundamentos técnicos. Essas ações ocorrem em virtude dos ajustes técnicos realizados para superar as exigências do jogo e se sobressair em relação ao adversário. Nesse sentido, podemos citar a combinação de movimentos como fintas, passes e arremessos.

Até este momento, falamos a respeito das características gerais dos fundamentos técnicos. Entretanto, estes podem ser classificados em técnicas de ataque e técnicas de defesa, além de serem específicos de cada posição, como no caso dos goleiros. A partir de agora, explicaremos essa divisão.

Sob essa ótica, começaremos com as **técnicas de ataque**, as quais se constituem nas seguintes ações:

- movimentos do jogador: saltar, flexionar-se, correr, mudar de direção, parar, girar, cair, bloquear, rolar e penetrar;
- recepção da bola: com as duas mãos e com uma mão;
- drible: avançar, recuar, proteger a bola diante do adversário;
- passes: de ombro com apoio, em suspensão, passe baixo, passe em três, de peito, sobre a cabeça;
- arremessos: de ombro, de quadril, em suspensão, em queda (para frente sobre o braço do arremesso, do lado contrário ao do braço de arremesso, em suspensão e com queda);
- fintas: com bola e sem bola.

Já em relação às **técnicas de defesa**, indicamos as seguintes:
- deslocamento do jogador: para frente, para trás, para a lateral, em diagonal, saltar e flexionar-se;
- uso do corpo: bloquear o rival, conduzir o adversário para posições desfavoráveis;
- tomada da bola: em drible, em arremesso, em preparação para o arremesso;
- bloqueios de arremessos;
- luta pela posse da bola: interceptação e/ou antecipação de passes.

E, como mencionamos, o **goleiro** tem algumas técnicas específicas dessa posição, as quais estão listadas a seguir:
- posição: modificada de acordo com a situação (7 metros, tiro livre ou movimentação de jogo);
- deslocamento: para frente, para trás, para a lateral e em diagonal;
- técnicas ofensivas: iniciação do contra-ataque e atuação como jogador de campo (por exemplo, cortando um contra-ataque adversário);
- técnicas defensivas: com os dois braços, com apenas um braço, com o pé, combinações entre pé e mão, defesa com salto, fechando o ângulo e com fintas prévias.

Levando em conta a dinâmica e a complexidade do jogo de handebol, a realização adequada dessas técnicas é de suma importância para o alto desempenho, pois elas são as responsáveis por dar sequência às ações ofensivas e defensivas. Dessa forma, devem ser trabalhadas considerando os mais diversos cenários. Nesse sentido, você se lembra dos fundamentos táticos discutidos no Capítulo 1 e aplicados ao contexto do futsal no Capítulo 3? Essas premissas se encaixam perfeitamente ao handebol. Por isso, podem auxiliá-lo na avaliação de suas equipes e na elaboração de treinamentos.

6.3 Aspectos táticos do handebol no alto rendimento

O desempenho tático em um jogo de handebol é resultado de ações individuais e coletivas. Imagine a seguinte situação: após recuperar a posse de bola, uma equipe atinge superioridade numérica, em virtude de uma rápida troca de passes, e o jogador que está com a bola nas mãos próximo à baliza opta for finalizar em vez de realizar um passe. Mas como ele estava sob forte marcação, é bloqueado, e de seus companheiros estava livre do outro lado da quadra. Nessa situação, como as chances de sucesso poderiam ter sido potencializadas? Lembra-se dos **princípios táticos**? Pois bem, a compreensão e a aplicação deles certamente possibilitariam uma resolução diferente e mais eficaz para a ação utilizada como exemplo.

Esportes coletivos, como o handebol, o basquetebol e o futebol, por exemplo, característicos por continuamente apresentarem ações de cooperação e oposição ao longo de um jogo e desenvolvidos em um cenário complexo de imprevisibilidade, podem utilizar diretrizes comuns para possibilitar que todos os jogadores "falem a mesma língua" no campo de jogo. Aplicando esse conceito especificamente ao handebol, uma equipe pode conferir um aspecto coletivo às **ações de ataque, de defesa** e **de transição**. Nesse contexto, dividiremos as ações de ataque em contra-ataque, ataque rápido e ataque organizado. Já as ações de defesa serão classificadas em recuperação defensiva, zona defensiva temporária e defesa organizada (Menezes; Morato; Marques, 2016). Os Quadros 6.1 e 6.2 mostram detalhadamente os objetivos de cada fase e suas respectivas ações.

Quadro 6.1 Princípios do jogo de ataque

Objetivo durante o jogo	Ações
Contra-ataque: após a recuperação da posse de bola, o gol deve ser procurado imediatamente.	- passes rápidos em diagonal; - evitar a realização de dribles; - apoiar o portador da bola; - finalizar nas zonas de maior eficácia.
Ataque rápido: transição do contra-ataque para o ataque organizado;	- limitar a posse de bola e o drible; - apoiar o portador da bola; - promover inversões de sentido.
Ataque organizado: buscar arremessar na melhor condição.	- afastamento dos defensores (perto da meta e longe dos defensores); - recepção da bola em progressão (em direção ao gol); - limitação do drible (trabalhar com passes); - ocupação racional do espaço.

Quadro 6.2 Princípios do jogo de defesa

Objetivo durante o jogo	Ações
Retorno defensivo: dificultar ou impossibilitar o contra-ataque; posicionamento rápido do sistema de defesa da equipe.	- proteger a meta; - recuperar a bola; - evitar a inferioridade numérica.
Zona defensiva temporária: transição do retorno defensivo para a defesa organizada.	- encurtar os espaços entre os defensores, sem comprometer a amplitude defensiva; - evitar a inferioridade numérica.

Com base nessas informações, fica evidente que as ações coletivas são determinadas pela fase em que o jogo se encontra. Nos momentos de ataque, cada atleta é responsável por executar um papel dentro de quadra, entretanto, a qualidade de sua atuação será resultado da interação complexa com seus companheiros e adversários. Sob essa ótica, a Figura 6.3, a seguir, retrata as principais posições táticas durante uma situação ofensiva. Ao visualizá-la, você perceberá uma ocupação racional da quadra de jogo, com atletas posicionados em diferentes espaços. Cada posição foi representada por determinado número, de acordo com a seguinte distribuição: 1 = armador esquerdo; 2 = armador central; 3 = armador direito; 4 = ponta direita; 5 = pivô; 6 = ponta esquerda.

Figura 6.3 Posições de jogo em situação ofensiva (exemplo sistema no 3-3)

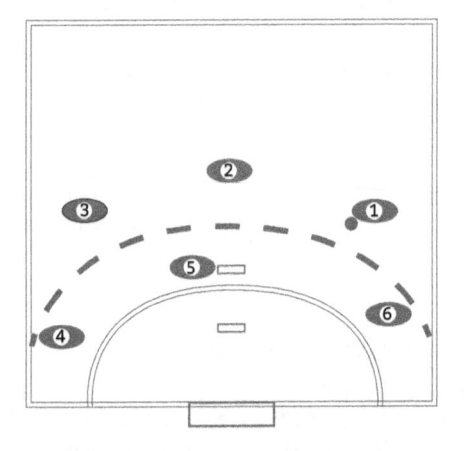

De maneira geral, os **armadores** apresentam-se mais distantes da defesa (primeira linha ofensiva). Dessa maneira, podem ser considerados atacantes com boas possibilidades de deslocamentos e espaços de atuação. Portanto, são responsáveis pela elaboração do jogo ofensivo, e ao armador central cabe também a função de promover a coordenação ofensiva. Assim, os armadores podem tanto atuar como finalizadores quanto ser responsáveis pelas assistências da equipe. Além disso, devem ser capazes de proporcionar situações favoráveis aos demais companheiros por meio de cruzamentos, fintas, passes e mudanças de direção (Menezes, 2011).

Por sua vez, os **pontas** são os jogadores que atuam pelos lados da quadra (posições 4 e 6), na segunda linha ofensiva. Durante suas ações, geralmente estão posicionados nas extremidades da quadra, de acordo com o sistema defensivo adversário. Assim, podem posicionar-se no fundo da quadra, próximos à linha de fundo ou próximos à linha de 9 m. Esses atletas apresentam funções diferentes segundo o sistema tático adotado pela equipe. Dessa forma, entre suas funções estão iniciar a circulação da bola com rapidez, dando maior velocidade ao ataque, ou, então, finalizar as jogadas, servindo de apoio aos armadores (Menezes, 2011).

Já os **pivôs** podem ser considerados um posto especial, uma vez que estão posicionados entre os defensores e que jogam geralmente de costas ou lateralmente para o gol adversário. De costas para o gol, terão dificuldades no arremesso, porém, serão fundamentais para o jogo dos armadores. Mas, quando estiverem posicionados lateralmente para o gol, terão facilidade para realizar giros e bloqueios laterais, bem como para auxiliar na infiltração dos armadores. Para a realização de arremessos, os pivôs devem ludibriar a marcação. Por isso, precisam apresentar altos níveis de força muscular, para que, assim, consigam girar e escapar dos adversários, obtendo uma posição mais favorável para o arremesso. Atletas dessa posição também podem atuar momentaneamente distantes da linha de 6 m, com o intuito de desequilibrar a defesa adversária (Menezes, 2011).

A partir de agora, discutiremos as **funções defensivas** de cada posição. Alguns exemplos da distribuição dos atletas em quadra podem ser visualizados na Figura 6.4, a seguir.

Figura 6.4 Posições de jogo em situação defensiva (exemplo)

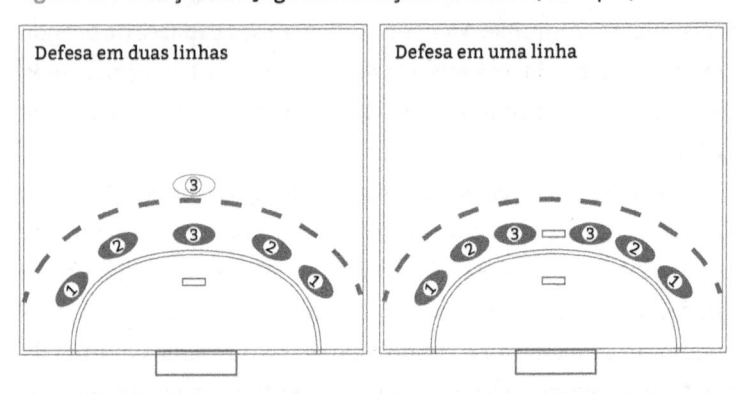

| Defesa em duas linhas | Defesa em uma linha |

As posições na Figura 6.4 podem ser descritas considerando a defesa em uma ou duas linhas. Assim, na defesa em duas linhas, as posições são: 1 = primeiro defensor ou exteriores direito e esquerdo; 2 = segundo defensor ou laterais direito e esquerdo; 3 = terceiro defensor, sendo um o central (cor preta) e o avançado (cor branca). Já na defesa em uma linha as posições são: 1 = exteriores direito e esquerdo; 2 = laterais direito e esquerdo; 3 = centrais direito e esquerdo (Menezes, 2011).

Em ambos os tipos de defesa, os **exteriores** são os responsáveis por marcar os pontas da equipe adversária. Dessa forma, devem buscar reduzir as áreas de atuação desses oponentes, deslocando-os para a linha de fundo. Isso fará com que os pontas tenham dificuldades para arremessar ao gol. Já aos **laterais** cabe a função de marcar o pivô (junto aos centrais) e, também, os armadores adversários. Com relação aos **centrais**, eles são os responsáveis pela marcação do pivô juntamente com os laterais (como dito anteriormente), e, em alguns casos, essa marcação é realizada de maneira individual. Já os **avançados** (defesa com duas linhas), por ocuparem essa posição, devem dificultar os arremessos de longa distância e a infiltração dos armadores.

Mas o que, de fato, determina a escolha pela marcação em uma ou duas linhas? Tal opção deve ser baseada na característica do adversário. Por exemplo, ao enfrentar um pivô muito qualificado, a adoção de uma defesa em linha é a mais indicada. Pelo contrário, quando os melhores jogadores oponentes forem os armadores, especialmente em se tratando de bons arremessadores, a defesa em duas linhas passará a ser uma estratégia mais interessante.

Até este momento, apresentamos os posicionamentos dos atletas durante as ações ofensivas e defensivas. No entanto, você sabe como eles se organizam em quadra? Para auxiliar nessa resposta e aprofundar nosso debate referente às questões táticas, a partir de agora discutiremos os principais **sistemas táticos** utilizados nas fases de ataque e de defesa. Sob essa ótica, a Figura 6.5 apresenta os principias sistemas ofensivos do handebol, dos quais destacamos os seguintes:

- **3-3**: apresenta duas variações; a primeira considera um sistema clássico com apenas um pivô, e a segunda contempla dois pivôs durante as ações ofensivas;
- **4-2**: também apresenta duas variações: na primeira, o central torna-se pivô, já na segunda, quem assume a função de pivô é o ponta;
- **2-4**: nesse sistema, o armador central geralmente assume o posto de pivô.

Figura 6.5 Sistemas ofensivos do handebol

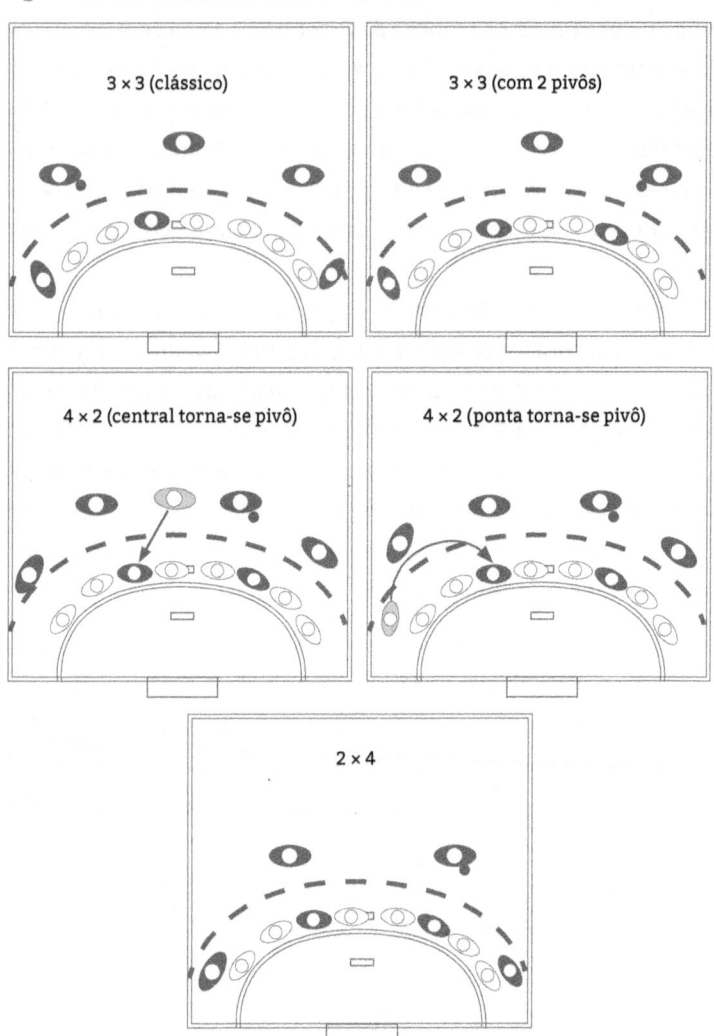

- 3 × 3 (clássico)
- 3 × 3 (com 2 pivôs)
- 4 × 2 (central torna-se pivô)
- 4 × 2 (ponta torna-se pivô)
- 2 × 4

Analisando em profundidade esses sistemas, podemos perceber que o sistema **3-3** é considerado clássico porque serve de base para os outros. Em campeonatos mundiais, trata-se do sistema ofensivo mais utilizado, já que permite diversas variações táticas individuais e coletivas. As equipes que o utilizam têm armadores com qualidade nos arremessos de longas distâncias. Por sua vez, o sistema ofensivo **4-2** é utilizado especialmente contra sistemas defensivos mais abertos (5-1, por exemplo). E o sistema **2-4** é utilizado quando se busca o predomínio das ações ofensivas em profundidade (Menezes, 2011).

Já quanto aos **sistemas defensivos**, eles podem ser classificados de três formas: individual, por zona e misto. A seguir, faremos uma breve apresentação de cada um deles.

Os sistemas defensivos **individuais** podem ser executados de três maneiras:

1. em toda a quadra: o objetivo é pressionar a saída de bola adversária, ou seja, pressionar o ataque com antecedência, dificultando a saída de bola e buscando recuperá-la rapidamente;
2. metade da quadra: a defesa pressiona os atacantes adversários no momento em que eles ultrapassarem a linha central;
3. próximo à área da defesa: todos os defensores ficam próximos à linha de 9 m (tiro livre) e, nessa região, pressionam os atacantes.

Os sistemas defensivos **por zona** podem ser caracterizados quando cada jogador é responsável pela zona defensiva que ocupa. Tais sistemas estão representados na Figura 6.6, apresentada na sequência. Analisando-os, você notará que as defesas estão organizadas em estruturas fechadas e abertas. Além disso, cabe ressaltar que os sistemas mais utilizados são o 6-0 (fechado) e o 5-1 (aberto) (Menezes, 2011).

Figura 6.6 Sistemas defensivos por zona no handebol

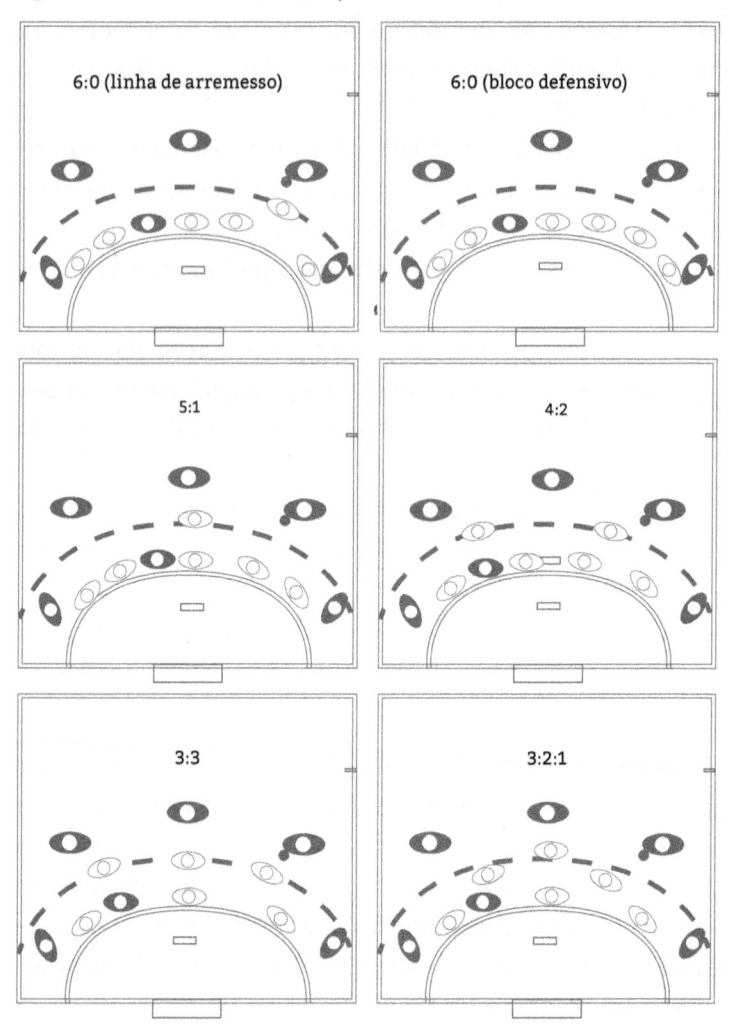

6:0 (linha de arremesso)	6:0 (bloco defensivo)
5:1	4:2
3:3	3:2:1

No sistema defensivo **6-0**, os jogadores posicionam-se próximos à linha de 6 m. Esse sistema, como citamos anteriormente, é um dos mais utilizados, servindo de base para as demais organizações. Salientamos que ele pode ser executado de duas formas:

(1) na linha de arremesso, caracterizado pela aproximação do defensor ao atacante com a posse de bole; (2) por bloco defensivo, caracterizado pela proximidade de todos os jogadores de defesa. Já o sistema defensivo **5-1** é descrito dessa forma por contar com um jogador na segunda linha de defesa, com o objetivo de dificultar as ações de profundidade do armador central. Uma das desvantagens de sua utilização reside na liberdade conferida aos demais atacantes (Menezes, 2011).

Por seu turno, o sistema defensivo **4-2** caracteriza-se por apresentar quatro jogadores na primeira linha e dois na segunda linha, sendo os defensores dessa linha os responsáveis pela marcação dos armadores direito e esquerdo. Ainda, o sistema defensivo **3-3** pode ser considerado um sistema aberto de defesa, sendo o mais arriscado entre os sistemas defensivos, pois permite a aproximação dos atacantes adversários à linha de 6 m. Por fim, o sistema defensivo **3-2-1** é o único que apresenta três linhas defensivas (a primeira com três jogadores, a segunda com dois jogadores e a terceira com apenas um jogador). É caracterizado por ser um sistema aberto que tem por objetivo combater as infiltrações e os arremessos de longa distância (Menezes, 2011).

Perceba que, na representação dos sistemas defensivos (Figura 6.6), a equipe que está atacando adotar o sistema ofensivo 3-3. No caso de a equipe adversária utilizar outro sistema ofensivo, caberá ao treinador decidir qual sistema defensivo será mais eficiente. Nesse sentido, existem ainda outras formas de defender. Entre elas está a utilização de **sistemas mistos**, caracterizados por uma junção dos sistemas individual e por zona. Os principais desenhos mistos utilizados são 5 + 1, 4 + 2 e 3 + 3. A Figura 6.7, a seguir, ilustra esses sistemas.

Figura 6.7 Sistemas defensivos mistos no handebol

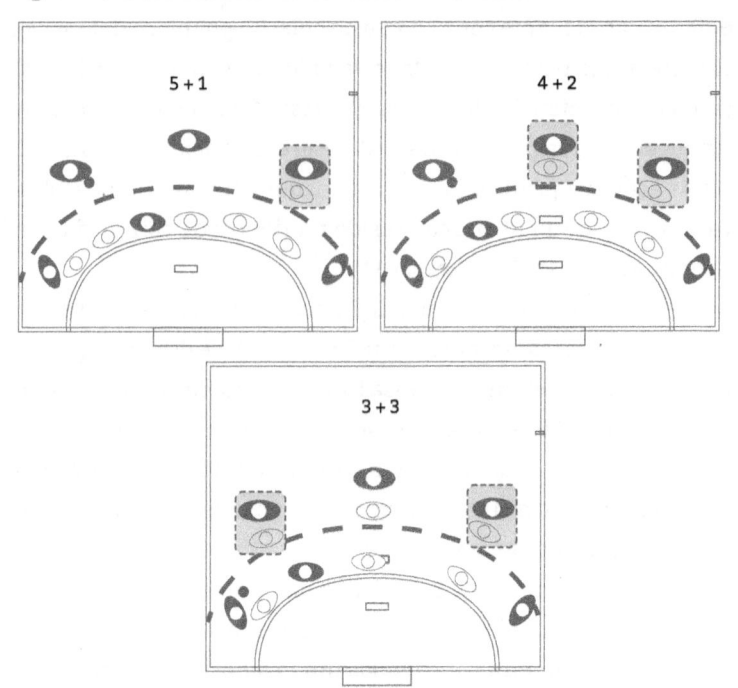

O sistema **5 + 1** é o mais utilizado pelas equipes de alto rendimento quando se trata da adoção de um sistema de defesa misto. Geralmente, é empregado diante de atletas muito habilidosos. Casa haja a necessidade de uma atenção especial em dois oponentes adversários, o sistema adotado pode ser o **4 + 2**. Por fim, o sistema **3 + 3** é raramente utilizado, pois se aproxima muito dos sistemas defensivos individuais.

Você percebe como existem diversas formas de atacar e defender no handebol? Essa característica confere grande complexidade do jogo. Assim, é papel do treinador e de sua comissão técnica decidir qual sistema melhor se aplica às suas ideias de jogo. A partir disso, os treinamentos devem ser direcionados para aprimorar a execução dos sistemas escolhidos. No entanto, não podemos deixar de destacar que, no alto rendimento, as equipes precisam estar preparadas para utilizar mais de um sistema por meio de manobras táticas que dificultem a atuação do adversário.

6.4 Aspectos físicos do handebol no alto rendimento

Em virtude das exigências da modalidade, composta por ações ofensivas e bloqueios defensivos, um atleta de handebol deve apresentar um bom nível de condicionamento físico. Nesse sentido, a estatura, a envergadura e a quantidade de massa muscular são variáveis que auxiliam no desempenho (Michalsik; Aagaard, 2014). As duas primeiras fogem ao nosso controle, no entanto, as variáveis relacionadas à massa muscular e aos demais aspectos relacionados ao desempenho físico podem ser trabalhadas (Massuça; Fragoso; Teles, 2014).

Quando observamos detalhadamente um jogo de handebol, verificamos uma alternância de ações de alta intensidade com períodos de recuperação. Consequentemente, a produção de energia durante um jogo ocorre tanto por vias aeróbias quanto anaeróbias.

Sob essa ótica, a Tabela 6.1, a seguir, demonstra o comportamento dos esforços realizados pelos pontas durante uma partida. Com base nas informações que ela apresenta, podemos constatar que, em média, os maiores deslocamentos são feitos em intensidades moderada e baixa (Haugen; Tønnessen; Seiler, 2016). Embora as ações de alta intensidade representem o menor percentual da distância total, elas constituem os momentos decisivos dos jogos (Luteberget; Spencer, 2017) e, por isso, precisam de uma atenção especial.

Tabela 6.1 Intensidades e deslocamentos (em metros) de jogadores na posição de ponta direita

Intensidade	Total	Ataque	Defesa
Alta (máxima)	639 ± 153	360 ± 94	279 ± 96
Moderada	2.170 ± 223	934 ± 225	1.235 ± 185
Baixa	931 ± 107	575 ± 166	357 ± 60

Fonte: Eleno; Barela; Koubun, 2002. p. 88.

Outro dado que merece atenção é o fato de as ações ofensivas apresentarem maior intensidade que as defensivas. Dessa forma, para a realização de um ataque efetivo durante todo o jogo, os atletas devem ser capazes de manter a intensidade durante os 60 minutos. Mas como essa variável se comporta em uma partida de handebol? Primeiramente, queremos lembrá-lo de que a análise da intensidade pode ser realizada por meio do controle da frequência cardíaca e das concentrações de lactato sanguíneo. Nesse sentido, durante uma partida, a primeira alcança valores médios de 80% a 88% da máxima. Já as concentrações de lactato sanguíneo permanecem acima 4 mmol/L por mais de 25 minutos, indicando que o jogo se desenvolve em intensidades superiores ao limiar anaeróbio, especialmente durante o segundo tempo (Michalsik; Aagaard, 2014).

Considerando esses esforços intermitentes, fica evidente que uma boa **aptidão aeróbia** é fundamental para que o jogador possa desempenhar suas funções durante a disputa de uma partida. A Tabela 6.1 comprova isso, demonstrando que a maioria das ações é realizada em intensidades baixa e moderada. Portanto, elevados valores de VO_{2MAX} são sugeridos, uma vez que auxiliam na redução das concentrações de lactato sanguíneo (remoção e oxidação) durante os períodos de recuperação da partida.

Além da aptidão aeróbia, outras qualidades físicas são fundamentais para o desempenho no alto rendimento. A esse respeito, Eleno, Barela e Kokubun (2002) revelaram a necessidade de incluir treinamentos de força, velocidade, resistência, flexibilidade, coordenação e equilíbrio nas sessões para os atletas.

Assim, durante uma partida, podemos observar um componente e duas manifestações da **força**:

- potência: fundamental para a execução de saltos, arremessos, *sprints* e mudanças de direção;
- força máxima (componente da força muscular): importante para a tomada de posição e para suportar o contato físico;
- resistência de força: necessária para a realização de saltos e deslocamentos consecutivos.

Por sua vez, no que se refere à **velocidade**, consideramos as seguintes manifestações durante uma partida de handebol:

- velocidade de reação (produção de respostas motoras rápidas): importante para manusear a bola e para os deslocamentos;
- agilidade (rápidas mudanças de direção e posição): necessária para a realização de fintas, arremessos e deslocamentos;
- velocidade de força (movimentos rápidos contra uma resistência): fundamental para a realização de deslocamentos ofensivos/defensivos e fintas com marcação;
- velocidade máxima: importante para os deslocamentos e arremessos; esse tipo de velocidade não chega a ser completamente passível de observação em razão do comprimento da quadra – são necessárias maiores distâncias para que o valor máximo seja atingido.

Já com relação à capacidade de **resistência**, é possível visualizá-la nas seguintes situações:

- resistência aeróbia: necessária para a recuperação durante e após a partida;
- resistência de velocidade (movimentos velozes e potentes): importante para a execução de fundamentos técnicos e deslocamentos de maneira rápida e repetitiva;

- resistência muscular localizada (repetição de movimentos com eficiência por longo período de tempo): para a manutenção da posição, bem como para a realização de arremessos e saltos diversos.

A **flexibilidade** pode ser descrita como a capacidade responsável por conferir amplitude às ações, sendo essencial para o aperfeiçoamento técnico e a prevenção de lesões. A capacidade de **coordenação**, por seu turno, envolve duas manifestações principais: a habilidade e a destreza. A primeira está relacionada à execução de movimentos com precisão e à economia de energia (ações como drible, passe, recepção, entre outras); a destreza, por sua vez, diz respeito à realização de movimentos complexos (fintas e arremessos especiais).

Por fim, a capacidade de **equilíbrio** pode ser dividida em estática e dinâmica. O equilíbrio estático abrange a manutenção de uma posição (sem deslocamento), ao passo que o equilíbrio dinâmico refere-se a manter ou alcançar determinada posição (podemos pensar nessa capacidade durante o deslocamento, após a realização de saltos e na disputa por melhores posições dentro de quadra) (Eleno; Barela; Kokubun, 2002).

A seguir, na última seção deste capítulo, aplicaremos alguns dos conceitos apresentados até aqui.

6.5 Aspectos gerais do treinamento do handebol

Já sabemos que, assim como nas outras modalidades incluídas nesta obra, o treinamento de uma equipe de handebol deve considerar os aspectos técnicos, táticos e físicos. Nesse sentido, os exercícios devem proporcionar uma vivência semelhante à encontrada no jogo. Dessa forma, nesta seção, transferiremos as exigências físicas para o cenário do treinamento. Para iniciarmos nossa conversa, propomos algumas perguntas: Quais são os tipos de deslocamentos mais frequentes durante uma partida de handebol? Qual é a distância média em que o jogador permanece com a posse de bola? Quais são os movimentos mais frequentes realizados durante uma disputa? As respostas a essas questões são fundamentais para o desenvolvimento de um planejamento de treinos voltado para o desempenho físico. Sob essa ótica, utilizaremos os dados expostos na Tabela 6.2 para construir esse raciocínio.

Tabela 6.2 Deslocamentos (ataque/defesa, com/sem bola) e movimentos dos jogadores de handebol

N. de deslocamentos	Frontal	Lateral	Diagonal	Costas
Ataque	117	7	59	67
Defesa	102	67	75	81
Transição ataque-defesa	51	3	7	13
Transição defesa-ataque	52	2	7	5
Deslocamentos totais	**Deslocamentos sem bola**		**Deslocamentos com bola**	
4.152 m	4.114 m		37 m	
Sprints	383 m		11 m	
Médios	3.127 m		26 m	
Lentos	604 m		0 m	
Atividade	**n. de repetições**			
Mudanças do ritmo de corrida	190			
Mudanças de direção	279			
Saltos	16			
Recepções	90			
Interceptações da bola	19			
Arremessos ao gol	9			

Fonte: Eleno; Barela; Koubun, 2002. p. 89-91.

Com base nas informações presentes nessa tabela, podemos concluir que, geralmente, os jogadores realizam mais deslocamentos frontais. Isso faz todo sentido, uma vez que a partida é disputada em alta velocidade. Assim, o treinamento deve englobar todos os tipos possíveis de deslocamentos (frontal, lateral, diagonal e costas), mas com ênfase nas ações mais exigidas (deslocamentos frontais e laterais). Salientamos, a esse respeito, que os valores apresentados na Tabela 6.2 representam médias. Logo, certas variáveis, como a posição tática, podem apresentar outros valores.

Outro detalhe que deve ser observado diz respeito à quantidade de **deslocamento com e sem bola**. Conforme observado na tabela, as maiores distâncias são percorridas sem a posse de bola. Assim, o treinamento deve ser executado com maior percentual de corridas sem bola e um percentual menor de deslocamentos com a bola, em que se pode enfatizar os fundamentos técnicos e as ações táticas. Além de corridas frontais sem bola, sempre é importante promover mudanças de velocidade e direção, já que tais ações são frequentes durante as partidas (Clemente; Rocha; Mendes, 2014).

Já informamos que um jogo de handebol dura 60 minutos. No entanto, em média, o tempo líquido corresponde a 41 minutos; durante os outros 19 minutos, a bola não está em jogo, ou seja, os atletas têm algum tempo para se recuperar ao longo de uma disputa. Além disso, as substituições são ilimitadas, fato que também contribui para a recuperação dos jogadores. Dessa forma, fica claro que as regras do jogo e as ações táticas favorecem o esforço intermitente característico do handebol. Pensando nesses aspectos, o treinamento do jogador de alto rendimento deve ser baseado nessas exigências físicas, por meio de ações ofensivas, defensivas e de contra-ataque (Luteberget; Trollerud; Spencer, 2018).

Como mencionamos na seção anterior, os valores de lactato sanguíneo podem permanecer acima do limiar anaeróbio por um tempo prolongado durante uma partida. Assim, recomenda-se que o treinamento seja feito em intensidades acima desse parâmetro fisiológico, a fim de a **capacidade aeróbia** dos atletas seja estimulada, para que eles sejam capazes de suportar elevados níveis de lactato durante a partida. No caso de o treinamento não atingir tais intensidade, os jogadores poderão fadigar precocemente, em virtude do acúmulo de metabólitos sanguíneos (Luteberget; Spencer, 2017).

Outro ponto que merece nossa atenção refere-se ao treinamento de **força e potência muscular**. Exercícios que desenvolvam essas capacidades devem ser inseridos na rotina de treinamento dos atletas, buscando aumentar/manter o percentual de massa muscular e aprimorar os níveis de força explosiva dos membros inferiores e superiores. Tais ações auxiliarão na execução de saltos, bloqueios, empurrões e arremessos. O treinamento dessas capacidades pode ser conduzido utilizando a pliometria (treino com saltos) e o treinamento de força tradicional (Eleno; Barela; Kokubun, 2002).

O treinamento de **velocidade** também ocupa um papel de destaque. Ele pode ser desenvolvido por meio da utilização de *sprints* repetidos, uma vez que a velocidade deve ser sustentada durante o jogo todo. Além disso, é importante salientar que a velocidade apresenta grande relação com a força dos membros inferiores. Nesse sentido, o treinamento de força pode servir de base para o aprimoramento da velocidade, auxiliando seu desenvolvimento e a prevenção das lesões. Em se tratando de lesões, uma estratégia bastante útil para sua prevenção é a implementação de exercícios para a estabilidade do *core* (os 29 músculos que suportam o complexo quadril-pélvico-lombar) (Luteberget; Trollerud; Spencer, 2018).

E, por fim, como saber se um treinamento foi efetivo? Por meio de avaliações realizadas antes e após a execução de um programa de exercícios. A esse respeito, você se recorda dos conceitos apresentados no Capítulo 1? Eles deverão guiar todo o processo de preparação. Portanto, memorize-os, porque a aplicação deles auxiliará você durante toda sua vida profissional, pois cada equipe com a qual você poderá trabalhar demandará certa necessidade.

Síntese

Neste capítulo, nosso objetivo foi promover a compreensão das características de um jogo de handebol, principalmente considerando os aspectos técnicos, táticos e físicos. Com base nas informações apresentadas, você terá subsídios para direcionar o treinamento das equipes, respeitando as necessidades dos atletas e aplicando todas as intervenções que se fizerem necessárias.

Atividades de autoavaliação

1. Com relação às características do handebol, leia as afirmações a seguir e marque V para as verdadeiras e F para as falsas.

    ( ) Um jogo de handebol jamais termina empatado. Caso isso ocorra, deverá ser realizada uma prorrogação contendo um tempo de 5 minutos.
    ( ) A linha de 6 metros indica a área na qual o jogador não pode entrar driblando.
    ( ) O goleiro não pode sair com a bola da área demarcada pela linha de 6 metros, a menos que um jogador de linha toque na bola após o tiro de meta ter sido cobrado pelo goleiro.
    ( ) No handebol, o jogador pode permanecer com a bola nas mãos por 3 segundos sem driblar. Além disso, o atleta pode dar três passos com a bola em sua posse.

    Agora, assinale a alternativa que apresenta a sequência correta:

    a) V, F, V, V.
    b) F, V, V, F.
    c) F, V, F, V.
    d) F, V, V, V.
    e) V, V, F, V.

2. Com relação aos aspectos técnicos do handebol, analise as assertivas a seguir.

   I. O passe e a recepção são considerados elementos básicos para a construção do jogo, devendo ser dominados com perfeição por todos os jogadores de alto rendimento.
   II. O arremesso é o fundamento técnico relacionado à finalização de uma ação ofensiva.
   III. No alto rendimento, os fundamentos técnicos são apenas o passe, os arremessos e as fintas.
   IV. As fintas são um fundamento técnico de difícil classificação, pois permitem diversas possibilidades de execução. Mesmo assim, é possível afirmar que existem três formas básicas de execução: finta com mudança de direção, com giro e com sete passos.

   Agora, assinale a alternativa que apresenta apenas as assertivas corretas:
   a) I, II e III.
   b) I, II e IV.
   c) II, III e IV.
   d) I, III e IV.
   e) II e IV.

3. Com base nos princípios táticos do jogo de handebol, leia as assertivas a seguir e marque V para as verdadeiras e F para as falsas.

   ( ) O ataque pode ser classificado em contra-ataque, ataque rápido e ataque organizado.
   ( ) Os princípios de defesa envolvem somente o retorno defensivo e a defesa temporária.
   ( ) Durante a defesa organizada, os princípios são recuperar a bola, pressionar o portador da bola e encurtar os espaços entre os defensores.
   ( ) Um dos princípios de ataque envolve a ocupação racional do espaço para finalizar no gol adversário.

Agora, assinale a alternativa que indica a sequência correta:

a) V, V, F, V.
b) V, F, V, F.
c) V, V, V, F.
d) V, F, V, V.
e) F, F, V, V.

4. Sobre os sistemas ofensivos do handebol, assinale a alternativa correta:

a) O sistema 3-3 é considerado clássico e indica que existem três pivôs em quadra.
b) No sistema 4-2, o pivô não joga, uma vez que dois armadores tornam-se pivôs.
c) O sistema 3-3 pode ser jogado com dois pivôs.
d) O sistema 2-4 indica que quatro pivôs vão participar da partida.
e) O sistema 4-2 é considerado clássico, pois serve de base para os outros sistemas.

5. Quanto aos aspectos físicos do handebol, analise as assertivas a seguir.

I. A composição corporal é uma variável de importância para jogadores de handebol, pois pode influenciar no desempenho.
II. Como existe alta contribuição do sistema aeróbio durante a partida de handebol, esforços de intensidade moderada são responsáveis pelos momentos decisivos da partida.
III. As capacidades físicas de flexibilidade, força muscular, resistência, velocidade, coordenação e equilíbrio estão envolvidas no jogo de handebol.
IV. As movimentações de alta intensidade são mais frequentes na defesa do que no ataque.

A seguir, indique a alternativa que apresenta apenas as assertivas corretas:

a) I e II.
b) II e III.
c) III e IV.
d) I e III.
e) I, II e III.

Atividades de aprendizagem

Questões para reflexão

1. Sabendo que você vai enfrentar uma equipe com qualidade técnica inferior, comente qual sistema defensivo você utilizaria para esse confronto.
2. As variáveis força e velocidade são importantes para o jogador de handebol. Dessa forma, reflita sobre quais dessas manifestações devem ser enfatizadas no treinamento. Explique a relação das manifestações (de força e velocidade) que você escolheu com as movimentações no jogo.

Atividade aplicada: prática

1. Assista a um jogo de handebol e quantifique o número de deslocamentos frontais, laterais, diagonais e de costas, bem como deslocamentos totais, com e sem bola de um dos jogadores (se possível, um de cada posição). Avalie também o número de vezes que esse(s) jogador(es) realizou(aram) mudanças de direção, saltos, recepções, interceptações de bola e arremessos ao gol. Após finalizar essa avaliação, comente como você poderia formular uma sessão de treino envolvendo esses aspectos de maneira geral.

Para concluir...

Esperamos que você tenha aproveitado ao máximo as informações apresentadas nesta obra, por meio das quais buscamos auxiliá-lo na construção dos conhecimentos referentes aos aspectos que envolvem o alto rendimento nos esportes coletivos.

Para isso, iniciamos nossa conversa demonstrando a importância de promover uma análise detalhada das características gerais dos esportes coletivos, as quais conferem a base para as demais ações atreladas a esses esportes.

Ao longo desta obra, discutimos detalhadamente as modalidades coletivas futebol, futsal, voleibol, basquetebol e handebol. Procuramos enfatizar os principais aspectos relacionados ao alto rendimento em cada uma delas, abordando principalmente as questões físicas, técnicas e táticas.

Assim, caso você seja convidado a trabalhar em uma equipe de basquetebol, por exemplo, já saberá quais elementos deverão estar presentes no programa de treinamento, certo? A resposta posivita para essa pergunta precisará ser embasada nas exigências da modalidade: a equipe em que você trabalhará deverá estar preparada para solucionar os problemas enfrentados durante uma partida, em busca da vitória.

Para ajudá-lo na estruturação do processo de preparação de cada modalidade discutida, alguns princípios táticos e do treinamento foram apresentados. Em razão da generalização dos conceitos, esses fundamentos enquadram-se nas mais variadas realidades, possibilitando que guiem os diferentes esportes e sejam aplicados em variadas equipes, respeitando as necessidades específicas de cada atleta.

Por fim, conforme informamos logo no início desta obra, nosso objetivo não foi fornecer exercícios prontos para serem replicados, mas apresentar as principais exigências desses esportes, garantindo-lhe uma base sólida para a elaboração de possíveis soluções.

Referências

ALI, A. Measuring Soccer Skill Performance: a Review. **Scandinavian Journal of Medicine & Science in Sports**, v. 21, n. 2, p. 170-183, 2011.

ANDRADE, V. F. dos S. **Relação entre aptidão física e os deslocamentos realizados no jogo de futebol**. 89 f. Dissertação (Mestrado em Educação Física) – Universidade Federal do Paraná, Curitiba, 2016. Disponível em: <https://acervodigital.ufpr.br/bitstream/handle/1884/45526/R%20-%20D%20-%20VINICIUS%20FERREIRA%20DOS%20SANTOS%20ANDRADE.pdf?sequence=1&isAllowed=y>. Acesso em: 27 jan. 2020.

ANFILO, M. A. **A prática pedagógica do treinador da Seleção Brasileira masculina de voleibol**: processo de evolução tática e técnica na categoria infanto-juvenil. 182 f. Dissertação (Mestrado em Educação Física) – Universidade Federal de Santa Catarina, Florianópolis, 2003. Disponível em: <https://repositorio.ufsc.br/bitstream/handle/123456789/86365/202981.pdf?sequence=1&isAllowed=y>. Acesso em: 27 jan. 2020.

AOKI, M. S. et al. Monitoring Training Loads in Professional Basketball Players Engaged in a Periodized Training Program. **The Journal of Strength & Conditioning Research**, v. 31, n. 2, p. 348-358, 2017.

BALBINO, H. F. **Pedagogia do treinamento**: método, procedimentos pedagógicos e as múltiplas competências do técnico nos jogos desportivos coletivos. 288 f. Tese (Doutorado em Educação Física) – Faculdade de Educação Física, Universidade Estadual de Campinas, Campinas, 2005. Disponível em: <http://repositorio.unicamp.br/jspui/bitstream/REPOSIP/274976/1/Balbino_HermesFerreira_D.pdf>. Acesso em: 27 jan. 2020.

BANGSBO, J. Performance in Sports – With Specific Emphasis on the Effect of Intensified Training. **Scandinavian Journal of Medicine & Science in Sports**, v. 25, p. 88-99, 2015. Disponível em: <https://onlinelibrary.wiley.com/doi/pdf/10.1111/sms.12605>. Acesso em: 29 jan. 2020.

BANGSBO, J.; IAIA, F. M.; KRUSTRUP, P. Metabolic Response and Fatigue in Soccer. **International Journal of Sports Physiology and Performance**, v. 2, n. 2, p. 111, 2007.

BANGSBO, J.; IAIA, F. M.; KRUSTRUP, P. The Yo-Yo Intermittent Recovery Test – a Useful Tool for Evaluation of Physical Performance in Intermittent Sports. **Sports Medicine**, v. 38, n. 1, p. 37-51, 2008.

BARNES, C. et al. The Evolution of Physical and Technical Performance Parameters in the English Premier League. **International Journal of Sports Medicine**, v. 35, n. 13, p. 1.095-1.100, 2014.

BASSETT, D. R.; HOWLEY, E. T. Limiting Factors for Maximum Oxygen Uptake and Determinants of Endurance Performance. **Medicine and Science in Sports and Exercise**, v. 32, n. 1, p. 70-84, 2000.

BIZZOCCHI, C. **O voleibol de alto nível**: da iniciação à competição. 5. ed. Barueri: Manole, 2016.

BOJIKIAN, J. C. M.; BOJIKIAN, L. P. **Ensinando o voleibol**. 4. ed. São Paulo: Phorte, 2008.

BOMPA, T. O. **Periodização**: teoria e metodologia do treinamento. 5. ed. São Paulo: Phorte, 2013.

BORRESEN, J.; LAMBERT, M. I. The Quantification of Training Load, the Training Response and the Effect on Performance. **Sports Medicine**, v. 39, n. 9, p. 779-795, 2009.

BORSARI, J. R. **Voleibol**: aprendizagem e treinamento em todos os níveis – um desafio constante. 4. ed. São Paulo: EPU, 2010.

BRADLEY, P. S. et al. High-Intensity Running in English FA Premier League Soccer Matches. **Journal of Sports Sciences**, v. 27, n. 2, p. 159-168, 2009.

BRADLEY, P. S. et al. Match Performance and Physical Capacity of Players in the Top Three Competitive Standards of English Professional Soccer. **Human Movement Science**, v. 32, n. 4, p. 808-821, 2013a.

BRADLEY, P. S. et al. The Effect of High and Low Percentage Ball Possession on Physical and Technical Profiles in English FA Premier League Soccer Matches. **Journal of Sports Sciences**, v. 31, n. 12, p. 1.261-1.270, 2013b.

BRADLEY, P. S. et al. The Effect of Playing Formation on High-intensity Running and Technical Profiles in English FA Premier League Soccer Matches. **Journal of Sports Sciences**, v. 29, n. 8, p. 821-830, 2011.

CARLING, C. et al. Match-to-match Variability in High-speed Running Activity in a Professional Soccer Team. **Journal of Sports Sciences**, p. 1-9, 2016.

CASTAGNA, C. et al. Physiological Responses to Ball-drills in Regional Level Male Basketball Players. **Journal of Sports Sciences**, v. 29, n. 12, p. 1.329-1.336, 2011.

CBB – Confederação Brasileira de Basketball. **Regras Oficiais de Basquetebol 2017**. Disponível em: <http://www.cbb.com.br/comum/code/MostrarArquivo.php?C=MzUx>. Acesso em: 30 jan. 2020.

CBF – Confederação Brasileira de Futebol. **Regras de futebol 2019/20**. Disponível em: <https://conteudo.cbf.com.br/cdn/201909/20190902145532_358.pdf>. Acesso em: 28 jan. 2020.

CBFS – Confederação Brasileira de Futebol de Salão. **Livro Nacional de Regras 2018**. Disponível em: <http://www.cbfs.com.br/2015/futsal/regras/livro_nacional_de_regras_2018.pdf>. Acesso em: 30 jan. 2020.

CBHB – Confederação Brasileira de Handebol. **Regras de jogo**. 1 jul. 2016. Disponível em: <http://www.lphb.com.br/boletins/regras_oficiais_-_handebol.pdf>. Acesso em: 30 jan. 2020.

CBV – Confederação Brasileira de Voleibol. **Regras oficiais de voleibol 2017 – 2020**. Disponível em: <http://2018.cbv.com.br/pdf/regulamento/quadra/REGRAS-DE-QUADRA-2017-2020.pdf>. Acesso em: 30 jan. 2020.

CLEMENTE, F. M.; ROCHA, R. F.; MENDES, R. S. Estudo da quantidade de jogadores em jogos reduzidos de handebol: mudança na dinâmica técnica e tática. **Revista Brasileira de Educação Física e Esporte**, v. 28, n. 1, p. 135-145, 2014. Disponível em: <http://www.scielo.br/pdf/rbefe/v28n1/1807-5509-rbefe-28-01-00135.pdf>. Acesso em: 30 jan. 2020.

COSTA, G. de C. et al. Determinants of Attack Tactics in Youth Male Elite Volleyball. **International Journal of Performance Analysis in Sport**, v.11, n.1, p. 96-104, 2011. Disponível em: <https://www.tandfonline.com/doi/abs/10.1080/24748668.2011.11868532>. Acesso em: 3 fev. 2020.

COSTA, I. T. D. et al. Princípios táticos do jogo de futebol: conceitos e aplicação. **Motriz**, Rio Claro, v. 15, n. 3, p. 657-668, 2009. Disponível em: <http://www.nucleofutebol.ufv.br/artigos/israel%20principios%20taticos.pdf>. Acesso em: 28 jan. 2020.

CUMMINS, C. et al. Global Positioning Systems (GPS) and Microtechnology Sensors in Team Sports: a Systematic Review. **Sports Medicine**, v. 43, n. 10, p. 1.025-1.042, Oct 2013.

DANIEL, J. F. **Ações técnicas e táticas segundo a intensidade de partidas oficiais do Campeonato Brasileiro de Basquetebol**. 109 f. Tese (Doutorado em Educação Física) – Faculdade de Educação Física, Universidade Estadual de Campinas, Campinas, 2014. Disponível em: <http://repositorio.unicamp.br/jspui/bitstream/REPOSIP/274671/1/Daniel_JoseFrancisco_D.pdf>. Acesso em: 3 fev. 2020.

DATSON, N. et al. Applied Physiology of Female Soccer: an Update. **Sports Medicine**, v. 44, n. 9, p. 1225-1240, 2014.

DELLAL, A. et al. The Effects of a Congested Fixture Period on Physical Performance, Technical Activity and Injury Rate During Matches in a Professional Soccer Team. **British Journal of Sports Medicine**, v. 49, n. 6, p. 390-394, 2013.

DERVIŠEVIĆ, E.; HADŽIĆ, V. Quadriceps and Hamstrings Strength in Team Sports: Basketball, Football and Volleyball. **Isokinetics and Exercise Science**, v. 20, n. 4, p. 293-300, 2012.

DI SALVO, V. et al. Sprinting Analysis of Elite Soccer Players During European Champions League and UEFA Cup Matches. **Journal of Sports Sciences**, v. 28, n. 14, p. 1489-1494, 2010.

ELENO, T. G.; BARELA, J. A.; KOKUBUN, E. Tipos de esforço e qualidades físicas do handebol. **Revista Brasileira de Ciências do Esporte**, v. 24, n. 1, p. 83-98, 2002. Disponível em: <http://revista.cbce.org.br/index.php/RBCE/article/download/343/298>. Acesso em: 3 fev. 2020.

FAUDE, O.; KOCH, T.; MEYER, T. Straight Sprinting is the Most Frequent Action in Goal Situations in Professional Football. **Journal of Sports Sciences**, v. 30, n. 7, p. 625-631, 2012.

FIVB – Fédéretion Internationale de Volleyball. **Top Volley Manual**: technical booklet. Disponível em: <http://www.fivb.org/EN/Development/document/FIVB_DEV_Top_Volley_Manual_eng.pdf>. Acesso em: 30 jan. 2020.

FERIOLI, D. et al. The Preparation Period in Basketball: Training Load and Neuromuscular Adaptations. **International Journal of Sports Physiology and Performance**, v. 13, n. 8, p. 1-28, 2018a.

FERIOLI, D. et al. The Physical Profile of Adult Male Basketball Players: Differences Between Competitive Levels and Playing Positions. **Journal of Sports Sciences**, v. 36, n. 22, p. 2567-2574, 2018b.

FERRO, A. et al. Analysis of Speed Performance In Soccer by a Playing Position and a Sports Level Using a Laser System. **Journal of Human Kinetics**, v. 44, n. 1, p. 143-153, 2014.

FOSTER, C.; RODRIGUEZ-MARROYO, J. A.; DE KONING, J. J. Monitoring Training Loads: The Past, the Present, and the Future. **International Journal of Sports Physiology and Performance**, v. 12, n. Suppl 2, p. S2-2-S2-8, 2017.

FOX, J. L.; SCANLAN, A. T.; STANTON, R. A Review of Player Monitoring Approaches in Basketball: Current Trends and Future Directions. **Journal of Strength & Conditioning Research**, v. 31, n. 7, p. 2.021-2.029, 2017.

GARCÍA, J. et al. Identifying Basketball Performance Indicators in Regular Season and Playoff Games. **Journal of Human Kinetics**, v. 36, n. 1, p. 161-168, 2013.

GARGANTA, J. O treino da táctica e da estratégia nos jogos desportivos. In: GARGANTA, J. (Ed.). **Horizontes e órbitas no treino dos jogos desportivos**. Porto: FCDEF-UP, 2000. p. 51-61.

HALOUANI, J. et al. Small-Sided Games in Team Sports Training: A Brief Review. **Journal of Strength & Conditioning Research**, v. 28, n. 12, p. 3.594-3.618, 2014.

HAUGEN, T.; BUCHHEIT, M. Sprint Running Performance Monitoring: Methodological and Practical Considerations. **Sports Medicine**, v. 46, n. 5, p. 641-656, 2016.

HAUGEN, T. A. et al. The Role and Development of Sprinting Speed in Soccer. **International Journal of Sports Physiology and Performance**, v. 9, n. 3, p. 432-441, 2014.

HAUGEN, T. A.; TØNNESSEN, E.; SEILER, S. Anaerobic Performance Testing of Professional Soccer Players 1995-2010. **International Journal of Sports Physiology And Performance**, v. 8, n. 2, p. 148-56, 2013.

HAUGEN, T. A.; TØNNESSEN, E.; SEILER, S. Physical and Physiological Characteristics of Male Handball Players: Influence of Playing Position and Competitive Level. **Journal of Sports Medicine and Physical Fitness**, v. 56, n. 1-2, p. 19-26, 2016.

HESPANHOL JUNIOR, L. C. et al. Principais gestos esportivos executados por jogadores de handebol. **Revista Brasileira de Ciências do Esporte**, Florianópolis, v. 34, n. 3, p. 727-739, 2012. Disponível em: <http://www.scielo.br/pdf/rbce/v34n3/v34n3a14.pdf>. Acesso em: 3 fev. 2020.

HILL-HAAS, S. V. et al. Physiology of Small-Sided Games Training in Football: a Systematic Review. **Sports Medicine**, v. 41, n. 3, p. 199-220, 2011.

HOARE, D. G. Predicting Success in Junior Elite Basketball Players: the Contribution of Anthropometric and Physiological Attributes. **Journal of Science and Medicine in Sport**, v. 3, n. 4, p. 391-405, 2000.

IBÁÑEZ, S. J. et al. Basketball Game-Related Statistics that Discriminate Between Teams' Season-Long Success. **European Journal of Sport Science**, v. 8, n. 6, p. 369-372, 2008.

ISSURIN, V. B. New Horizons for the Methodology and Physiology of Training Periodization. **Sports Medicine**, v. 40, n. 3, p. 189-206, 2010.

KRUSTRUP, P. et al. Physical Demands During an Elite Female Soccer Game: Importance of Training Status. **Medicine and Science in Sports and Exercise**, v. 37, n. 7, p. 1.242-1.248, 2005.

LEITÃO, R. A. A. **O jogo de futebol**: investigação de sua estrutura, de seus modelos e da inteligência de jogo, do ponto de vista da complexidade. 230 f. Tese (Doutorado em Educação Física) – Faculdade de Educação Física, Universidade Estadual de Campinas, Campinas, 2009.

LIDOR, R.; ZIV, G. Physical and Physiological Attributes of Female Volleyball Players: a Review. **Journal of Strength and Conditioning Research**, v. 24, n. 7, p. 1.963-1.973, 2010.

LIU, H. et al. Technical Performance and Match-to-Match Variation in Elite Football Teams. **Journal of Sports Sciences**, v. 34, n. 6, p. 509-518, 2016.

LIU, H. et al. Match Statistics Related to Winning in the Group Stage of 2014 Brazil FIFA World Cup. **Journal of Sports Sciences**, v. 33, n. 12, p. 1205-1213, 2015.

LUTEBERGET, L. S.; SPENCER, M. High-intensity Events in International Women's Team Handball Matches. **International Journal of Sports Physiology and Performance**, v. 12, n. 1, p. 56-61, 2017.

LUTEBERGET, L. S.; TROLLERUD, H. P.; SPENCER, M. Physical Demands of Game-based Training Drills in Women's Team Handball. **Journal of Sports Sciences**, v. 36, n. 5, p. 592-598, 2018.

MALONE, J. J. et al. Seasonal Training-Load Quantification in Elite English Premier League Soccer Players. **International Journal of Sports Physiology and Performance**, v. 10, n. 4, p. 489-497, 2015.

MARCELINO, R. et al. Estudo dos indicadores de rendimento em voleibol em função do resultado do set. **Revista Brasileira de Educação Física e Esporte**, São Paulo, v. 24, n. 1, p. 69-78, jan./mar. 2010. Disponível em: <http://www.scielo.br/pdf/rbefe/v24n1/v24n1a07.pdf>. Acesso em: 3 fev. 2020.

MASSUÇA, L. M.; FRAGOSO, I.; TELES, J. Attributes of Top Elite Team-Handball Players. **The Journal of Strength & Conditioning Research**, v. 28, n. 1, p. 178-186, 2014.

MATZENBACHER, F. et al. Demanda fisiológica no futsal competitivo: características físicas e fisiológicas de atletas profissionais. **Revista Andaluza de Medicina del Deporte**, v. 7, n. 3, p. 122-131, 2014.

MENEZES, R. P. **Modelo de análise técnico-tática do jogo de handebol**: necessidades, perspectivas e implicações de um modelo de interpretação das situações de jogo em tempo real. 303 f. Tese (Doutorado em Educação Física). Faculdade de Educação Física, Universidade Estadual de Campinas, Campinas, 2011.

MENEZES, R. P.; MORATO, M. P.; MARQUES, R. F. R. Estratégias de transição ofensiva e defensiva no handebol na perspectiva de treinadores experientes. **Journal of Physical Education**, v. 27, p. 1-12, 2016. Disponível em: <http://www.scielo.br/pdf/jpe/v27/2448-2455-jpe-27-e2753.pdf>. Acesso em: 3 fev. 2020.

MENEZES, R. P.; REIS, H. H. B. dos. Análise do jogo de handebol como ferramenta para compreensão técnico-tática. **Motriz**, v. 16, n. 2, p. 458-467, 2010.

MICHALSIK, L. B.; AAGAARD, P. Physical Demands in Elite Team Handball: Comparisons Between Male and Female Players. **Journal of Sports Medicine and Physical Fitness**, v. 55, n. 9, p. 878-891, 2014.

MICHELINI, M. C. et al. Futsal: tática defensiva e contemporânea e a teoria de ensino dos jogos coletivos de Claude Bayer. **Conexões**, v. 10, n. 1, 2012. p. 20-37.

NARAZAKI, K. et al. Physiological Demands of Competitive Basketball. **Scandinavian Journal Of Medicine and Science in Sports**, v. 19, n. 3, p. 425-432, 2009.

NASER, N.; ALI, A.; MACADAM, P. Physical and Physiological Demands of Futsal. **Journal of Exercise Science and Fitness**, v. 15, n. 2, p. 76-80, 2017.

NÉDÉLEC, M. et al. Recovery in Soccer. **Sports Medicine**, v. 42, n. 12, p. 997-1015, 2012.

O'REILLY, J.; WONG, S. H. S. The Development of Aerobic and Skill Assessment in Soccer. **Sports Medicine**, v. 42, n. 12, p. 1029-1040, 2012.

ÖZCAN, İ.; ENISELER, N.; ŞAHAN, Ç. Effects of Small-Sided Games and Conventional Aerobic Interval Training on Various Physiological Characteristics and Defensive and Offensive Skills Used in Soccer. **Kinesiology: International Journal of Fundamental and Applied Kinesiology**, v. 50, n. 1, p. 104–111, 2018.

PAES, R. R.; MONTAGNER, P. C.; FERREIRA, H. B. **Pedagogia do esporte**: iniciação e treinamento em basquetebol. Rio de Janeiro: Koogan, 2009.

PAGEAUX, B. Perception of Effort in Exercise Science: Definition, Measurement and Perspectives. **European Journal of Sport Science**, v. 16, n. 8, p. 885-894, 2016.

PETROSKI, E. L. et al. Características antropométricas, morfológicas e somatotípicas de atletas da seleção brasileira masculina de voleibol: estudo descritivo de 11 anos. **Revista Brasileira de Cineantropometria e Desempenho Humano**, v. 15, n. 2, p. 184-192, 2013. Disponível em: <http://www.scielo.br/pdf/rbcdh/v15n2/05.pdf>. Acesso em: 3 fev. 2020.

PIVETTI, B. **Periodização tática**: o futebol-arte alicerçado em critérios. São Paulo: Phorte, 2012.

RAMPININI, E. et al. Technical Performance During Soccer Matches of the Italian Serie a League: Effect of Fatigue and Competitive Level. **Journal of Science and Medicine in Sport**, v. 12, n. 1, p. 227-233, Jan 2009.

REILLY, T.; BANGSBO, J.; FRANKS, A. Anthropometric and Physiological Predispositions for Elite Soccer. **Journal of Sports Sciences**, v. 18, n. 9, p. 669-683, Sep 2000.

REIN, R.; MEMMERT, D. Big Data and Tactical Analysis in Elite Soccer: Future Challenges and Opportunities for Sports Science. **SpringerPlus**, v. 5, n. 1, p. 1.410, 2016.

RIZOLA NETO, A. **Uma proposta de preparação para equipes jovens de voleibol feminino**. 2004. 135 f. Dissertação (Mestrado em Educação Física). Faculdade de Educação Física, Universidade Estadual de Campinas, Campinas, 2004. Disponível em: <http://repositorio.unicamp.br/bitstream/REPOSIP/275435/1/RizolaNeto_Antonio_M.pdf>. Acesso em: 31 jan. 2020.

ROSE JUNIOR, D. de; LAMAS, L. Análise de jogo no basquetebol: perfil ofensivo da Seleção Brasileira Masculina. **Revista Brasileira de Educação Física e Esporte**, São Paulo, v. 20, n. 3, p. 165-173, 2006. Disponível em: <http://www.revistas.usp.br/rbefe/article/view/16624/18337>. Acesso em: 3 fev. 2020.

RUSSELL, M.; KINGSLEY, M. Influence of Exercise on Skill Proficiency in Soccer. **Sports Medicine**, v. 41, n. 7, p. 523-539, 2011.

SANTANA, W. C. de. **A visão estratégico-tática de técnicos campeões da Liga Nacional de Futsal**. 262 f. Tese (Doutorado em Educação Física). Faculdade de Educação Física, Universidade Estadual de Campinas, Campinas, 2008. Disponível em: <http://repositorio.unicamp.br/bitstream/REPOSIP/275136/1/Santana_WiltonCarlosde_D.pdf>. Acesso em: 27 jan. 2020.

SANTOS, Y. Y. S. dos. **Caracterização dos indicadores técnicos e do rendimento em função do tempo em jogos de basquetebol**. 109 f. Dissertação (Mestrado em Educação Física) – Faculdade de Educação Física, Universidade Estadual de Campinas, Limeira, 2015. Disponível em: <http://repositorio.unicamp.br/jspui/bitstream/REPOSIP/244513/1/Santos_YuraYukaSatodos_M.pdf>. Acesso em: 3 fev. 2020.

SARMENTO, H. et al. Match Analysis in Football: a Systematic Review. **Journal of Sports Sciences**, v. 32, n. 20, p. 1831-1843, 2014.

SARMENTO, H. et al. Quantifying the Offensive Sequences that Result in Goals in Elite Futsal Matches. **Journal of Sports Sciences**, v. 34, n. 7, p. 621-629, 2016.

SARMENTO, H. et al. Talent Identification and Development in Male Football: a Systematic Review. **Sports Medicine**, v. 48, n. 4, p. 907-931, 2018.

SHEPPARD, J. M. et al. Development of a Repeated-Effort Test for Elite Men's Volleyball. **International Journal of Sports Physiology and Performance**, v. 2, n. 3, p. 292-304, 2007.

SILVA, M. V. et al. Estratégia e tática no futsal: uma análise crítica. **Caderno de Educação Física e Esporte**, v. 10, n. 19, p. 75-84, 2011. Disponível em: <http://e-revista.unioeste.br/index.php/cadernoedfisica/article/download/5238/6085>. Acesso em: 31 jan. 2020.

SKAZALSKI, C. et al. A Valid and Reliable Method to Measure Jump-Specific Training and Competition Load in Elite Volleyball Players. **Scandinavian Journal of Medicine and Science in Sports**, v. 28, n. 5, p. 1.578-1.585, 2018.

STOJANOVIĆ, E. et al. The Activity Demands and Physiological Responses Encountered During Basketball Match-Play: a Systematic Review. **Sports Medicine**, v. 48, n. 1, p. 111-135, 2018.

SVENSSON, M.; DRUST, B. Testing Soccer Players. **Journal of Sports Sciences**, v. 23, n. 6, p. 601-618, 2005.

TENGA, A.; RONGLAN, L. T.; BAHR, R. Measuring the Effectiveness of Offensive Match-play in Professional Soccer. **European Journal of Sport Science**, v. 10, n. 4, p. 269-277, 2010.

WALLACE, J. L.; NORTON, K. I. Evolution of World Cup soccer final games 1966-2010: Game Structure, Speed and Play Patterns. **Journal of Science and Medicine in Sport**, v. 17, n. 2, p. 223-228, 2014.

ZIV, G.; LIDOR, R. Physical Attributes, Physiological Characteristics, On-Court Performances and Nutritional Strategies of Female and Male Basketball Players. **Sports Medicine**, v. 39, n. 7, p. 547-568, 2009.

Bibliografia comentada

ISSURIN, V. B. New Horizons for the Methodology and Physiology of Training Periodization. **Sports Medicine**, v. 40, n. 3, p. 189-206, 2010.

Nesse artigo de revisão, são discutidos e aprofundados alguns conceitos referentes ao treinamento, os quais foram abordados nesta obra. O autor apresenta um panorama geral sobre a preparação de atletas de alto rendimento, discutindo alguns modelos de periodização. Por tratar de aspectos gerais, o trabalho permite a transferência da teoria apresentada para o contexto de diferentes modalidades esportivas.

PIVETTI, B. **Periodização tática**: o futebol-arte alicerçado em critérios. São Paulo: Phorte, 2012.

O livro do Prof. Bruno Pivetti traz uma grande contribuição para os interessados em trabalhar com futebol. Com uma visão integrada dos aspectos técnicos, táticos e físicos, o autor discute modelos de jogo, a estruturação de exercícios e a distribuição do conteúdo nas sessões com base no contexto do futebol nacional.

SANTANA, W. C. de. **A visão estratégico-tática de técnicos campeões da Liga Nacional de Futsal**. 262 f. Tese (Doutorado em Educação Física) – Faculdade de Educação Física, Universidade Estadual de Campinas, Campinas, 2008. Disponível em: <http://repositorio.unicamp.br/bitstream/REPOSIP/275136/1/Santana_WiltonCarlosde_D.pdf>. Acesso em: 6 fev. 2020.

Em sua tese, o Prof. Wilton Carlos de Santana apresenta a visão de treinadores campeões da Liga de Futsal brasileira acerca dos comportamentos técnico-táticos mais eficazes a serem aplicados nas diferentes fases do jogo. Além disso, o autor apresenta os desenhos metodológicos utilizados pelos treinadores para o ensino/treinamento dessas ações.

COSTA, G. de. C. et al. Análise das estruturas do complexo I à luz do resultado do set no voleibol feminino. **Motricidade**, v. 10, n. 3, p. 40-49, 2014. Disponível em: <http://www.scielo.mec.pt/pdf/mot/v10n3/v10n3a06.pdf>. Acesso em: 6 fev. 2020.

Nesse artigo, os autores buscaram identificar, em uma situação do complexo I (recepção, levantamento e ataque), os possíveis fatores que podem predizer a vitória ou derrota de equipes de voleibol de alto rendimento. Com base nas análises, eles observaram a relevância da recepção e da eficácia ofensiva para a obtenção da vitória.

ROSE JUNIOR, D. de; LAMAS, L. Análise de jogo no basquetebol: perfil ofensivo da seleção brasileira masculina. **Revista Brasileira de Educação Física e Esporte**, v. 20, n. 3, p. 165-173, 2006. Disponível em: <http://www.revistas.usp.br/rbefe/article/view/16624/18337>. Acesso em: 6 fev. 2020.

Nesse artigo, os autores realizam uma análise do número de ataques posicionados e contra-ataques executados na seleção brasileira de basquetebol e estabelecem relações entre essas ações e a posse de bola, pontos possíveis, pontos feitos e aproveitamento de arremessos, levando em consideração as vitórias e derrotas da equipe.

MENEZES, R. P.; MORATO, M. P.; MARQUES, R. F. R. Estratégias de transição ofensiva e defensiva no handebol na perspectiva de treinadores experientes. **Journal of Physical Education**, v. 27, p. 1-12, 2016. Disponível em: <http://www.scielo.br/pdf/jpe/v27/2448-2455-jpe-27-e2753.pdf>. Acesso em: 6 fev. 2020.

Nesse artigo, os autores objetivaram mapear as estratégias de contra-ataque e retorno defensivo elucidadas por quatro treinadores experientes de handebol, cujos depoimentos foram tabulados, analisados e interpretados baseando-se na técnica do discurso do sujeito coletivo (DSC). Os autores propuseram quatro princípios operacionais de contra-ataque (controle da bola; busca por zonas livres; busca por vantagens numéricas e espaciais; arremesso de zonas favoráveis) e quatro de retorno defensivo (pressão no possuidor da bola; retorno antecipado; proteção de setores mais efetivos; organização do sistema defensivo).

Respostas

Capítulo 1

Atividades de autoavaliação

1. b.

    Estão corretas as assertivas I, II e IV. Já a assertiva III está errada porque os exemplos citados correspondem às estruturas dinâmicas. As estruturas de contexto são representadas pelo calendário competitivo, pela distância entre as viagens, pelo número de jogos a que o atleta será submetido durante o ano etc.

2. b.

    Apenas a primeira assertiva é falsa. Para ser correta, deveria mencionar que a alternância dinâmica da posse de bola representa uma das características comuns às modalidades coletivas.

3. d.

    A terceira assertiva comete um equívoco ao informar que as fases do jogo são compostas apenas pelo ataque e pela defesa, excluindo, assim, uma importante fase: a transição, que pode ser tanto da defesa para o ataque quanto do ataque para a defesa.

4. c.

    Estão corretas as assertivas II, III e IV. Já a assertiva I está errada, pois uma das possibilidades fornecidas pela utilização dos princípios do treinamento é avaliar como está o desenvolvimento do processo. Por meio de sua estruturação, teremos condições de realizar ajustes pontuais, caso sejam necessários. Um exemplo pode ser a modificação da estratégia ou dos exercícios aplicados durante o treinamento de força, caso se verifique que não estão surtindo efeito.

5. c.

   A carga externa é composta pelo que é prescrito pelo treinador e pelas exigências do jogo. A carga interna está relacionada às respostas do atleta em decorrência do exercício. Já a adaptação corresponde a uma reorganização que ocorre no organismo do atleta e, por último, o treinamento desportivo refere-se a um procedimento planejado que envolve a execução das cargas de treinamento.

Capítulo 2

Atividades de autoavaliação

1. c.

   Estão corretas as assertivas II, III e IV. Já a assertiva I está errada, pois o futebol é uma modalidade intermitente, que intercala pausas curtas e incompletas de recuperação ativa.

2. a.

   Sendo: II) o preenchimento horizontal do campo é o responsável por conferir amplitude ao jogo; I) A responsabilidade da tática é gerenciar o espaço de jogo, o tempo e as ações individuais e coletivas durante uma partida; III) o preenchimento vertical do campo confere amplitude ao jogo; IV) Uma das formas de gerenciar o tempo de jogo é permanecendo com a posse de bola.

3. b.

   A assertiva II comete um equívoco ao afirmar que no futebol predominam as habilidades fechadas. O correto seria mencionar que predominam as habilidades abertas, as quais representam a execução de movimentos técnicos influenciados pelo cenário da partida. Já as habilidades fechadas apresentam um cenário estático, como a permanência da bola parada para uma cobrança de escanteio.

4. c.

   A assertiva I está errada porque a natureza submáxima faz com que o fornecimento energético seja predominantemente aeróbio. Isso pode ser verificado por meio do comportamento da frequência cardíaca, variando entre 80% e 90% da máxima, e do consumo máximo de oxigênio (VO_{2MAX}), atingindo valores próximos de 70% a 80% de seu volume total.

5. d.

   A assertiva I comete um equívoco ao afirmar que, para competir em alto nível, um atleta de futebol deve ser capaz de executar repetidamente ações de baixa intensidade. O correto seria afirmar que são necessárias ações repetidas de alta intensidade durante o jogo todo.

Capítulo 3

Atividades de autoavaliação

1. d.
   A resposta correta é a alternativa **d**. intervalo entre uma ação e outra não proporciona o reestabelecimento dos estoques de energia. Isso pode ser verificado por meio das raras vezes em que a frequência cardíaca atinge valores inferiores a 150 bpm.

2. b.
   Os fixos são os jogadores que ocupam a posição mais recuada no desenho tático; já os pivôs atuam mais avançados e participam principalmente do jogo ofensivo e finalizador; com relação às ações técnico-táticas, elas são representadas por determinados gestos que se apoiam em certos tipos de conduta; por fim, as ações tático-técnicas determinam algumas condutas para amparar a realização de um ou mais gestos.

3. d.
   A flutuação está relacionada à aproximação dos companheiros ao portador da bola, fornecendo opções ofensivas para a sequência do jogo; jogar à frente da linha da bola induz à realização de passes verticais e permite a progressão da equipe pelo campo de jogo; abrir espaço, por sua vez, consiste em levar a marcação consigo, diminuindo a pressão exercida no portador da bola; por fim, "entrar" na bola significa sempre recebê-la em movimento.

4. d.
   A terceira assertiva comete um equívoco ao informar que a postura defensiva só é evidente sem a posse de bola, uma vez que, mesmo durante a fase de ataque, alguns cuidados, como a precisão do passe, a qualidade da finalização e o posicionamento dos atletas, possibilitam a configuração de uma postura defensiva.

5. b.
   A assertiva IV deveria informar que as atividades com bola podem ser realizadas desde o primeiro dia do treinamento. A vantagem da utilização de sessões exclusivamente físicas é a possibilidade de obter maior controle das cargas; entretanto, nada impede a realização de exercícios com bola.

Capítulo 4

Atividades de autoavaliação

1. c.
   A única assertiva falsa é a segunda, pois a rotação de posições dos jogadores de voleibol deve respeitar uma ordem durante o *set*.

2. b.
   A situação descrita conta com os seguintes fundamentos técnicos realizados na ordem em que serão apresentados: saque, recepção, levantamento e cortada

3. a.
   As alternativas "b" e "c" estão erradas, pois o sistema de jogo 5-1 tem apenas um levantador. Dessa forma, as funções de defender, atacar e levantar são predefinidas, o que torna equivocada a opção "d". Além disso, uma das vantagens desse sistema é a possibilidade de utilizar o levantador infiltrado, contrário ao que é afirmado na opção "e".

4. b.
   O sistema aeróbio de energia tem grande participação durante a partida de voleibol.

5. a.
   As assertivas II e IV são falsas. Na assertiva II, é importante, sim, treinar fundamentos técnicos para jogadores de alto rendimento. E, na assertiva IV, é sim possível realizar a avaliação técnico-tática por meio de filmagens.

Capítulo 5

Atividades de autoavaliação

1. d.
   A primeira assertiva é falsa porque o tempo entre o segundo e terceiro quartos é de 15 minutos. Já a assertiva IV também está incorreta porque os lances livres valem um ponto, e não dois.

2. a.
   A assertiva I está errada porque existem outros métodos para analisar o desempenho técnico, como o *scouting* realizado em papel.

3. a.
   Apenas a terceira assertiva é falsa, pois os sistemas ofensivos não são classificados em individual e por zona.

4. c.

Com relação à alternativa "a", os armadores, quando comparados aos alas e pivôs, são os atletas que mais realizam esforços em alta intensidade. Além disso, apresentam maior aptidão aeróbia, ou seja, a alternativa "b" também está equivocada. Quanto à alternativa "d", em geral, a maioria dos estudos não encontra diferença entre as posições, entretanto, quando a altura do salto é convertida em potência anaeróbia, os pivôs apresentam maiores valores que os armadores. Já a alternativa "e", para estar correta, deveria informar que os atletas não são capazes de manter os níveis de força muscular ao longo da temporada.

5. b.

Apenas a segunda assertiva é falsa, uma vez que jogos com menor número de participantes apresentam maior intensidade.

Capítulo 6

Atividades de autoavaliação

1. d.

A resposta correta é a alternativa **d**. A primeira afirmação inicia de maneira correta informando que um jogo de handebol nunca termina empatado. No entanto, após isso, ela menciona que, ocorrendo empate, será feita uma prorrogação contendo apenas um tempo de cinco minutos, quando, na realidade, são promovidos dois tempos adicionais de cinco minutos separados por um minuto de intervalo. Essa prorrogação acontece, no máximo, por duas vezes. Caso o empate permaneça, o vencedor será determinado de acordo com o regulamento da competição – por meio de tiros de 7 metros, por exemplo. As demais afirmações estão corretas.

2. b.

Apenas a terceira assertiva é falsa, pois os fundamentos técnicos podem ser divididos em fundamentos de ataque e defesa.

3. d.

Apenas a assertiva II é falsa. As ações de defesa são classificadas em recuperação defensiva, zona defensiva temporária e defesa organizada. Portanto, a opção II exclui a ação da defesa organizada. Essa organização é fundamental para dificultar as ações de ataque do adversário.

4. c.

A resposta correta é a alternativa **c**. O sistema 3-3 é considerado um sistema clássico e indica que existem três armadores em quadra. A alternativa "a" afirma que existem três pivôs nesse sistema, o que a torna incorreta. Já na alternativa "b", o equívoco está em afirmar que o pivô não joga. O correto é que, nesse sistema, com duas possíveis variações, o armador central pode assumir o posto de pivô ou um dos pontas pode exercer esse posto. No entanto, o pivô estará presente. Já na alternativa "d", o correto seria afirmar que no sistema 2-4, geralmente, o armador central assume a função de pivô. Por fim, como mencionado, o sistema 3-3 é considerado clássico, servindo de base para os outros sistemas, e não o sistema 4-2, como indicado, erroneamente na alternativa "e".

5. d.

As assertivas II e IV estão incorretas. Na assertiva II, os esforços de alta intensidade são responsáveis pelos momentos decisivos da partida. Já na IV, as movimentações de alta intensidade são mais frequentes no ataque em comparação com a defesa.

Sobre o autor

Vinicius Ferreira dos Santos Andrade é graduado em Educação Física pela Universidade Estadual de Ponta Grossa (UEPG) (2009); especialista em Fisiologia do Exercício pela Universidade Federal do Paraná (UFPR) (2012); mestre em Educação Física também pela UFPR (2016) e está cursando doutorado em Educação Física pela UFPR, na linha de pesquisa Desempenho Esportivo. É técnico desportivo da UFPR desde 2013.

Tem experiência nas áreas de treinamento desportivo, corrida de rua e esportes coletivos, com ênfase em preparação física e fisiologia do exercício aplicada ao futebol profissional e às categorias de base.

Os papéis utilizados neste livro, certificados por instituições ambientais competentes, são recicláveis, provenientes de fontes renováveis e, portanto, um meio **respons**ável e natural de informação e conhecimento.

FSC
www.fsc.org
MISTO
Papel produzido
a partir de
fontes responsáveis
FSC® C103535

Impressão: Reproset
Fevereiro/2023